姑苏山塘街通贵桥

姑苏运河枫桥

昆山周庄福洪桥

吴江七都东庙桥

吴江松陵垂虹桥

吴中角直大觉寺桥

苏州工业园区斜塘永安桥

姑苏平江路胡厢使桥

相城北桥石家桥

张家港塘桥萧家桥

高新区上方山麓行春桥

常熟福山塘顺民桥

昆山千灯种福桥

太仓沙溪庵桥

吴中宝带桥

苏州古石桥

著者：王家伦　谢勤国　陈建红
摄影：王家伦　王之喆

东南大学出版社
·南京·

图书在版编目(CIP)数据

苏州古石桥/王家伦,谢勤国,陈建红著.—南京:东南大学出版社,2013.6(2019.11重印)
ISBN 978-7-5641-4212-4

Ⅰ.①苏… Ⅱ.①王…②谢…③陈… Ⅲ.①古建筑—石桥—介绍—苏州市 Ⅳ.①K928.78

中国版本图书馆 CIP 数据核字(2013)第 097333 号

本书由苏州大学重点学科经费资助出版

苏州古石桥

出版发行	东南大学出版社
社　　址	南京市四牌楼 2 号　邮编:210096
出 版 人	江建中
网　　址	http://www.seupress.com
经　　销	全国各地新华书店
印　　刷	南京玉河印刷厂
开　　本	700mm×1000mm　1/16
印　　张	20
字　　数	380 千字
版　　次	2013 年 6 月第 1 版
印　　次	2019 年 11 月第 2 次印刷
书　　号	ISBN 978-7-5641-4212-4
定　　价	48.00 元

本社图书若有印装质量问题,请直接与营销部联系。电话(传真):025-83791830

出 版 说 明

《苏州的桥》(东南大学出版社,2011)问世以来,颇得文史爱好者的垂青。苏州市区文保所领导认为,本书在文字数量和质量上都超过该所(文保所)出版的《苏州古桥文化》一书,可作为资料保存。苏州市图书馆、苏州市方志馆都收藏了本书。

本次增订,并将书名改为《苏州古石桥》原因如下:

其一,原《苏州的桥》所收之桥以古石桥为主,为更好地涵盖书中内容,故改书名。

其二,《苏州的桥》出版不久,2011年12月19日,江苏省政府公布第七批省级文物保护单位,苏州市32处文物古迹入选,涉及到桥的有六处。该书中原属市级文物保护单位的高新区行春桥、张家港弘济桥、昆山玉龙桥皆已荣膺"升格";另外,得到"升格"的还有吴江洪恩桥、广福桥以及常熟北新桥,皆未曾入选该书。为保持原书"凡被列入全国重点、省级文物保护单位的所有桥梁尽入彀中"的选材标准,特将前面三桥"升星";同时经实地考察,补撰后面三桥编入书中。2013年5月3日,第七批全国文物保护单位名单公布,本书的吴江思本桥与东庙桥升格为"国保",特将两座桥"升星"。原书中的木渎廊桥为木桥,官太尉河望星桥、上塘河渡僧桥、木渎斜桥、光福虎山桥和东中市皋桥完全重新改建,已无"石"踪;然而考虑到此六桥所载文化内涵颇为深厚,特设置"外集"将之置于书后,实乃敝帚自珍。故《苏州古石桥》"正集"之桥实为105座。

其三,苏州行政区划于2012年9月作了调整,平江、沧浪、金阊三区合并称"姑苏区",而吴江撤市改区;因此,原书中一些桥的"归属"发生了变化。所以,在总体排序大致不变的前提下对桥的"归属"作了调整。

其四,笔者恩师,苏州大学文学院资深教授应启后先生,笔者老友詹永昌、王孝权兄,以及苏州市草桥中学的杨君泽同学等都对《苏州的桥》作了指正,在对他们表示衷心感谢的同时,将原书中的一些失误之处作了修正。

感谢我的弟子们,为了这些桥,或预先"侦查",或驱车带路,或充当"模特";鞍前马后,不辞劳苦。谨在此将他们的姓名按音序排列,以致谢意。他们是:陈丽菊、陈霞、陈忠、郭丽丽、何春梅、黄慈翔、金枫、刘科英、李培培、刘倩、陆佩花、马维、庞亮、任静静、王娟梅、王丽、魏婷婷、吴起、徐晖、徐骁天、颜美娟、严青、杨华、杨丽丽、尹继兰、于娟、张军会、张明明、张影、赵中艳、郑晋琴、郑园园、朱付军、朱惠芳等;还有与我们一起沉迷于桥的陈律扬小朋友和陈奕菲、翁婧赟、倪蔚然小朋友。

  为本次增订并改版,常熟高新园中等专业学校姜肖老师、苏州工业园区星港学校黄项雷老师、吴江桃源中学项雪辉老师等特地带我们亲临有关现场,谨表示感谢。

  由于有了上述变化,本书重新进行编辑、排版等工作。特此说明!

王家伦

2013 年 5 月

品读苏州的桥[*]
（代序）

苏州的桥,是雪山的峰;苏州的桥,是点睛的笔;苏州的桥,是凝固的诗;苏州的桥,是香醇的酒。

一、桥与苏州桥

一条河流,一片水域,横亘在面前;想跨越它,就得寻找适当的途径。

我们的祖先,最早寻找的是在水面较为狭窄、水流不甚湍急的地方,用小船摆渡;这个地方就是"津"。《说文》曰:"津,水渡也。"《论语·微子》有"使子路问津焉"。或风浪大作,一叶扁舟难以渡河涉险;于是,有人就发明了"梁"。"梁"是会意字,从"木"从"水",表示用木料架在水面上以便通行,这就是"桥"。《说文》曰:"梁,水桥也。"然而,木制的桥梁易于朽烂,不能长久;于是,有人就想到了用石头造桥。

笔者所知,苏州最早用来造桥的石头是武康石。武康石,又名花石,主要产于浙江省武康县(现德清县)东郊的丘陵山地。此石颜色深赭,表面密布细小蜂窝眼,雨中踩踏不会滑溜,其形古朴秀丽,是古代造桥的首选之材。以后武康石开采殆尽,造桥改用其他石材。元代中期开始,造桥选用青石。青石,青白色的岩石,石灰岩的俗称。明代中期后,开始用更为坚固、更耐腐蚀的花岗石造桥。青石、花岗石表面较光滑,工匠们在桥阶上凿出凹痕,以防雨天打滑。所以,根据桥上选用的石材,能大致推算出桥的建造时代。

苏州境内湖荡密布,东有淀山湖、澄湖;北有昆承湖;中有阳澄湖、金鸡湖、独墅湖;最著名的湖泊有位于西隅的太湖和漕湖。长江及京杭运河纵横交错于境内,所属各区和各县级市是我国河流最为密集的地区。有水必有桥,于是,我们的主角——苏州的桥就走到了前台。

---

[*] 原《苏州的桥》代序。

二、苏州桥的特点

南宋《平江图》中记有苏州古城区内的桥梁359座,目前苏州的行政区划变化较大,桥梁有废有兴,没有人能说清苏州究竟有多少桥,即使是一个小小的甪直镇,算出来的结果也各有参差。本书关注的是,因所处地理环境和文化氛围的浸染,苏州桥所具有的显著特点。

(一) 造型美观大方,叹为观止

18世纪德国著名的美学家、戏剧理论家莱辛在他的美学著作《拉奥孔——论绘画和诗的界限》中,第一次明确区分了"画"和"诗"在反映现实上的区别。他指出绘画、建筑、雕塑之类的造型艺术反映现实时是选择最精彩的"凝固的一瞬间",而"诗"所描写的则是时间上连续不断的行动。作为建筑,或者说作为雕塑的苏州桥,就是"凝固的一刹那"。就桥身而言,既有朴实耐用的平桥,也有气势宏伟的拱桥;既有小巧玲珑的廊桥,又有形制古朴的亭桥……林林总总,千姿百态,令人目不暇接。就雕栏板而言,被拆除的南宋时始建的单孔石拱桥百狮子桥,桥身两侧栏板浮雕狮子,刀法精美。走狮、坐狮、卧狮、蹲狮,数达近百,栩栩如生。目前尚存的车坊镇大觉寺桥石雕有双龙、宝珠、蝙蝠、天马、仙人以及持钵大力金刚等,造型古朴。就拱桥的千斤石而言,一般都雕有双龙戏珠图案,如移建的蟠龙桥。就桥与桥之间的组合而言,周庄双桥优美的"钥匙"状驰誉海内外。

(二) 与当地风光和谐相融

苏州桥已经成为所在地景观不可或缺的一部分,甚至说是点睛之笔。如上方山麓石湖北渚,如果没有行春、越城两桥,其景观将大打折扣;再如常熟虞山之巅,如果说拂水晴岩是一幅美丽的风景画,那么,其点睛之笔就是香花桥和长寿桥。再如光福铜观音寺,很难设想能少了寺前的那座古桥。

(三) 与文学艺术紧密结合

首先是桥联,深化了桥梁这一景物的文化意蕴。这些桥联,或描绘如画的自然风光,令人神往,如盘门蟠龙桥的东侧主联"瑞塔凌霄,景物千秋留胜概;玉虹衔月,水云一派赏吴风";或点评作为交通要冲的建桥位置,使人感叹,如昆山玉龙桥东侧联"门对宾曦,水汇三江成锁钥;场连选佛,路通八达便舟车";或嵌入历史典故,令人扼腕,如木渎西津桥东联"立马望苏台,山翠万重拱虎阜;扬帆来震泽,风涛千古泣鸥夷";或指出这座桥的有关功能,如北桥石家桥"红板夕阳,不数题诗客过;苍葭秋水,尽携策杖人来";还有劝人为善者,如胥口后塘桥东联"愿天常生好人,愿人常行好事"。这些桥联文字书法大多出自高手,隶书、楷书、行书与草书争奇斗艳;阳刻与阴雕各显其能。后文将逐一点评。

其次是文人吟诵。据我们所知,吟诵苏州桥最为著名的是唐·张继的那首《枫桥夜泊》。有关山塘诸桥,有关枫桥、江村桥,尤其是吴中区宝带桥、吴江垂虹桥的诗词数以百计,后文中略选一二,以飨读者。

(四) 与文人轶事融为一体

苏州桥,从它产生起就与文人轶事紧密地结合在一起。苏州东中市皋桥之畔,留下了孟光举案齐眉的典故。周庄贞丰桥畔的迷楼,为南社社友聚会的场所,觥筹交错之际,留下了大量的佳句,迷楼诗集应运而生。吴江秋禊桥头,也是文人骚客平日雅集饮酒吟诵的去处;1915年中秋,由于南社的内部矛盾,柳亚子与里中友人顾悼秋发起酒社,踏灯秋禊桥畔,对月秋禊湖头,长歌当哭,借酒浇愁。

三、关于本书的选材和体例

正因为苏州桥与文化紧密结合,正因为苏州桥有以上特点,才有了我们这本拙作。在我们这本书中,一定程度上桥是引子——以桥为"桥",通向相关的文化知识,是我们自始至终坚持的原则。

本书选材范围遍涉七个市辖区五个县级市,以古石桥为主,兼及一二木桥。凡被列入全国重点、省级文物保护单位的所有桥梁尽入彀中;市级文物保护单位的桥梁视具体情况而定;平江历史街区、山塘历史街区、官太尉河以及一些著名古镇上的未曾纳入文保单位的桥梁也有入选者;另外,也入选少数旧貌虽改但历史上名气甚响的桥。总之必须经亲自走访、拍摄的桥才能入列。

共涉108座桥,划分为五个档次:全国重点文物保护单位为五星级,捆绑式全国重点文物保护单位为四星级,江苏省级文物保护单位为三星级,市级(包括县级市)文物保护单位为二星级,其余为一星级。

凡100篇,按七区五个县级市分为12个单元,各单元视具体情况再分为若干板块,板块下为篇。每篇基本写一桥,少数涉及两桥。每篇不少于千字,多者三四千字,一般包括建造年代、形制特点、相关故事、诗词曲赋、目前状况、简单考辨等内容。每桥至少配置一幅当前面貌的照片,以期引起同道的关注。

杜绝"硬伤",不误导读者,尽量减少文字差错,是我们努力的方向。

涉及桥梁较多并较为集中的板块,配置分布示意简图。

谢勤国
2011年6月

目　录

姑苏区

平江河板块
遗韵宋元证旧闻——平江路思婆桥 / 1
葱茏绿意古风存——平江路寿安桥 / 4
飞阁凌波至孝心——平江路雪糕桥 / 6
富贵人间系两端——平江路苏军桥 / 9
忠臣碧血状元情——平江路朱马交桥、通利桥 / 11
厢使相思必有情——平江路胡厢使桥 / 14

中市河板块
坊间风水最宜人——东中市崇真宫桥 / 17

古运河板块
灭觅纷争因利渡——葑门灭渡桥 / 20
桥重霞落运河妆——盘门蟠龙桥 / 24
巍峨古塔城楼畔——盘门吴门桥 / 26
名动三吴第一桥——胥门万年桥 / 30

官太尉河板块
千年风雨泛书香——官太尉河官太尉桥 / 35
安知寺塔喜悲情——官太尉河吴王桥 / 38
葱茏草木波光月——官太尉河寿星桥 / 41

十全街板块
乌鹊桥红带夕阳——十全街乌鹊桥 / 44

山塘河道板块
起自友情终至美——山塘通贵桥 / 47
咫尺天涯不尽同——山塘星桥 / 50

最忆骚人倚棹时——山塘桐桥 / 52
长虹静卧渡众生——山塘普济桥 / 55
青山有幸埋忠骨——山塘青山桥 / 57
石桥垂柳映碧波——山塘绿水桥 / 60
最爱桥名是斟酌——山塘斟酌桥 / 63

枫桥河、上塘河板块

戏台水面桥驮庙——上塘河普安桥 / 66
英雄忆得渔樵处——上塘河上津桥 / 69
古津古寺相辉映——上塘河下津桥 / 71
夜半钟声到客船——运河支流枫桥 / 74
风依酒幌客依愁——运河支流江村桥 / 79

高新区

横塘、石湖板块

方回难绘彩云愁——横塘彩云桥 / 82
恩怨千秋一水间——上方山麓越城桥 / 85
石湖居士知何处——上方山麓行春桥 / 89

工业园区

斜塘板块

桥依土地永求安——斜塘永安桥 / 94

吴中区

甪直镇板块

波光旭日长虹月——甪直正阳桥 / 97
鸡鹅相会闹双桥——甪直东美桥、交会桥 / 101
葱茏绿意古悠情——甪直和丰桥、环玉桥 / 104
甫里千家连雁齿——甪直大通桥 / 107
遥山黛影分江路——甪直寿昌桥 / 109
西汇晨曦入镜来——甪直进利桥 / 112
茶灶莼鲈得永宁——甪直永宁桥 / 114
欸乃三声古朴风——甪直香花桥 / 116

多少楼台烟雨中——甪直大觉寺桥 / 118
澹台湖板块
风韵千年一带间——澹台湖宝带桥 / 120
长虹规月忆辉煌——澹台湖五龙桥 / 125
木渎板块
绿枝掩映见宁馨——木渎永安桥 / 128
望月西津盼永平——木渎西津桥 / 130
光福板块
观音殿外叩清音——光福光福寺桥 / 133
胥口板块
一桥寂寂叹悲凉——胥口后塘桥 / 136
东山板块
具区风月最无边——东山渡水桥 / 138

相城区
湘城板块
内外古今系一桥——湘城观桥 / 141
太平板块
葫芦岛旁待涅槃——太平凤凰桥 / 144
北桥板块
雁齿云平策杖来——北桥石家桥 / 147

张家港
鹿苑板块
犹怜昔日卧波时——鹿苑弘济桥 / 149
古镇千年系两端——鹿苑方桥 / 152
塘桥板块
碧水何离旱地桥——塘桥萧家桥 / 154

常熟
常熟古城区板块
巍然耸立亦称奇——元和塘永济桥 / 157

先声夺得头条号——山前塘甸桥 / 159

凌波特立二条桥——山前塘程家桥 / 161

是非功过后人评——山前塘拂水桥 / 163

聚来万福入琴川——福山塘聚福桥 / 165

顺应民心为壮举——福山塘顺民桥 / 167

拂水岩板块

双桥拂水白虹飞——拂水岩香花桥、长寿桥 / 169

唐市板块

书声梵呗韵西东——唐市北新桥 / 172

太仓

城厢板块

犹忆海门第一桥——城厢周泾桥 / 175

阅尽人间悲喜剧——城厢州桥 / 178

西门锁钥壮山河——城厢皋桥 / 181

南郊板块

昨时画卷忆辉煌——南郊井亭桥 / 183

纵能高歌奈若何——南郊金鸡桥 / 185

沙溪板块

半入民居夜半钟——沙溪庵桥 / 187

河棚间下梦当年——沙溪义兴桥 / 190

昆山

玉山镇板块

三折虹腰地脉长——玉山玉龙桥 / 192

伤心碧血忆忠魂——玉山富春桥 / 195

花桥板块

衰草荒烟天国忆——花桥集善桥 / 197

桥庵相聚古风存——花桥聚福桥、万寿桥 / 199

废墟悄立顾茫茫——花桥徐公桥 / 201

千灯板块

占得先机称第一——千灯种福桥 / 203

明灯千盏映辉煌——千灯凝薰桥 / 205

周庄板块

尽显风情北栅前——周庄全功桥 / 208

双桥紧傍逸飞家——周庄世德桥、永安桥 / 211

桥楼联袂富求安——周庄富安桥 / 214

扶花绿叶各参差——周庄报恩桥 / 216

迷楼侧畔倍迷人——周庄贞丰桥 / 218

桥头彳亍叹无知——周庄福洪桥 / 221

吴江区

松陵板块

截断吴江一幅罗——松陵垂虹桥 / 224

凌波飞架留遗憾——松陵三里桥 / 228

同里板块

以民为本食为天——同里思本桥 / 230

务须专注跃龙门——同里富观桥 / 232

黎里板块

古镇春秋似卧龙——黎里青龙桥 / 235

留得清音在汝家——黎里汝家桥、道南桥 / 238

修梯借得入云端——黎里梯云桥 / 241

红花绿叶更相扶——黎里进登桥 / 244

祈福驱邪咭咯声——黎里秋禊桥、望恩桥 / 246

盛泽板块

机声白浪感深恩——盛泽白龙桥 / 249

遥通沧海窦三环——盛泽升明桥 / 252

七都八都板块

硕果鲈乡第一桥——七都东庙桥 / 254

东西跨越盼恩洪——七都洪恩桥 / 256

越尾吴头隐读声——七都广福桥 / 259

占尽风情七八分——七都双塔桥 / 262

香花香火皆成景——八都香花桥 / 265

附录　部分桥梁分布示意图

姑苏区平江河桥梁示意图 / 267

姑苏区中市河桥梁示意图 / 268

姑苏区古运河桥梁示意图 / 268

姑苏区官太尉河桥梁示意图 / 269

姑苏区山塘河道桥梁示意图 / 269

姑苏区枫桥河、上塘河桥梁示意图 / 270

高新区横塘、石湖桥梁示意图 / 270

吴中区甪直镇桥梁示意图 / 271

吴中区澹台湖桥梁示意图 / 271

吴中区木渎桥梁示意图 / 272

常熟古城区桥梁示意图 / 272

太仓城厢桥梁示意图 / 273

太仓南郊桥梁示意图 / 273

太仓沙溪桥梁示意图 / 274

昆山玉山镇桥梁示意图 / 274

昆山花桥桥梁示意图 / 275

昆山千灯桥梁示意图 / 275

昆山周庄桥梁示意图 / 276

吴江区松陵桥梁示意图 / 276

吴江区黎里古桥梁示意图 / 277

吴江区盛泽桥梁示意图 / 277

吴江区七都、八都桥梁示意图 / 278

外　集（6篇）

姑苏阅尽两千年——东中市皋桥 / 281

望信望星孝子心——官太尉河望星桥 / 284

一桥相隔两重天——上塘河渡僧桥 / 286

分水桥斜泾渭明——木渎斜桥 / 289

遗梦南街留寂寞——木渎廊桥 / 291

还拟放舟明月夜——光福虎山桥 / 293

星级指数：☆

遗韵宋元证旧闻——平江路思婆桥

公元前514年，伍子胥规划苏州城，设计了水陆并行双棋盘格局。现存苏州最古老城市地图——宋代《平江图》呈现古城内河道密布，如经纬交叉，共有十四横七纵。岁月变迁，河道淤塞湮没；清嘉庆间疏浚后，尚存三横四直，第四直河，就是平江河。沿平江河的平江历史文化街区还基本保持着宋代旧貌。

平江路，一条最能体现姑苏小桥流水人家特色的古色古香的石板路，与平江河平行，从干将路开始，到东北街结束；而苏州人习惯上认为的平江路是从干将路到白塔东路的一段。八百年前，平江路是苏州的纵向主干道，今天，虽然早有多条通衢替代了它在交通上的重要位置，但是在苏州人乃至外来游客的眼中，平江路是可以和山塘街并驾齐驱甚至品位更高的好去处，因为它仍然完整地保留了河路并行的格局和肌理。小桥流水,粉墙黛瓦,建筑的体量和街道的宽度比例恰当,多条水巷纵横其中,深邃有致。相比山塘街,平江路没有人流如织的喧嚣,少了些铜臭,更多了些淡雅。无论是苏州籍的俊男美女,还是新苏州人,拍婚纱照的最佳选择就是平江路。

2002年起,苏州政府对平江路开展古城区风貌保护与整治工程,包括拆除违章建筑、铺设石板路、疏浚河道、维修老房子等,让这条古街更添新风情。由于保护工作成功实施,平江路历史文化街区2005年获联合国教科文组织颁发的"文化遗产保护荣誉奖"。这是苏州人的骄傲,更是苏州向世人展示它古朴典雅的一个最佳的窗口。

从平江路南端进入,路旁亭中有一幅平江图的复制版。从亭子向北数十米,有一座梁式石桥——思婆桥。思婆桥是第四直河平江河南端的第一座东西向古桥,为单跨石梁桥,桥西就是东西向的建新巷,可直通临顿路。桥始建年代不详,在宋《平江图》上,名为"寺东桥",因桥西南濂溪坊(现并入干将路)原有唐代古刹资寿寺而得名。资寿寺是一所尼僧院,苏州人俗称尼姑为师婆,吴方言中"shi""si"不分,以讹传讹,就变成了"思婆桥"。

小时候一直以为"思婆桥"为思念一个老婆婆的意思;也曾听到如此的传说,一个媳妇不贤惠,婆婆去世后她扪心自问,十分后悔,便捐资建桥以表内疚。稍微长大,却认为是思念老婆的意思。

桥于清嘉庆十年(1805)重修,1988年又重修了一次。桥长10余米,跨度4米有余,宽3米,高2.9米。桥面以四条花岗石梁并列而筑,石梁南北外侧刻有"重建思婆桥"等字样。桥栏是高约40厘米的长条侧立花岗石,过往行人可坐在桥边休息赏景。东西两坡各有10级石阶。桥台南侧石柱刻有"嘉庆乙丑四月"等字,北侧石柱上刻有"里人"等字,显然都是嘉庆十年(1805)重修时留下的印记。虽然岁月变迁和多次重修,但桥身还保留着不少武康石和青石。尤其是主要结构桥台排柱和两头雕有灵芝、宝莲的长系石都是武康石,显示出宋元遗韵,证明思婆桥始建迄今已近千年了。桥两边的驳岸,雕有多个系船石,虽无甪直、黎里的精致,但也朴素大方;即此,完全能想象当年船只泊满岸边的热闹情景。

思婆桥西正对建新巷,建新巷是解放后城市改建中连通了几条小巷拓宽兴建的。一百多年前,离思婆桥最近的一条小巷叫思婆巷,中国近代史上一位著名的小人物"赛金花"就诞生在这里。赛金花曾用名傅彩云,自小爱打扮、好热闹。后因其父去世生活无着,沦落投身到花船卖笑。第二年遇到状元公洪钧,被洪钧纳为侧室,并随其出使德、俄、奥、荷四国。绝顶聪明的她学会了德语、英语,因而得到德、英皇室的接见。

五年后洪钧去世,她不为洪氏家族所容,只能重操卖笑旧业,辗转于沪、津、京师,以"赛金花"为名挂牌。光绪二十六年(1900),八国联军侵占北京,这就是中国近代史上最耻辱的"庚子事变"。赛金花由于能说德语,又因为自身的职业,为联军统帅瓦德西所倚重。也凭着这一点,她劝说瓦德西约束部下不要妄杀无辜,保全了北京城里无数人的身家性命。这不由得让笔者联想到法国莫泊桑笔下的"羊脂球"。而此时中国的最高统治者慈禧却挟持光绪帝,带着王公大臣西逃,根本不顾百姓的死活与国家存亡。正因这一点,尽管她是个青楼女子,人们还是推崇、纪念她。

在她老年穷困、孤独之际,许多好心人给予了资助。她身后,著名画家李苦禅为其作画募捐,齐白石为其题碑勒石,街坊将其义葬于北京陶然亭畔。

想当初,幼年的赛金花定多次来到这座桥上,一方面以水为镜,欣赏自己的容颜;一方面,也会憧憬着自己的未来。至于能救护千万北京人的身家性命,她一定未曾预料吧。一江春水向东流,万事不复皆成空,那默默无语的思婆桥啊,相信你一定保存着关于赛金花的一份轶闻旧事,思念着这样的一位"婆婆"。

星级指数：☆

葱茏绿意古风存——平江路寿安桥

丽日相伴，笔者相携久违的老友，一同前往平江路赏景看桥。姑苏的大街小巷多的是粉墙黛瓦、小桥流水，而平江路上的景致更是处处有味，仿佛一幅天然的水墨画任人遐想无际，又似一段跌宕起伏的旋律让人的思绪驰骋无疆。如斯的行程，让笔者的脚步跟着欣欣然起来。

就这样信步而行，来到了极其古朴的寿安桥前。说它极其古朴，是因为它只是一座石板平桥，既不高大，也不十分宽阔，还因为桥东北堍(tù)一株老树枝条舒展，虽在料峭的春寒中，却也绿意葱茏，映衬得寿安桥分外朴素典雅。

寿安桥西堍直连钮家巷，走过不长的东西向的钮家巷，就可到达临顿路；桥东就是南北向的平江路了。

寿安桥位于平江河上，在思婆桥北面三四十米，也是单跨石梁桥。因其位于资寿寺的北面,所以在宋《平江图》中称"寺后桥"。同治时改名寿安桥。1960年、1985年重修。桥长4.4米,跨3.8米,宽4米,高2.3米。桥面由六条石梁并列而成,可贵的是南侧边梁及北侧第二根梁为武康石梁,其余四条花岗石梁由于年代或产地不同,也呈现深浅不一的色彩。东西桥台排柱各由五条武康石组成,镌有"癸亥"、"拾两"等捐银题字,可见此桥主体也是宋代建构。寿安桥的石梁较为特殊,尚保存着明以前古制,略有拱势,即下部平直,上部两端稍低,当中微隆。远远望去,造型十分流畅,与老屋、石栏、水埠构成了一幅谐和的画卷。

从南面看,可明显辨出桥梁外侧的"重建寿安桥"等字;然而从北面看,却发现了一个问题,桥梁外侧竟然镌着"□丰桥"等字样。估计重修者仅从牢固的角度考虑,修桥时从别处找来废弃的石梁,致使出现了"一桥两名"的现象。但愿不要以讹传讹,让我们的后人又误以为"寿安桥"也叫"□丰桥",甚至有人花大量的精力辨析寿安桥也叫"□丰桥"的缘故。

桥东头南侧,有一口双眼古井,虽离河仅仅一两米,但却能"井水不犯河水",令人叹为观止。

正对桥东的是一带斑驳的古墙,墙根搁着一块显然年代已经很久的石雕,造型古朴,刀法娴熟,估计为有关部门从某处的拆迁现场搬来。说来也有趣,我们的有关部门一方面在肆意拆除古建,一方面却在大量建造假古董。将这块石雕放到古朴的平江路边,却是明智之举;虽与桥无关,但连同斑驳的旧墙,给桥增添了如许古意。

桥东稍北,是"筑园会馆",原为清代张氏故宅"三和堂",经过改建,成了古朴与现代完美结合的典范,获第二届上海市建筑学会建筑创作奖优秀奖。筑园会馆向北,就是郏长巷。巷口,是一座民国建花园洋房,竖着标志碑"苏州市文物保护单位 鹤鸣堂康宅 苏州市人民政府二〇〇四年十二月公布 二〇〇五年九月立"。

星级指数：☆

飞阁凌波至孝心——平江路雪糕桥

　　说来惭愧，笔者直到"文化大革命"时方知有"二十四孝"，但那时《二十四孝图》是作为批判的靶子出现在公众面前的。当时甚至能背出鲁迅就《二十四孝图》而说的名言："……请人讲完了二十四个故事之后，才知道'孝'有如此之难，对于先前痴心妄想，想做孝子的计划，完全绝望了。……其中最使我不解，甚至于发生反感的，是'老莱娱亲'（一个70多岁的老莱，为了讨父母高兴，穿着花衣服在地上打滚）和'郭巨埋儿'（孝子郭巨为了省下粮食孝敬母亲，竟然要埋掉自己的儿子）两件事。……然而我已经不但自己不敢再想做孝子，并且怕我父亲去做孝子了。"一度也很激愤，确认《二十四孝图》是"大毒草"；如今看来,当时确实颇为幼稚。人生在世,孝为行先,一个连自己父母都不能孝顺的人,还能指望他能善待别人吗?《二十四孝图》中的有些行为确实过于偏激,但以夸张的手法宣传"孝",又何错之有!

在平江河上,也流传着一个至"孝"的故事。相传古有张孝子居平江路的横巷萧家巷,家贫断粮,饥寒交迫,无奈之下,只能取来白雪,制成糕状,与母亲进行"精神会餐"。如此奉亲,传为美谈。据说此事为观音娘娘得知,将"雪糕"变为真正的糕,让他们母子吃饱。张孝子故后,里人为其就地殓葬,并在墓旁设祠致祭,又将巷东小桥取名"雪糕桥",以示纪念。如今,笔者见过多个"二十四孝"的版本,也有将这个故事编进去的。过去,笔者一直以为"雪糕桥"与夏天令人馋涎欲滴的"冰砖雪糕"有关,而知道了张孝子的故事后,就肃然起敬了。

雪糕桥与思婆桥、寿安桥平行,也跨平江河,位于寿安桥北100余米处。西堍连着东西向的萧家巷,东端对着南北向的平江路。宋《平江图》上已有。

未知此桥始建于何时,只知曾于清乾隆十八年(1753)、光绪三十一年(1905)、1985年重修。桥长5.8米,跨3.6米,宽3米,高2米。桥面以五条花岗石梁并列,长系石上留有搁置托木的凹槽。桥台以四根条石组成排柱,青石与花岗石混杂。桥上原本建有观音堂,这种组合俗称"桥驮庙"。原观音堂早在50年前被拆除,为恢复"飞阁跨通波"的美景,现观音堂已重建,飞檐翘角,三开间,甚是雄伟。观音堂的南侧庑廊下就是雪糕桥的桥面。明间屋檐向外突出,恰好遮盖桥栏南侧的吴王靠。走路累了,可以坐下来歇息,即便烈日曝晒或大雨倾盆,也难奈我何!如此桥驮庙的过街楼式建构,过去的苏州很多,如今为保护而恢复得较为成功的也就仅剩雪糕桥和上塘河边的普安桥了。可惜的是,当笔者站在雪糕桥上想进去一探究竟时,发现观音堂的门紧闭着,不知当年为张孝子显灵的观音娘娘究竟是怎样的形象。

雪糕桥的西首就是"萧"家巷,可指路牌上却赫然写着"肖家巷"。笔者是简体字的积极推行者,绝不会为了掉书袋而率意复古,绝不会将"己丑年"写成"己醜年"而闹出天大笑话。因为"肖"与"萧"实是两个字,前者不是后者的简化。"萧家巷"的得名,源于居民造屋时挖到一块南朝齐梁"萧王"的墓志铭,"萧""肖"实为两姓并非同族。关于这条巷子,可有些来头,上文说过的张孝子就住在这条巷子里,《红兰逸乘》载:"昔张孝子抟雪为糕以奉亲,所居在萧家巷,祠亦在焉。"甚至还有人把三国时东吴大将周瑜的出生地也"安排"在这条巷子里;不管是否能找到确凿的证据,但总给雪糕桥增添了几多神秘。到了宋代,此处为武状元周虎所居,复名"周将军巷"。周虎,字叔子,江苏常熟人。南宋宁宗庆元二年(1196)考中武状元,金兵侵犯和州时,誓死保卫城池一个多月,激战三十余次,杀死敌将十余名,使金兵败退而去,成为抗金名将,受到朝廷褒奖。为此,在今景德路东首曾立有"武状元坊"。

桥东向北十几米,就是一条东西向的"中张家巷",直通东端的仓街。作为吴文化代表的评弹和昆曲的博物馆都在这条巷子里。

进巷子向东不远就是评弹博物馆,门口是一组铜塑,一个黄包车车夫将车子停到门口,车上的说书先生正准备下车,而书场老板早就恭候在门前笑脸相迎了。博物馆内,重点介绍了评弹界泰斗人物王周士的一些情况,到了这里,也就知道了竟然还有人敢在乾隆皇帝面前坐着说书。评弹深受苏州百姓的喜爱,琤瑽的琵琶弦子声,响彻苏州的小巷深处,而说书先生的说噱弹唱,一直为广大听众津津乐道。

再向东,就是全晋会馆,如今的昆曲博物馆。昆曲博物馆规模较大,进门就是魏良辅的雕像,里面的主体建筑是一个古戏台,现在每周公演一次。博物馆的西侧,是介绍昆曲源流的几间屋子,几组当年大户人家自家戏台的模型吸引了笔者的注意(图为扬州寄啸山庄池中戏台模型)。就是在这样的环境里,昆曲得以在士大夫中传承发扬;但也是这样的环境,限制了昆曲面向广大百姓的发展。

最近几年,参观评弹博物馆和昆曲博物馆的人越来越多,尤其是港澳台同胞,他们一般都从干将路下车,步行一段平江路,鉴赏了雪糕桥桥驮庙的奇观后,右拐进入中张家巷。相信这些游览者,定会对雪糕桥留下深刻的印象,但笔者也有一丝担忧,千万别让他们把"肖"家巷带回家。

星级指数：☆

富贵人间系两端——平江路苏军桥

　　苏军桥也是平江河上的一座古桥，又称苏锦桥，俗呼青石桥。王謇《宋平江城坊考》曰："苏军桥，范、卢、王三《志》均著录。按：在南显子巷东，今其半名南石子街。"看来，宋代已有此桥。清嘉庆十九年(1814)曾重修，后1960年、1980年又两度维修。原桥长7.5米，跨径2.5米，宽2.6米。宋《平江图》上已有，据说桥名与桥东北的军营"威果二十八营"有关，然而因语焉不详，无法查证。《平江图》中威果二十八营在今平江路东面不远处与平江路平行的仓街上。

　　在笔者的印象中，苏军桥为单孔石梁桥，东接卫道观前，西连南石子街。桥身用石较杂，栏杆为花岗石，桥面由五条花岗石梁并列而成。然而，如今出现在我们眼前的却是一座崭新的拱桥。据当地人说,在平江路整治工程中,原桥已拆除,新桥花了大代价从浙江移建而来。

现在的苏军桥全部由青石砌成,东西走向。两端各有16级青石台阶。桥孔为半圆形,纵向青石券砌就,间以横向的八条花岗石。金刚墙与长系石皆为青石。桥栏为侧立青石,间以八根望柱,两端都有抱鼓石,南北当中桥栏外侧都镌有"青石桥"三字;"青石桥"本为苏军桥的别称,况且现在的这座桥确实由青石砌成,如此改名,倒也贴切。

苏州人说,苏军桥是一座联系富贵的桥。苏州潘氏是徽商后裔,同时也是著名的科第世家,江南望族。潘氏有"富潘"和"贵潘"之分。

"富潘"在苏军桥东堍所连接的卫道观前,如今门前挂着文物保护标志牌,上书"苏州市文物保护单位　卫道观前潘宅(礼耕堂)　苏州市人民政府一九八二年"。"富潘"在鼎盛时期曾经拥有苏州观前街的许多商号,生意甚至做到了天津、北京和郑州。苏州市政府地方志办公室的张学群先生考证潘氏家谱后说:"从家谱上看不出潘家有多么富有。过去的生意人都不张扬,他们从穷到富,怎么富起来的,外人都不得而知。那时候积累财富都要好几代人的努力,不像现在,可能几个月就富了。"从潘家的祖宅起名为"礼耕堂"可略知一斑——诗礼继世,耕读传家。

贵潘指的是潘世恩一脉,自乾隆年间始,这个家族科举成名者就没有断过,以一状元、八进士、三十六举人成为清代姑苏官绅的典型代表,享有"天下无第二家"之誉,有"祖孙父子叔侄兄弟进士"之称,是苏州最为显赫的家族。潘世恩之孙潘祖荫(1830—1890),光绪年间曾任军机大臣,对金石、图书特别嗜好,其"攀古楼"专藏古青铜器。大克鼎、大盂鼎和毛公鼎,是当时国内最为著名的三件西周青铜重器,前两件就为潘氏收藏,故曾刻有"天下三宝有其二"印章一枚。潘祖荫去世后,大部分的文物珍品运回苏州,收藏在南石子街6—10号宅内。抗战时期,先后有七批侵华日军闯进潘宅"抢宝",幸亏潘祖荫孙媳潘达于将之深埋于地下而未遭洗劫。建国初期,潘达于当年深埋于地下的稀世珍宝大克鼎和大盂鼎终于重见天日,潘达于将它们捐赠给新中国,传为佳话。大克鼎今收藏在上海博物馆,大盂鼎现藏于中国历史博物馆。

苏军桥之所以如此翻造,或许是为了给"富贵"注入新的内涵吧!如今,南石子街潘氏旧宅旁,大儒小学书声琅琅,民族的富贵指日可待。

在苏军桥的东堍北端,是一家名为"品芳"的茶社,门上对联颇有意趣:"茶亦醉人何必酒,书能香我不须花。"一壶清茶,远胜觥筹交错;而书对人的熏陶,岂花草能比! 如果说苏军桥联系的是富与贵,那么,"品芳"联系的就是古与今。

星级指数：☆

忠臣碧血状元情——平江路朱马交桥、通利桥

在平江路和菉葭巷的交会处，有一座著名的桥梁，这就是朱马交桥。朱马交桥跨大柳枝河，南北连通平江路。桥位、桥名与宋《平江图》一致，但原是拱桥，现为石板平桥。始建年代失考，南宋淳祐十年（1250）重修，清康熙廿三年（1684）重建，1982年、2003年又两度重修。现桥为花岗石梁桥，桥面由六条石梁并列而成，两端设石阶。桥长6米余，宽4米余，高2.3米。桥栏为侧立花岗石石栏，下部用两个石墩搁空，两端有抱鼓石。桥梁外侧镌有"重建朱马交桥"等字样。

自从陈逸飞的名画《双桥》问世后，周庄声名鹊起。但是，"双桥"并不是周庄的专利；苏州古城，早就有了"三步两桥"的双桥景观。

就在朱马交桥的北堍,有一座桥和它成直角相交,跨平江河,西堍连菉葭巷,东堍连大柳枝巷。这就是通利桥,也叫"星桥"。单跨石梁的通利桥宋《平江图》上也有,曾于清嘉庆十九年(1814)和1984年重修。长6.4米,跨2.8米,宽3.5米,高2.4米。桥身主要以花岗石构筑。桥面由六条并列的石梁组成,其中两条为宽约40厘米的武康石,应是宋元遗物。桥栏亦为简洁的通长条石。两边桥台不同,西桥台有长长的缓坡引桥。这两座桥与周庄古镇近年声名远扬的"双桥"异曲同工,但建造历史要早四百余年。

关于这两座桥,王謇《宋平江城坊考》曰:"通利桥桥孔石刻:'星桥、朱马茭桥,年深坍坏,蒙运判府郑侍郎助钱三千贯,提举宝章判部赵郎中助钱二千贯,长洲判县龚郎中助钱一千五百贯,并系十七界会重行展阔建造。劝缘崇禧、上官右史,干缘碧云庵僧守常,淳祐十年十一月朔题。'"可见,古人习惯上也把这两座桥相提并论。然而,这段镌刻笔者却未尝看见,估计经后来的多次整修湮没了。

朱马交桥和通利桥所在处本是平江河和大柳枝河(平江路西称"菉葭巷"河)的"十"字交汇处,但是,1958年菉葭巷河被填没,此处成了"丁"字交叉口。如果当年一拍脑袋填掉的是东段,那么,朱马交桥就不成为桥了。

据说朱马交桥原叫"马交桥",钱彩的《说岳全传》第六十回写道,岳飞被十二道金牌召回杭州,在马后王横的护卫下路过平江(苏州)时,对面来了冯忠、冯孝,带领校尉二十名,喝令岳飞跪下接旨,要将岳飞扭解上京,候旨定夺。王横想要反抗,岳爷喝一声:"王横,不许动手!"王横再跪下来,已被冯忠一刀砍中头上,众校尉一齐上来。可怜王横半世豪杰,竟被乱刀砍死!苏州人认为,这个现场就是马交桥之畔。后来,岳飞在风波亭遇害,平江府百姓思念忠臣,来到马交桥,想起当日岳飞曾在这里经过,发现那石上仍有斑斑血迹,就将此石块珍藏了起来。宋孝宗即位后,岳飞冤案得到昭雪,平江府的百姓就将那块石头凿成一尊石像,并在王横殉难的河边造了一座小庙,将石像供奉起来。而因为河边马茭草上也溅上了王横的鲜血,一片朱红。人们就将桥改称作"朱马茭桥"。就在朱马交桥东大柳枝巷17号,曾经有过一座小型石人庙,建于清道光二十年(1840),奉祀的就是王横。所供王横石像俗称"石老爷",高1米许,已于1981年送苏州博物馆保存。大柳枝巷的一条横弄名为"石人弄",即为纪念王横而得名。

以后,"朱马茭桥"就被称作"朱马交桥",清代一度被称作"朱马高桥"。

朱马交桥的西面,就是被填掉的菉葭巷河,现在是一条通汽车绰绰有余的菉葭巷。如今,在南侧沿街人家的门口还能看见河驳岸的旧迹。菉葭巷西起临顿路,东至横跨平江河的通利桥,长415米。原名陆家巷,因巷内有陆姓大户得名。后根据吴语谐音,雅化为菉葭巷;但笔者更认为是文人的杰作,因为"菉葭"两字,显然受《诗经·蒹葭》的影响,如此一改,增添了典雅的韵味。巷内31号为苏州佛教居士林,1995年修葺一新。门前一对石狮栩栩如生。

菉葭巷口,通利桥西堍南侧,也就是与朱马交桥隔平江河相望的地方,有一块"下马"石碑,上半段已经没有了,下半段几个字为"人等至此下马",估计从别处移来,借平江路的荫蔽寻求保护。

菉葭巷的南面,有一条悬桥巷和它平行,悬桥巷中曾住过一个著名人物,他就是洪钧。洪钧,同治七年(1868)考中状元,授翰林院修撰,光绪十三年(1887)奉旨出使俄国、德国、奥地利、荷兰等欧洲四国。当年的状元洪钧与一名青楼女子赛金花演绎了轰轰烈烈的爱情故事,洪钧不仅娶赛金花为妾,还带着她一起出使欧洲,引得当年街头巷尾到处议论纷纷,各种报纸不惜连篇累牍登载此事,而这段故事也出现在《孽海花》《彩云曲》《赛金花自述》等小说、诗篇中。如今,洪钧故居及庄祠为苏州市文物保护单位。故居后门在菉葭巷居士林对面,原为临河,现为临街。

朱马交桥的东侧,是大柳枝河,河北岸,西段是大柳枝巷,东段是小柳枝巷。大、小柳枝巷也叫"柳贞巷",巷内旧有红豆树馆。据清宣统《吴县志稿》载:"陶凫芗侍郎梁所居,在娄门内柳贞巷"。庭院植红豆树数株,故题为"红豆树馆"。陶氏常以陶渊明为师,好饮酒吟诗。著有《红豆树馆诗集》。绿柳红豆,佳人才子,可谓奇闻。红豆树今已不存,苏州市内唯一古红豆树今在迎枫桥弄13号。

如今的朱马交桥是平江路上拍摄婚纱照的一个首选景点。笔者前往时,正好看见一对恋人沉浸在喜结连理的幸福之中,新娘手执纨扇,身着粉色的旗袍,楚楚动人;新郎如玉树临风,用手环围着新娘,英姿挺拔;他们的身后,是一簇碧绿碧绿的翠竹。这一切,给古桥增添了无尽的浪漫和荡漾的生机。

星级指数：☆

厢使相思必有情——平江路胡厢使桥

平江路的中段，靠近白塔西路处，有一条东西向的支巷，这条巷子西起平江路，与曹胡徐巷仅隔一条平江河；东到内城河，较为僻静。这条巷子就是胡厢使巷。"厢使"是宋代设于京城四厢处理治安和民间纠纷的一种官职，苏州一度为南宋陪都，体制当如京师。这位姓胡的"厢使"究竟为何人，无法查证。吴方言"shi"与"si"不分，所以在苏州人的口中，"胡厢使巷"演绎成了"胡相思巷"。当年的影片《女篮五号》，部分镜头就拍自胡厢使巷。

位于胡厢使巷西端的胡厢使桥，是平江河上仅存的一座拱式古石桥。当然，随着胡厢使巷的被叫俗，"胡厢使桥"也被称为"胡相思桥"了。此桥，宋《平江图》中就有记载。现有的桥为清乾隆九年（1744）重建，1983年修。全长14

米,净跨4.1米,中宽3.2米,矢高2.9米。桥的拱券采用纵联分节并列式砌置;这种发券方式又称"联锁法",较之较早的分节并列式在技术上是一大进步,苏州清代石拱桥多用此法。桥面石南北外侧都刻有"重建胡相思桥"五字,桥孔两旁的明柱上则镌有"乾隆九年署元和县正堂加六级张曰谋重建"等字。桥面石浮雕轮回纹,意在宣扬佛教"生死轮回"观念,劝人行善积德。桥孔拱券的外沿还有一圈凸起的拱眉石,更增强了桥的立体美感。此桥虽是典型的清代花岗石拱桥,但金刚墙上夹杂的青石和武康石却是其出身于宋元的"高贵血统"的标志。有趣的是,据说桥西堍南侧金刚墙上还有一方"桥神土地"刻石,但我们没有找到。

胡厢使桥也是平江河古桥中桥名最能诱发人想象的石拱桥。

相传距今300余年的明末,有一个富商住在胡厢使巷中段,吃菜讲究新鲜,每天由苏州葑门外的一个小伙子按时送菜到家。这个年轻人不但老实本分,而且长相清秀俊朗,甚至还有点学问。聪明美丽的富家小姐有时与他攀谈几句,发现他待人接物也不错。时间长了,双方有了好感,爱情的种子在两个年轻人心中不知不觉地就萌发了。可是富商知道后,觉得门不当、户不对,一面阻止他们的交往,把送菜的小伙子换成了一个中年妇女,一面积极托媒为女儿谈亲。心中苦楚的小姐得了相思病,忍受不住"终日思君不见君"的现实,在一个月黑风高的夜晚,自沉于院中的水井,结束了短暂的青春。孱弱的小姐以身殉情,实在令人痛心扼腕。从此小巷也被大家改称为"胡相思巷"。故事确实凄婉,然而,这种刻骨铭心的"相思"又岂能用"胡"来概括呢?

如今,由于"相思"的原因,这座古桥成了恋人们享受甜蜜爱情的地方。特别是"七夕节"的时候,总会有一对对的男女,手挽着手,在桥上、桥边、桥下河埠,久久徘徊。相信他们走过胡相思桥的每一个台阶的时候,都对爱情怀着一份矢志不渝,都希冀着能够和恋人携手走过人生的每一个春夏秋冬。

胡厢使桥的西端是曹胡徐巷。我国的古街巷不少以居住地人的单一姓氏命名,漫步在大江南北城市的老城区常见:陈家巷、刘家里、张家弄、何家胡同等等,但用两个姓氏命名的颇为鲜见,这条小巷用"曹""胡""徐"三姓命名,在其他地方还未尝之闻;或许,这条小巷恰如其分地诠释了苏州人的一份和谐吧。在曹胡徐巷的东头北侧,也就是胡厢使桥的西堍北端,沿平江河有一家"相思阁茶坊"。仅凭这个店名,就能让人在心里头滋生一种浪漫的情愫,不得不叹服店主的这一番"移桥别恋"。的确,不管是草长莺飞的春天,还是枝繁叶茂的夏日,约一二好友靠窗闲坐,推开窗棂,聆听平江河中的欸乃橹声,观赏对岸平江路上的俊男靓女,真的是一种享受,是一份姑苏特有的闲适。如果是恋

爱中的男女,到此凭窗对坐,点一壶"碧螺春",倾诉相思之情,岂是笔墨能尽!

胡厢使桥的东面是胡厢使巷,沿河绿树成荫,石凳、花坛、水埠头点缀其间。石驳岸边有人持竿垂钓,烟雨濛濛中确有一番闲情逸致。巷口,有一座油漆斑驳的小亭和一个紫藤架,缀满了紫色的花朵,几个老人坐在那儿拉家常,凸显出一种小巷深处特有的悠闲。

如今,物欲横流,生活节奏越来越快,都市人的心态越来越浮躁;到胡厢使桥畔信步走走,或闲坐于小亭,或凭窗于茶坊。相信,"鸢飞戾天者",定能"息心";而"经纶事务者",或也会"忘返"。

星级指数：☆

坊间风水最宜人——东中市崇真宫桥

崇真宫，著名道观，位于阊门内下塘街，坐北朝南，始建于北宋政和年间(1111—1118)，建筑雄伟，香火旺盛。宋范成大《吴郡志》曰"崇真宫，在能仁寺西。宣和中，为神霄宫，毁于兵"；重建于明正统年间(1436—1449)；民国时曾作为救火会出现；现为民居，从尚存的屋宇仍可看到清代的建筑风貌。

崇真宫桥，《平江图》上称之为"宫桥"。面对崇真宫，跨中市河，桥南即是东中市。《吴郡志》称崇真宫"门有青石桥扶栏，雕刻之工，细如发丝，为吴中桥梁之最"。

清乾隆《吴县志》曰："后圮，重建尽失旧制。"果然，青石桥栏早已不知去向，至于"细如发丝"的雕刻,就只能凭想象去描画了。如今是青砖砌的桥栏,内侧竟抹以水泥,青砖上覆花岗条石作为扶手,表面成弧形,颇为光滑。桥宽3米余,由七条花岗石石梁组成。西外侧石梁上镌有"重建崇真宫桥"6个大字,下款漫漶,仅能辨出"闰四月"三字;西侧的两条长系石之端,雕有对称的图案。南面的长系石上部有一个硕大的树根,宛如一位老者弯着腰,目视前方,站在姑苏的晨曦里。《金阊区志》载,清乾隆时叶凤梧为崇真宫主持,因桥南堍官路皆被居民侵占盖屋,致使道路堵塞,不便行走。于是,便劝走侵占桥址者,出资重建此桥。二月开工,当年闰四月十四日落成。所以,桥梁西外侧的"闰四月"当是记载此次重修。还是《金阊区志》所载,传说,桥落成后,观者如堵,近午时,有一个道人来桥上徘徊,说:"石性刚,不加托木料必断。"言毕不见。众人蜂拥过桥,果然一声巨响,一条石梁应声而断,幸亏未曾伤人。原来,那个道人就是吕洞宾,所以,苏州百姓以四月十四作为吕洞宾的生日。从此以后,但凡建石桥,梁下都以护梁木承托。而如今,崇真宫桥的护梁木早已腐朽,难以承担"护梁"的重任,仅仅是位于桥梁之下,演绎着"护桥木"的悲剧而已,估计最多再坚持个三五年。

清嘉庆二十四年(1819),此桥再度重修。1982年又重修,估计桥栏的水泥就是当时的杰作。

桥南堍西侧有一口双栏古井——"真泽泉",多年来为附近居民的"生命之泉"。但那两个古朴的石井栏圈被好古的"雅人""取"走。之所以用"取"字,孔乙己谓"窃书不是偷";当然,如此"风雅"的举措是不能用"偷"字来形容的。如今,取而代之的是两个水泥井栏圈,还有不少居民在那儿汲水洗菜涤衣。

过去,苏州人每逢农历四月十四日,都要到崇真宫桥西首的吕祖庙(正名为福济观,俗称神仙庙,供奉吕洞宾)去"轧神仙",吴方言中,"轧","挤"也,据说这一天吕神仙要化身挤在人群中"与民同乐",谁能碰到仙人就要交好运。传说某年"轧神仙"的头天晚上,一个背条破草荐(草垫子)的老乞丐,走进东中市崇真宫桥的一户卖熟肉的姓陆的人家求宿,户主心肠好,便让乞丐在他家灶门前歇了一宿。次日天未破晓,乞丐即不辞而别,却留下了那条铺在地上的破草荐。不久,伙计升火煮肉,随手扯了一块草荐塞进灶膛,不料一阵异香散发出来,迷倒四邻八舍。陆老板联想起乞丐用口与口相叠的两个瓦钵为枕的情景,恍然大悟,原来是吕洞宾来指点他,因为"口"对"口"就是个"吕"字。于是将没烧完的草荐收藏起来,每次烧肉时,只取用一根放进灶内,煮出的肉味就很独特,熟肉店因此声誉鹊起。陆老板灵机一动,干脆将肉店的招牌改名为"陆稿荐",还将吕纯阳化身乞丐借宿留草荐的事大肆渲染。从此,这家陆稿荐肉店长盛不衰。这就是熟肉店"陆稿荐"得名的由来。

传说毕竟是传说；崇真宫桥之所以出名，与"红""绿"状元关系密切。

所谓的"红"状元，即同治七年(1868)的状元洪钧，因为"洪"与"红"同音。洪钧是有清一代状元中为数极少的注重实学的学者。据说，洪钧祖宅就在崇真宫桥西侧仓桥之畔；然而，笔者特地查阅了有关资料，并询问当地老人，都未果。

所谓的"绿"状元，就是同治十三年(1874)的状元陆润庠，苏州话中，"陆"与"绿"同音，都读"lù"，陆润庠的七世祖陆肯堂竟是康熙二十四年(1685)的状元。一门两鼎甲，传为文坛佳话。陆家就在崇真宫桥的东边20来米，占地颇广，虽然现在已是普通民居，但高大的屋宇，幽深的陪弄仍显示出当年的气派。

"红""绿"两状元是好朋友，我们完全可以想象，"红"状元拜访"绿"状元，两个状元坐在崇真宫桥上，或高谈阔论，或轻声细语。后来陆女嫁给洪子，他们成了儿女亲家。洪钧过世后，亲家陆润庠为他的《元史译文证补》完成了最后的校写付印工作，于光绪廿三年(1897)出版，这是"红""绿"两状元结出的最后的硕果，也是崇真宫桥结出的硕果。

笔者作为一个姑苏人，为姑苏状元感到无上荣光，忍不住再次站到桥的东首，注视那条潺潺的小河，尤其是不远处的崇真宫桥。但见水波在阳光下荡漾，一圈又一圈，把两侧民房尤其是河埠头的倒影不停地摇曳，任由笔者怎么定睛细看，也无法看清是历史正向小河走来，还是小河正向未来奔去。但是，

心中不由豁然开朗：一座小小的崇真宫桥旁，竟然产生了两个状元，甚至有人将另一个状元的住所也"安排"在此处，这难道是巧合吗？此处的学风，此处的水土绝非等闲。估计"取"走井栏圈的"雅贼"，正在遗憾未曾连井一起搬走。

星级指数：☆☆☆

灭觅纷争因利渡——葑门灭渡桥

滔滔的京杭大运河经枫桥、胥江和横塘，转而折东，流经苏州时在古城墙外绕一圈，如同一个大大的"口"字。就在这"口"的右下角，大运河径直向南，通向浙江杭州。灭渡桥就架于这段大河的北段，靠近"口"字的右下角，成为苏州东南的东西向必经之路。而灭渡桥下，则是太湖与东海之间的繁忙通道，清朱彝尊《太湖罛船竹枝词十首（之八）》咏道："东溟大舺也嵯峨，灭渡桥头衔尾过。一样风波湖海别，黄鱼争比白鱼多。"

拱桥跨度约20米，拱顶距离水面超过8米，拱圈的厚度只有0.3米，所以无论你从哪一个角度去看，此桥总给人一种超凡脱俗的清新感觉。

如今，在桥的西堍，有一个正在化缘的和尚铜像，如真人般大小。他身穿僧袍，趺坐

于地，双目低垂，举起右手作问询状。与大桥相辅相成，似乎颇为匹配。和尚所持"缘启"上写着："大河阻隔，摆渡不便。贫僧发愿，大桥必建。有力出力，有钱出钱。广结善缘，福报无边。天人共庆，善哉善哉。大明嘉靖。"显然，这里说的是敬修和尚化缘造桥的故事。

过去，灭渡桥所在地称赤门湾，这里，水流湍急，船运繁忙，古代无桥时，唯一沟通东西方向的交通工具就是渡船。赤门湾一带民风不古，船家不是嫌行人给的渡资太少，就是借口"天色已暗，看不清河面"，而拒不开船。清同治《苏州府志》曰："舟人横暴，侵凌旅客。风晨雨昏，或颠越取货。"行人敢怒不敢言，欲飞渡而无双翅，为了赶路，只得赔尽笑脸，说尽好话。久而久之，赤门湾船家的恶名越传越远。

元大德初，昆山僧人敬修经常往来于此。这天，或许是为了一本经书，或许是为了其他，他急需渡河办事，就一口气直奔赤门湾。此时，天色渐暗，敬修不禁忧心忡忡，幸而河面上停泊着一艘船，匆匆走到船边，和颜悦色地说明了要去对岸的意思，船家谈好价钱，冷着脸撑起了篙子。敬修一心赶路，也就不去计较船家的神情。不料，船行到河中心时，船家忽然停驶，向敬修，加倍要钱。敬修愣了一下，随即把手伸向僧衣口袋。糟糕的是，敬修由于走得匆忙，囊中羞涩，所带无多。船家放下了橹篙，就是不再撑船。敬修郑重解释：有急事，必须以最快的速度到达对岸，并再三许诺，说回程时一定加倍偿还渡资。然而，船家一言不发，掉过船头一路摇回岸边。

就这样，敬修又被船家送回了岸边，眼望湍急的河水，知道坐船是没指望了，敬修咬咬牙，只能选择徒步绕道。后来，敬修和尚又因来回赤门湾而多次遭到欺辱。敬修对着眼前涛涛的运河水，立下誓言：我一定要在此地造一座

桥，让过往行人永远不再受气！

敬修回到家，马上与里人陈玠、张光福发起募捐，建造石桥。桥的建造前后共花了一年半时间，耗用一万六千多工。桥竣工于大德四年（1300），为单孔半圆石拱桥。

桥造好了，起名字时颇费了一番踌躇，敬修左思右想无果，但他的眼前总是浮现出那张船家的脸，冷冷的，手里捏着酒杯，脚一掂一掂地在船板上打着拍子，嘴里说："没钱就在家睡觉，还坐船呢！"这时，不知谁提议说不如就叫"灭渡"吧——赤门湾从此消灭了渡船，对！就叫"灭渡桥"，多么具有纪念意义的桥名！民国《吴县志》上说此桥是"志平横暴也"。吴语当中，"灭"与"觅"同音，七传八岔，时间一长，"灭渡桥"被人讹传成了"觅渡桥"，是为寻找渡口之意。创建此桥的原来意思也渐渐被人淡忘。

僧人敬修不在乎这些，他在乎的是终于有了一座桥，管它叫"灭渡"还是"觅渡"，有桥就行；他在乎的是过桥行人脸上灿烂的笑容，他在乎的是不管天色多晚，他都能从容不迫地踏上桥面，眺望运河景色；他在乎的是桥能够普渡众生，造福于民。苏州沧浪诗社的沈高先生有《灭渡桥》诗赞曰："曾愁问渡涉艰凶，幸有长虹映水中。望断运河南北路，舳舻棹影舞东风。"

灭渡桥采用增单孔跨度而不作多孔的设计，以适应水流湍急、船只体积大、往返频繁的特点。在桥的拱顶与面石间不加填层，并尽量延伸桥身坡长，使大桥平缓易行，堪称江南古桥梁中的成功作品。

明代正统年间（1436—1449）苏州知府，著名的为民请命的大清官况钟重修灭渡桥；清同治年间（1862—1874），灭渡桥再度重修；笔者曾亲临1985年大修的现场，目睹了旧桥变新颜的过程。僧人敬修的造桥使命已经完成，他没有预料到的是，灭渡桥自建桥以来，在历史的长河里跌宕起伏，像一个饱经沧桑的老人，见证了无数次历史事件。明万历年间，税吏黄建节在灭渡桥设卡收税，往来民众受尽盘剥，葛成率领民众织工，在灭渡桥畔掀起了一场轰轰烈烈的抗税斗争；如今，葛成安眠在虎丘山侧五人墓畔，而他在灭渡桥抗暴的义举却永驻人间。清朝末年，太平天国忠王李秀成率兵于灭渡桥畔，与清兵浴血奋战，也留下了多少可歌可泣的故事！马关条约后，由洋人任税务司的"苏州税关"又设于灭渡桥堍，被称为"洋关"，激起了苏州人民的几多反抗……

上世纪70年代，苏州市政府考虑到灭渡桥已经承受不起往来交通的重负，在古桥北侧约60米处另建起一座人字形新桥，取名"觅渡桥"，以便通行。2002年11月，苏州重建"觅渡桥"，新觅渡桥位于古桥南侧约60米处，全长337.4米，其中，西桥堍长127米，东桥堍长151.4米，主桥净跨28米，高8米。

新桥总宽 36 米,除车行道、人行道外,还设有专用人行道,以方便步行者上下桥和观赏景物。新觅渡桥 2003 年 6 月建成通车。几乎同时,北侧的那座"觅渡桥"被拆除。

2002 年 10 月,江苏省人民政府将灭渡桥公布为"江苏省文物保护单位"。

灭渡桥也有过顽固的"疥癣之疾",据苏州《城市商报》报道,一些抗逆性特强的杂树在灭渡桥的石缝间茁壮成长,桥孔东南侧、西南侧、东北侧、西北侧四个角的上方,都长满了大大小小的构树,最粗的已比得上成年人的大腿,高度一般也达两三米;除此以外,桥身其他地方也到处可见杂树的身影,其中大多是构树,也有少量其他树种。粗粗点了点,桥身上的杂树已达三四十株。这些杂树的生长已严重地威胁着古桥的寿命。2010 年 8 月,苏州市市政桥隧养护管理所的工作人员刀劈斧锯,为古桥进行了一次"洁面"活动。

如今,苏州市已完成了"环古城风貌保护工程",处于古城区东南角的灭渡桥畔首当其冲。于是,亭台轩榭拔地而起,绿化工程前台亮相,游船码头粉墨登场,姹紫嫣红争奇斗艳,而主角当然是灭渡桥与觅渡桥。此景点被命名为"觅渡揽月"。

2011 年元旦下午,笔者特意来到古运河旁。伴着冬日的阳光,灭渡桥就像一个古典美女,袅袅婷婷;而新"觅渡桥"如时尚的年轻女子,衣着艳丽。她俩联袂姗姗而来,和敬修铜像一起,成为苏州古典与现代结合得天衣无缝的写照,又仿佛在无语着历史的变迁。站在灭渡桥上,不由得想起了清人钱载随口吟成的《葑门口号》:"灭渡桥回柳映塘,南风吹郭不胜香。湖田半种紫芒稻,麦笠时遮青苎娘。"诗作于乾隆五年(1740),吟的是夏日姑苏情景,如今,"柳映塘"的景色被运河风光带取代,而稻田早已代之以高楼大厦,至于戴着麦草编的斗笠,穿着青色苎麻夏布衣的农村妇女,却再也看不到了。

然而,这铜铸敬修像前"缘启"上的"大明嘉靖"却使人越看越糊涂,敬修募化造灭渡桥成于元大德四年(1300),比大明嘉靖元年(1522)也至少要早 220 年,那时,敬修和尚应该几岁? 退一步说,假设史载造桥年月有误,假设这个铜铸的和尚不是敬修另有他人;但成书于大明正德年间(1506—1521)的王鏊所撰的《姑苏志》上已记有灭渡桥始建的故事。先有正德后有嘉靖,岂能桥先造好后再为造桥而化缘!铜像设计者的幼稚无知,使美好的景物和动人的故事成了"关公战秦琼"式的笑话,岂不"杯具"?

星级指数：☆

桥重霞落运河妆——盘门蟠龙桥

靠近盘门处，有一座南北走向的高大的三孔石桥横跨运河南门段，这就是本世纪才走进苏州人生活的蟠龙桥。该桥为三孔人行石拱桥，全长 56.8 米，中孔跨径 15 米，两边孔跨径各 9 米。

"蟠龙桥"是因该桥地处苏州古城的古蟠门（即盘门），且门楼雕有飞龙而得名。桥主体为花岗石结构，十条长系石横向稳定桥身。青砖桥栏，间着十条花岗石望柱，上覆以未曾抹角的石条，甚为罕见。但曲线中间有直线，柔中带刚，体现一种不对称的变化之美。登上蟠龙桥顶，西可望吴门桥，东可望人民桥，三桥遥相呼应，堪称一绝。朝霞满天之晨，站在人民桥上西眺蟠龙桥，只见蟠龙桥三孔倒映水中，与瑞光塔、盘门城楼共同耸立于绿色之中；夕阳西斜之暮，站在吴门桥上东望蟠龙桥，画舫过处，运河水泛起层层涟漪，将桥的倒影晃动得亦真亦幻，船只如同在仙境中穿行，美丽至极，令人流连忘返。

蟠龙桥由枣市街的枣市桥脱胎而来。过去，枣市街上有座造型古朴的南北走向的三孔石桥，叫枣市桥，桥下是滔滔的胥江河。因年久颓危，枣市桥于1981年被拆除。拆下的石料被运至山塘街普济桥附近，一放数年。2003年，运河南门段整治工程规划设计东大街往南建一座跨运河的桥梁，于是，有人提出将"古枣市桥"移建于此。然而，这段河道宽于胥江，老枣市桥"石拱"偏小，不尽适宜南门宽阔的运河。就仿其桥形放大尺寸，造一座新桥，在桥面各部砌上老桥石料……所以说，蟠龙桥身上，既流淌着前辈的血液，又跳动着21世纪的心脏。

蟠龙桥两侧明柱有联。

东侧主联为"瑞塔凌霄，景物千秋留胜概；玉虹衔月，水云一派赏吴风"。"瑞塔"，盘门三景中的瑞光塔，全国重点文物保护单位，直插云霄的瑞光塔与蟠龙桥相映成趣；"胜概"，美好的境界；"玉虹"，原指瀑布，但从上联的"瑞塔"来看，此处应指桥的美丽身影；"水云"，由水滴组成的云，原为科学名词，此处指水天一色的美丽景观。虽说此联有些词语用得略显牵强，但气势宏伟，平仄和谐，将桥与塔之间的互衬关系表现得淋漓尽致。

东侧副联为"西来桂棹上黄浦；东去锦帆入太湖"。"桂棹"，桂木制的船桨，《楚辞·九歌·湘君》有"桂櫂兮兰枻，斲冰兮积雪"，借代为船，西来的船只可从此处直达上海黄浦江。"去"，离开。"锦帆"，锦缎制的船帆，也可借代为船。姑苏城中原有吴子城，周围有环城河，其西曰锦帆泾，吴王夫差乘舟，使锦帆悠游其间，岁月变迁，今为锦帆路。此联巧妙地利用典故与借代手法，将蟠龙桥的位置诉诸14字中，衔接巧妙，天衣无缝。

西侧主联为"吴地重古韵，特移江虹映古阙；宋桥添新俦，同枕塔影联新诗"。"江虹"，江上彩虹，指胥江上的枣市古桥；"古阙"，桥西南的盘门古城楼。上联用了蟠龙桥脱胎于枣市古桥的经历。"宋桥"，指西面不远处的吴门桥，横跨急流，往来便利；"新俦"，新同伴。下联写出了双桥一塔的诗情画意。

西侧副联为"三环明月连吴苑，一棹好风泛碧波"。字面甚为平实，但内涵丰富，颇能令人玩味。

蟠龙桥与吴门桥，以及附近的兴隆桥、新旧裕棠桥构成了苏州环运河风景带48景之一的"重桥落霞"景观，标志石刻就在蟠龙桥南塊东侧。此"重桥"，既指数桥明合的当前景观，也指古今两桥暗合的事实，为运河风景带增添了宜人的色彩。

星级指数：☆☆☆

巍峨古塔城楼畔——盘门吴门桥

老苏州人都知道，有这样一座古桥，同时牵系着盘门城楼的高大宏伟、瑞光古塔的熠熠生辉以及京杭运河的白帆纤夫，它就是姑苏最高的单孔石拱古桥——吴门桥。桥位于城西南盘门之外，跨古运河（护城河），就在苏州古城区"口"状平面图的下边"一横"靠左角200米处。北连盘门大街，南接盘门横街，为陆路出入盘门的必经通道。1963年被列为苏州市文物保护单位，2006年6月，吴门桥被公布为江苏省文物保护单位。

吴门桥离不开盘门，盘门也离不开吴门桥。盘门，位于苏州古城西南隅，1963年被列为苏州市文物保护单位，1982年被列为江苏省文物保护单位,2006年5月公布为全国重点文物保护单位。据古籍记载,周敬王六年(前514),吴王阖闾命伍子胥"相土尝水,象天法地",筑春秋吴国都城,这就是最早的苏州古城,盘门为古城八门之一。因门上曾悬有木制蟠龙,以示震慑越国,古称"蟠门"。另外,又因其"水陆相伴,沿洄屈曲",而得"盘门"之名。

盘门外东侧,是运河与大龙港交汇之处,水流湍急,过河只能借舟楫,甚为不便。宋元丰七年(1084),郡人石氏出资建桥,横跨急流,往来便利。据《吴县志》记载:吴门桥始称新桥,又名"三条桥","新桥"由北端两座相接的木桥加南端的一座石桥组成,故当时又称"三桥",宋《平江图》所载也为三桥相接,下设三洞。宋绍定年间(1228—1233),将"三桥"改建成三孔石孔桥,这就是吴门桥的前身。由于盘门为苏州南面的正门,人称"步入吴门第一桥",故命名为"吴门桥"。然而,范成大《吴郡志》却说"新桥,在盘门,分为三桥者,制度甚宏","吴门桥、绿云桥并盘门外",将"新桥"与"吴门桥"并提,不知是何故,或许是未曾实地考察。

明代正统年间(1436—1449)郡守况钟重建吴门桥。弘治十一年(1498)水利郎中傅潮再度重修。清顺治三年(1646)和雍正十二年(1734)两度重修,清乾隆间的《盛世滋生图》所载为三孔石拱桥。同治十一年(1872)江苏省水利工程总局重建,改为单孔石桥。

左侧这幅题为《苏州城外桥景》的彩色雕版画,是英国画师威廉·亚历山大于1792—1794年随马戛尔尼出使中国期间构思草绘,1797年10月成画,1805年出版的一幅作品。此图所绘之桥,从画面看,桥已从原来的三拱桥改建为单孔桥,与今天的吴门桥类似。

现在的石桥为1872年重建,主体用花岗石砌筑,杂有少量武康石,证明了它出身于宋元期间的高贵"血统"。桥外形有点儿像北京颐和园的玉带桥(俗称罗锅桥),或者说玉带桥有点儿像吴门桥。桥身高高隆起,如雨后彩虹架于古运河上。桥全长60余米;顶宽近5米,底宽近6米,显示出了极大的稳定性;净跨16米;矢高近10米,往来使帆的一般船只

到此不必落篷;拱券石10排;长系石11根。1989年,部分拱券石被船只撞落,修补时发现各拱券石之间用定胜形榫卯拼接,以增加牢度,避免移位。

吴门桥的桥面较为特殊,条石桥栏凿成凹凸状,犹如通长靠背椅子,登上50步台阶,如果感觉累了,可以坐下来稍事休息,并四处眺望。东面桥额阴刻楷书桥名;南面明柱刻"苏省水利工程总局重修";据说北面刻着"同治十一年壬申夏四月",但下半段已破损,无法辨认。南北两坡各铺设条石踏步50级,全是整块条石。北端金刚墙左右两翼均砌有宽约0.6米的纤道,为纤夫穿越桥洞的设施。吴门桥高大雄伟,与邻近的瑞光塔、水陆盘门浑然一体,是苏州城西南重要的文物古迹游览区。拾级而上,伫立桥面,但见水网交织,舟船往来,城楼巍峨,古塔生辉,远山近水尽收眼底。三者合称"盘门三景",参观盘门三景,为姑苏一日游的首选。

著名作家碧野上世纪80年代曾站在被前人屦屦磨润的桥面上,发出了内心的感慨:

停步吴门桥顶,就像站立于水空。仰望,晴空万里;远视,京杭大运河如飘飘荡荡的碧玉带,机动船牵引着成串的木船在破浪航行。北望,大运河从天边白云深处排空而来;南望,大运河滚滚滔滔向无边的绿色田野奔腾而去。

……

大运河清波荡漾,这许多船儿是南去杭州,还是北去扬州?……

古运河的流水流去了多少朝代?流去了多少春秋?流去了多少风流人物?在吴门桥上,曾经印下了白居易、范仲淹、范成大的足迹,南宋的抗金统帅韩世忠和太平天国的忠王李秀成都曾经立马吴门桥头。

我国的桥梁千千万万,木结构的,石砌的,钢筋混凝土浇筑的,大桥小桥,长桥短桥,都不像苏州吴门桥这样气势非凡。

今天的吴门桥,依然是"气势非凡",但由于运河的整治改道,桥下已没有了"机动船牵引着成串的木船",没有了繁忙的喧嚣,没有了船沉人亡的悲剧,却多了桨声灯影、画舫笙歌;绿色的田野早已被满眼的楼房代替,也被沿运河风景带的翠绿替代;东面200米处,是从枣市街畔移建来的蟠龙桥。当然,去世于1052年的范仲淹是不可能在这座始建于宋元丰七年(1084)的大桥上印下足迹的,中唐时期的白居易则更没有这个可能。

中国第一位女性大学校长杨荫榆女士,因"女师大事件"辞职来到苏州,住于盘门内新桥巷。日军侵占苏州后要她出任伪职,遭严词拒绝,面对侵华日军在苏州烧杀抢掠的暴行,她还数次到日军司令部抗议。一天,几个被日军追逐的妇女逃至盘门新桥巷的杨荫榆家,杨荫榆立即勇敢地站出来用日语同日军交涉,当众斥责日军的暴行,保护了这些中国妇女。凡此种种,杨荫榆成了日军的眼中钉。1938年1月1日,两名日军以司令部传见为借口,把杨荫榆诱出家门,

行至盘门外吴门桥突然枪击杨荫榆,并将之抛入河中,又连开数枪将其射杀。吴门桥,是日寇枪杀手无寸铁的中国人的见证。

  吴门桥经历过两宋的战乱,享受过康乾盛世和同治中兴,也经历过太平天国的风雨和抗日战争的硝烟;虽多次重修,但也伤痕累累。就桥南而言,从第5到第16台阶已严重破损凹陷,石阶出现明显的裂缝;一位管理人员模样的人告诉笔者,这是当年被日本鬼子的坦克压坏的。另外,桥的缘石部分也有明显的错位和开裂,再加上因船撞拱圈已被损坏。

  吴门桥累了,已显示出相当的疲态。2010年10月,有一定发言权的"名城新闻网"的记者们找了苏州市文物局、沧浪区市容市政管理局、环古城风貌带、城市投资管理有限公司以及盘门景区公司;但是,各部门相互推诿,至今尚没有明确的"说法"。难道要等到将来的哪一天,桥轰隆倒塌,才在上级领导的过问和姑苏百姓的质问下关注此事?岂不是悔之晚矣!

  然而,有关部门关心的却是另一件事。2009年5月20日,《姑苏晚报》首席记者高戬撰文《一道围墙大煞水城风景,"休克疗法"保护吴门桥?》,告诉我们,吴门桥免费供四方宾客参观的时代将要结束了。盘门景区管理机构捷足先登,在吴门桥南砌了一堵墙,美其名曰"为了保护古桥",将桥纳入景区的管理范围。从此以后,一方面,人们再也不能在桥南欣赏古桥的气势;另一方面,吴门桥就可以和盘门景区捆绑在一起卖连票了。今年春节期间,笔者从南侧前往吴门桥,果然,一道围墙砌在了桥边,仅有一个门洞可通吴门桥南堍,虽然现在还没有卖票人把守,但看来购票才能进入的结局已经为时不远了。

  一番推诿,推卸的岂止是事不关己,它显现了对保护姑苏文物责任心的淡薄;一堵新墙,挡住的何止是桥的雄姿,它割裂了历史的传承,割裂了外地游客与姑苏的情感,割裂了姑苏子民对姑苏文物的挚爱!

星级指数：☆

名动三吴第一桥——胥门万年桥

苏州百姓历来就有"金阊门，银胥门"之说，意谓胥门是仅次于阊门的繁华之处。实际上胥门的繁华，并不亚于阊门。

提起胥门，老苏州人都会想起历史上赫赫有名的一个人，他就是苏州古城的设计者伍子胥。伍子胥先后辅佐吴王阖闾、夫差治理国事30多年，政绩卓著，有口皆碑。然而，晚年的伍子胥却命运不佳，面对韬晦的越王勾践，他虽然多次提醒吴王夫差，但执迷不悟的吴王陶醉在表面的太平盛世里，根本听不进伍子胥的劝告，伍子胥最终酿成了赐剑自刎的悲惨结局。伍子胥临终前对夫差派来的人说："我死后可将我的眼睛挂在胥门城门上，我要看着越军入城。"

如今，吴王与伍子胥早已随风而去，但巍巍的城垣尚在，那高低不一的石块堆砌在一起，仿佛在向每一个走进历史的人诉说着曾经的那段故事。

胥门是一块繁华之地，万年桥可以见证。万年桥与南郊宝带桥、山塘彩云桥，曾被苏州百姓叫作"三鼎甲"的状元桥。

古运河绕苏州古城一圈，组成一个"口"字，就在"口"字左边一竖略偏下处，跨着一座东西向的万年桥，桥正对着胥门。万年桥下是水运码头，商贾云集，船只往来。过去苏州人出行以水上交通为主，前往木渎、洞庭东山、西山乃至上海、杭州等地，一般都在万年桥下的船码头乘船，笔者幼时也有从胥门万年桥下乘船赴洞庭西山的经历。过去苏州胥门一带有很多"老虎灶"（水灶），都认为胥江的水干净，一般每天清晨都到万年桥畔河里取水。清时，每逢盛夏，总有人驾着小船在万年桥桥洞下乘凉，寻找一份难得的惬意。

按2006年编写的《沧浪区志》，万年桥建于清乾隆五年（1740）。传说，乾隆下江南时来到苏州，当地大小百官便希望乾隆皇帝能为这座刚造好的桥赐名。乾隆看到一个新娘子正要上桥，便好奇地上前看个新鲜。新娘子边走边念："新娘子，过新桥，千年富贵万年桥。"乾隆顿时来了灵感，当即取名为"万年桥"。

也有人认为古万年桥建于唐代，但无法考证。苏州百姓一般都认为明初就有万年桥，牛示力先生在《苏州杂志》2001年第四期撰文，所说颇有代表性：

清乾隆年间，宫廷画师、苏州人徐扬画的《盛世滋生图》，上面就有万年桥，横跨运河河面，桥临水处有三个长方形桥洞，两堍各竖石牌坊一座，牌坊两侧各有四角石亭一座，气势着实雄伟。但是，这可不是我要交待的那座状元级的古桥，这是赝品，有诗为证："水面忽添新锁钥，波心仍照旧舆梁"，说明它虽想仿真，档次却差得远呢！真正的古万年桥，桥身宽达10米，长约100米，临河有五个大环洞，全由最佳的太湖石砌就，桥周身合缝光滑平整，桥面两侧植有工艺精美的石雕栏杆，栏杆上还雕凿有100只石狮，形态各异地蹲峙着……质优、型雄、气壮，"状元桥"名符其实！

显然，牛先生认为乾隆年间的万年桥并不是古万年桥，也并不如古万年桥般气派。那么，真正的古万年桥又去了何处呢？

这和明朝年间的大贪官严嵩密切相关。万年桥在明朝嘉靖年间就已建在胥江上，当时，权倾朝野的奸相严嵩来到苏州，站在万年桥上，连连发出称赞。这些，被陪同严嵩的苏州地方官看在眼里。送走严嵩没多久，想借机拍马屁的地方官就招来一批技艺高超的石工，对每一块石材进行编号，按号拆卸，全部运往严嵩的家乡江西分宜重建。苏州民间，至今还流传着香山匠人阿巧师傅嘉靖初重建万年桥，不久又因严嵩的原因而被迫拆除万年桥，到江西再建的故事。

洪武年间(1368—1398)，苏州知府卢熊在他编撰的《洪武苏州府志》一书中提及苏州胥江上有座"万年桥"；而明代宰相王鏊在成书于大明正德年间(1506—1521)的《姑苏志》中也多次提到"万年桥"。从这些史料记载可以判断，明朝初年时胥江上就已经有了万年桥。清·顾震涛《吴门表隐》记载："胥门外有吊桥，紫石甚古，明嘉靖时，严嵩爱而拆去，今在苏州城外，亦名万年桥。"清初诗人潘次耕有叙事诗《万年桥》记下了这段公案：

相传吴胥门，有桥甚雄壮。不知何当事，诌媚分宜相。拆毁远送之，未悉其真妄。兹来经秀江，巍桥俨在望。横铺八九筵，袤亘数十丈。石质尽坚珉，蹲狮屹相向。皆言自苏来，运载以漕舫。严老自撰碑，亦颇言其状。始知言不虚，世事多奇创。桥梁是何物，乃作权门饷。鞭石与驱山，势力且多让。冰山一朝摧，籍没无留藏。独此岿然存，千秋截江涨。颂署两不磨，功罪亦相当。犹胜庸庸流，片善无足况。吴山多佳石，胥江足良匠。

诗人欲擒故纵，以"相传"起笔，以"兹来经秀江"的实地观察为核心，讽刺了权贵和拍马小人的无耻行径。但一句"独此岿然存，千秋截江涨。颂署两不磨，功罪亦相当"，似乎是说分宜百姓从严嵩处得到了好处，严嵩功过相当，胜于碌碌之辈。

也有人专程到江西实地考证，发现分宜万年桥已经坍塌废弃，从严家祠堂找出严嵩亲自撰写的《分宜县万年桥记》碑："先是予往来吴中，阅桥而美，于是征匠买石于吴州，运山伐石，载以巨舰，溯江而入湖。"以证实分宜万年桥只是从苏州"征匠买石"而已。笔者并不认为严嵩在《分宜县万年桥记》说了假话，但是，严家帮以赵文华为首的拍马小人何止千万！拆了桥将石头送去，却说是买的，如此既落下银两，又讨好了权相，还顾全了权相的面子，"一举而三役济"，何乐而不为！联想当今，行贿者以送烟为名，夹以大把的人民币，又何尝少见!

　　好端端的桥被拆到了江西,那姑苏的百姓呢?往来人员日以万计,渡河必须绕道,或者假以舟楫,如逢风狂雨猛,更是苦不堪言。面对如此残酷现实,官府却谎称城西郊狮子山狰狞多恶,幸有河水阻隔,如造桥将坏了风水,致使大桥迟迟未能重建达两百年之久。清乾隆年间,在江苏巡抚徐士林、苏州知府汪德馨的鼎力支持下,历时两年多,终于在乾隆五年(1740)建成一座梁式新桥。桥堍有石牌坊,正面书额"万年桥",背面书额"三吴第一桥"。徐士林《万年桥记略》:"桥长三十二丈五尺,广二丈四尺,高三丈四尺有四寸。"此桥,就是《盛世滋生图》中的万年桥。由于桃花坞木刻年画《姑苏万年桥》的问世流传,万年桥更是名闻遐迩。

　　此后,万年桥在嘉庆二十五年(1820)、咸丰元年(1851)、同治九年(1870)先后三次重修。1952年,万年桥拆除旧木桥面,改为三孔钢筋水泥梁式桥面。桥全长42米,两边设铁栏杆。1970年,桥北侧500米建起了一座钢筋混凝土大桥姑胥桥(起始名"红旗桥"),万年桥不再通车,仅供步行。

　　2004年,胥门地段以胥门、万年桥和古百花洲为主改建环城河公园,拆除旧万年桥,又建起一座雄伟秀丽的三孔石质万年桥。站在高高的桥顶上,遥望清雅的百花洲公园,不由得想起了姑苏才子唐伯虎,他在《百花洲》诗中曰:"昔传洲上百花开,吴王游乐乘春来;落红乱点溪流碧,歌喉舞袖相徘徊。王孙一去春无主,望帝春心归杜宇;啼向空山不忍闻,凄凄芳草迷烟雨。"如今看来,描写确实很恰当!

　　桥的南面有两副桥联,外侧的糁以蓝色的一联为乾隆年间重建万年桥的苏州知府汪德馨所题:"佳气氤氲迎汉渚,恩波浩荡达江湖。"联如桥般气势豪迈,虽有对皇帝歌功颂德之嫌,却是写出了万年桥对两岸百姓的恩惠。内侧一联为:"佳景如诗,望郭外青峰、岸边碧树;玉环涵影,伴楼头明月、江上胥涛。"意为站在万年桥上,远眺,西南诸山隐隐约约(如今被鳞次栉比的高楼挡住了);近看,两岸碧树围绕,四季如春;桥身就如玉环,在水中荡漾着倩影,伴随着夜空的明月和江上的波涛。晓畅明了的话语,却表达出回味无穷的诗意,无丝毫的"隔",将与桥一起载入姑苏的史册。

　　北面也有两副桥联,外侧糁以蓝色的一联也为汪德馨所题:"画鹢排空秋水净,苍龙卧稳夜潮平。""画鹢",泛指船只;"苍龙",喻指桥身。想象一下这幅图景,秋高气爽,明净的河水跟随潮起潮落,美丽的船只在长龙般的桥下驰过,美哉壮哉!显然,此联的意境远胜于同一人写的南面之联。内侧一联为:"物华四序,流入艺苑成双绝;名动三吴,陟登胥关第一桥。"就上联而言,"物华",

景物;"四序",四季;艺苑,文学艺术界——桥周四季的景物,和吟诗作赋的文人,相辅相成,相映成趣。就下联而言,"三吴",苏州一带;"胥关",胥门城楼。此联平仄合拍,气势磅礴。

年长的苏州人都记得,万年桥也受过日本鬼子的蹂躏。1944年6月9日的《江苏日报》第三版上,刊登了一篇题为《胥门外万年桥昨午突告倾塌运货车堕河死伤多人》的消息。1937年日军侵占苏州后,将万年桥石级、道轨拆去,改为斜坡,同时拆除石牌坊及万年桥东西两侧的民房,建成新马路,与原有的城外大马路(今阊胥路)相通,供日军车辆出入苏城之用。1944年6月8日,一辆满载煤块的日军货车,自西而东入城。货车经过胥门外万年桥时,桥不胜重负而倒塌。车与数名路人坠入河中,死3人,其中有一名乞丐。6月12日重修,8月15日修竣通车。

在历史的长河中,万年桥曾经发生了这么多的故事,笔者不禁心潮澎湃,忍不住再次回到桥边,仔细端详。饶有兴味的是,当笔者的目光顺着桥身仰视的时候,觉得万年桥两边的栏杆不仅藏有弧度之美,而且越看越像两条长龙,威武地横跨在河面之上,那一个个石阶和桥栏的交接处,恰似长龙身上的一片片鳞片。连笔者这样的小人物都能窥见万年桥的独特之魅力,如果严嵩看见今天的万年桥,还会演绎出怎样的故事呢?沿着台阶一级级往上走,但见万年桥的桥栏是用一块块长长的青砖砌成的,俨然那是历史的颜色,青砖上是较为光滑的下方上圆的花岗石扶手,近看显得朴素自然,端庄厚实。

值得一提的是,2010年,在世博苏州馆中,有一座用错落有致的石板铺就的"万年桥",这是世博苏州馆的"镇馆之宝"。在世博会举办的184天里,无数中外游客走过万年桥,走进了"老苏州"的那段回忆里。据2010年12月6日《姑苏晚报》载,世博会闭幕后,世博会苏州馆被移建回苏州,高新区的苏州太湖湿地公园成为了最终落户的永久展示地。于是,那座"万年桥"的石块被逐一编上了号,建到了新址。

星级指数：☆☆

千年风雨泛书香——官太尉河官太尉桥

官太尉河位于苏州古城内三横四直水系中第四直河的南段，河道两侧，石栏蜿蜒，古井石凳点缀其间；河岸两旁，垂柳依依，红枫夹竹桃苍翠嫣红，可谓时时有色彩，处处有雅致。常见毛竹凉棚下，老人或中年人手捧一杯茶，天南海北神采飞扬，更有纯真孩童，留连嬉戏于清清河水旁，笑声不绝于耳。唯一不变的，是缓缓流淌的小河水，日复一日。这条流淌了千年的小河，见证了太多太多历史的风风雨雨，留下了太多太多名人的传闻佳话。

官太尉河的西北端是"官太尉桥"，这里的"官太尉桥"是一条小巷的名字，巷因桥而得名。为了区别，我们暂且称它为"官太尉巷"吧。"官太尉巷"南起吴王桥与叶家弄相接，北至干将东路。官太尉河的东面是石匠弄，明《姑苏志》

曰"旧有石作在此,故名",石匠弄北起干将东路,南至吴王桥;吴王桥到寿星桥一段称"祖家桥";寿星桥到望星桥一段称"望星桥北堍"。河西两条巷子相加,或者河东三条巷子相加,总共才六七百米;但是,当中河道官太尉河上从北到南至今还跨着官太尉桥、吴王桥、寿星桥和望星桥四座古桥(过去是八座,另四座被废弃了),这不仅让笔者感到欣喜,更会让来苏的游客感受到一份特别的温馨。在历经多少风雨之后,这些桥虽已非畴昔面目,但仍挺立不倒,仿佛在讲述着一段段早已被人遗忘的姑苏掌故。于是乎,帝王将相,尤其是才子佳人缓缓向我们走来。

官太尉桥属"苏州市文物保护单位",东接石匠弄唐家巷,西连"官太尉巷"的一条侧巷。据说,桥因一个姓官的太尉居此而得名。王謇《宋平江城坊考》曰:"官太尉桥,范、卢、王三《志》均著录。本图失绘。案《左传》'官有世功,邑亦如之'。据此,古人以'官'名族,故有'官'氏。吴中'官'氏,未详其朔(溯)。"太尉,汉代为"三公"之官,与丞相、御史大夫并列,位列群臣之首;唐宋时太尉是国家最高的军事长官。因为孤陋寡闻,笔者至今尚未考证出这个"姓官的太尉"究竟何许人也,但这并不影响我们对桥的关注。桥历史悠久,至迟始建于宋代,范成大《吴郡志》上已有记载,但仅是记载而已,语焉不详。明时有过大修,清康熙三十五年(1696)重建,光绪四年(1878)修。此桥的结构和南面的寿星桥完全不同,是石条为梁的单孔结构。两坡各有台阶11级。长15.6米,宽2.5米,跨度3米。东西桥台立武康石排柱各5根,下为武康石水盘石,上为武康石长系石。桥面由五块条形花岗石石板构建。桥梁南侧面正中镌刻"官太尉桥"四个正楷字,饰以卷草花纹。另有"光绪四年六月"字样。我们无法考证建造与维修官太尉桥的工匠中是否有石匠弄的"石作",因为造桥的一般工匠都是默默无名的,但他们通过自己的智慧和汗水,为姑苏的桥梁和历史文化奉献着自己的一切。

由于岁月的折磨,这座古桥曾是伤痕累累。西南桥台的桥石向外严重倾斜,西侧踏步石下沉,卧条石栏板相接处也已经开裂,西北角石板栏杆则向内倾斜,影响了市民通行安全。因此,附近居民热切企盼能够及时修复,以让这座古桥焕发青春。2008年6月,沧浪区建设局对该桥上部结构的倾斜、下沉、开裂处进行了修复,卧条石桥栏、踏步石的粘结、纠偏矫正等工序均按照古桥文物保护维修的原则进行施工,达到了修旧如旧的效果。

官太尉桥桥西是一座已经整修完毕的编为"官太尉桥15号"的古宅,规模较大,但经常大门紧闭,难以一探真容。这座列为控保建筑的宅第就是双塔影园,因靠近双塔而得名。其主人就是有"诗史"、"诗虎"之誉的清代诗人袁学澜。袁学澜(1804—1894)，原名景澜，字文绮，号春巢，清代元和(今苏州)人，诸生。袁学澜在《双塔影园记》中说："今余之园，无雕镂之饰，质朴而已；鲜仑奂之美，清寂而已。"看来，主人是"大隐隐于市"，当然，他所追求的质朴、清寂，对

平头百姓来说，已经是另一种意义上的豪华享受了，或许是一辈子也难以达到的境界。但是，我们可以肯定，园主人在创作的时候，一定经常往来跨越这座官太尉桥，甚至在桥上酝酿、沉思，让桥沾上了不少诗人的脱俗和灵气。

较多地让官太尉桥沾上书卷气的还大有人在。元书画家柯九思，就居住在叶家弄胭脂桥；现代史学家纪庸，就住在"官太尉巷"6号。当然，程小青等人的履痕也定是多次印在官太尉桥上。官太尉桥附近的街巷，乃至一宅、一砖、一瓦都渗透着深深的文化气息，足以让人访古问今，嗟叹不已。

昔日，漫步于官太尉桥旁，能体味典型的两街夹一河的姑苏旧时风貌，欣赏"人家尽枕河"的风情。打个招呼，甚至能穿过河边人家的客厅，沿他家的河埠石阶下临水边，聆听欸乃的橹声和轻柔的吴歌。如今，河道两旁枕河的民居在旧城改造中基本拆尽，只剩下零星的几家，延续着枕河的风格。在这样的前提下欣赏河两岸的拱桥、平桥、垂柳、红枫、翠竹以及曲廊、小亭，就是另一番滋味了。

星级指数：☆

安知寺塔喜悲情——官太尉河吴王桥

官太尉桥向南 100 余米，寿星桥向北 160 来米，跨官太尉河的就是吴王桥。桥居于六巷交界处，桥东堍可达钟楼新村，北侧塘岸为石匠弄，南侧塘岸为祖家桥；西堍直通定慧寺巷，北侧塘岸为官太尉桥（巷名），南侧塘岸为叶家弄。

关于吴王桥，朋友何大明先生告诉了笔者一段古老的浪漫故事。旧时吴王桥东西两侧，各有一条支流，河上各建小桥一座，西名"胭脂"，东名"仙境"。有一天，宠妃西施在王宫内闷闷不乐，想到宫外去散散心。于是，吴王夫差携西施乘锦帆出游。当时，吴王开船启航的石桥，就称为吴王桥。彩船行至一座木桥边,西施见这里桃红柳绿宛如仙境,非常高兴,就随口起了一个"仙境桥"之名。船行至另一座小桥边,吴王让宫女捧上化妆箱,亲自为西施补妆。一不小心,胭脂盒从桥上掉入河中。于是,吴王为此桥取名胭脂桥。当地流传一句顺口溜:"吴王仙境点胭脂",出典就由这三座桥名而来。

故事毕竟是故事,传说终归是传说,我们无从考证,但它赋予了吴王桥绚烂的色彩和浪漫的情怀。王謇《宋平江城坊考》在"吴王桥"条下告诉我们:"南朝王僧虔以书法、五代吴仁璧以星历名。吴、王二族尚矣,然未详所居何人。"王謇的意思很明显,是因为吴、王两族居此,故名吴王桥,与春秋时的吴王无关。

据我们所知,吴王桥始建于五代后周广顺三年(953),1980年原条石板梁因年久断裂,改建为钢筋水泥板梁的单孔平桥。桥栏仍为花岗石,桥堍设抱鼓石,桥长6.60米,宽4.30米,跨度5.10米,桥南侧面镌刻"吴王桥"三个楷体字。桥北堍筑有扇亭,名"雨声亭",亭内设水磨青砖、吴王靠,在此小憩,可倾听"雨打芭蕉"的天籁之音。

2008年,吴王桥梁底露筋,梁板裂缝,桥面层破损,沧浪区建设局运用最新的"布修工艺",就是利用环氧树脂粘结材料,将碳纤维布粘贴在受伤的混凝土的表面,采用涂底胶、找平等多项技术,将之加固。好处就是快速方便,效果惊人。其抗拉强度可以达到普通钢筋的4倍多,贴了这层"胶布",整个桥面就整体受力了,这座始建五代的老桥已经完成"升级"任务,实现了真正的"强筋健骨"。

桥东是一个硕大的农贸市场。桥西是定慧寺巷,定慧寺巷东起吴王桥,西止于凤凰街,虽然总长不到300米,但著名的定慧寺、双塔罗汉院以及贡院和苏公祠的遗址都聚集这条巷子中。

定慧寺寺院不大,山门、天王殿、大雄宝殿等主要建筑可供参观和礼佛。现在的寺院是清代建筑,属苏州市级文物保护单位;寺院中香烟缭绕,然而走遍寺院的每一个角落,却没有看到一座藏经楼,不免觉得有些遗憾。至于苏公祠,已经荡然无存,仅剩定慧寺东墙外的一条"苏公弄"和定慧寺四周的古银杏树尚能为历史作证。曾经,苏轼与定慧寺主持僧守钦友善,往来苏州必寄寓寺中,想来,这寺庙给了他们许多畅谈的欢愉。

前清苏州府贡院原设在昆山县城,咸丰十年毁于兵火,同治三年,江苏巡抚李鸿章重建于元和县(县衙设在苏州)所辖定慧寺巷,就在现双塔公园的西侧。现在的双塔公园门口,有一对古朴的石狮子,它们就是苏州贡院门口的原物。1904年,由于癸卯学制的推行,全国废除科举,贡院的历史任务也就完成

了,贡院的房子陆续被拆改为民居。

双塔建于北宋太平兴国年间,是一对佛塔,两塔间相距仅20来米。两塔"外貌"几乎完全一样,分为7层,东塔高33.3米,西塔略高,33.7米。塔冠上高达10米的塔刹令建筑学家们费尽心思,据测算,每个塔刹足有5吨重,当时的工匠是如何把这对庞然大物"搬"上去的呢?至今还是一个谜。

关于双塔,还有一个惨绝人寰的"杀降"故事。清同治初,李鸿章的淮军攻打苏州,太平天国慕王谭绍光率将士们拼死抵抗,谭绍光手下的郜云宽等人却密谋叛变,杀了谭绍光,率军投降淮军。岂料淮军在李鸿章的默许下,竟在双塔下将郜云宽以及两三万名随同投降的太平军将士全部杀光。一时间哭声遍地,流血漂橹。有外国人在惨案发生20天后,还"见到庭院地上浸透人的鲜血"和"抛满尸体的河道仍旧水带红色",这"抛满尸体的河道",就在吴王桥下。挺拔的双塔和静静地站立在这儿的吴王桥默默垂首,记下了这桩惨案。

站在吴王桥上,翘首西望,当注视定慧寺巷红男绿女熙熙攘攘,人流如织的时候,当仰视双塔并肩矗立,直插云霄,却被桥头的楼房挡住视线的时候,内心总有难抑的波澜,一浪又一浪。是啊,现在的苏州人,有谁还能想到这桥下曾经堆满了累累尸首!有谁还能想到那两三万个冤魂的哭泣!有谁还能想到血色的河水到何时才恢复了清澈!

星级指数：☆☆

葱茏草木波光月——官太尉河寿星桥

姑苏西风东渐的发源地是望星桥东的天赐庄，那儿"三洋"鼎立，有洋学堂东吴大学(现苏州大学前身)，有洋医院博习医院(第一人民医院前身)，有洋教堂圣约翰堂(至今还矗立着)。站在望星桥上向北望，却是很传统、"很中国"的另一番景象，典型的小桥流水人家。两百米处，一座单孔石拱桥横跨平江河——官太尉河，即第四直河，掩映在垂柳塔影之中。桥西为叶家弄，桥东为望星桥北塽(北端为祖家桥)，望星桥北塽是一条临河小巷的名字，与叶家弄隔河平行。这两条小巷汇聚了姑苏的名流，小巷深处，不时露出一幢幢民国时的两层小洋楼，都在绿树掩映中。

这座石拱桥曾名"营桥"，宋《平江图》有载。清《吴门表隐》曰："寿星桥有磁寿星像，宋绍兴十年，里人浚河得之，遂建桥立庙祀之。"说的是1140年的事。现桥用石色紫褐、质地粗犷古朴的武康石砌就，明显的宋元风格。桥身长18米，宽近2米，拱跨约5米，矢高2.6米，两坡各设11级踏步，桥栏高约0.3米，靠桥栏处铺为斜坡。据记载，明、清两代都对这座桥有过重修。1984年，"寿星桥"再次修葺，一改多年的破旧相，如今我们看到的，就是该次重修后的景象。

寿星桥原残存桥栏3块集中置于南侧，有浮雕花鹿16头，因年代久远，只能依稀辨认出物形。拱顶镌"重建寿星桥"字样。

至于北桥栏，要从百狮子桥说起。苏州古城内官太尉河上原来有座百狮子桥，其西也为叶家弄，其东也为望星桥北堍。百狮子桥南距望星桥60来米，北离寿星桥约150米。也是武康石砌就，也是南宋时始建的单孔石拱桥，粗犷古朴。桥身两侧栏板浮雕着狮子，刀法精美。走狮、坐狮、卧狮、蹲狮99头，号称百狮，无不栩栩如生，故得其名。民间有"百狮舞拜老寿星"之说，即指百狮子桥和寿星桥。明嘉靖十六年（1537）重修，清嘉庆十一年（1806）再度重修。1963年，苏州市人民政府将其列为市级文物保护单位。令人匪夷所思的是，1966年，该桥竟以"危桥"的名义被拆除。曾记得《吴门表隐》中说："百狮子桥扶栏石，刻百狮子甚工。曾作怪扰境，今凿伤无完体者。"不由得使人浮想联翩。如今，该地只留下东侧的桥台，正对着百狮子桥弄，依稀可辨"百狮子桥"等字样。值得庆幸的是，拆桥者并没让这些"作怪"的狮子"永世不得翻身"，有三块雕狮栏板移到了寿星桥的北侧，使我们还能领略些许当年百狮子桥的风采，尽管那些狮子已经难以辨认。

寿星桥颇小，与万年桥、灭渡桥相比，似乎不够气派，但各部位比例适度，造型凝重，色调拙朴，与周围环境和谐一致，为苏州小型古桥梁中的佳构。1982年，被公布为市级文物保护单位，现在，1985年立的文物标志碑就在桥西头。

1979年至1994年，笔者每天上下班，都沿着绿树成荫的望星桥北堍的小路，从寿星桥东头经过。这十五个春夏秋冬，每每关心的是弹石路面如何变成六角道板路面，关心的是清澈见底、小鱼往来翕忽的河水逐步变黑变臭；关心的是沿河的妇女逐步不在河里淘米洗菜。但却从未关注过这座桥，也许是因为它在绿树掩映中容易让人熟视无睹吧。一天下班时，发现正对着桥东堍的一个大院中在拍电影，一问，原来在拍根据陆文夫小说改编的电影《美食家》，门口人头济济，老老少少聚了一堆；于是，立即凑个热闹，站到桥上，踮起脚尖往人堆里看。虽然没看见什么,但却意识到了这座桥的不同凡响之处。从此,每天上下班,总会在经过该桥时,留意观察一番。

其实,关注寿星桥的又何止笔者一人,官太尉河两岸居民,尤其是老人们,无不为能与"寿星桥"为邻而得意,即便是早晨出门买菜,似乎都要刻意从这桥上走一走,以沾点"寿星"之气。还有一些顽童,嘻嘻哈哈地在桥上跳上跳下,和爷爷奶奶们共争一日之短长。也曾见过一些旅游团队的老头老太,在导游的指点下,从桥上走数个来回,争先恐后地要做个老"寿星"。

站在寿星桥上,不得不让人想到石林居士叶梦得。寿星桥西叶家弄之所以得名,因由宋代翰林学士叶梦得。叶梦得(1077—1148),字少蕴,号石林居士。是南宋一名有作为的政治家、文学家和经济学家。可惜,叶梦得在叶家弄故居的具体位置,现在已无法确切考证。但叶家弄本身只有四百来米长,寿星桥又在中段,所以,我们完全可以想象晚年的叶梦得在寿星桥顶凝思的情景。此外,程小青(1893—1976),中国著名的侦探小说作家,1917年迁居苏州,筑宅于望星桥北堍23号,正对着寿星桥。在创作《霍桑探案》的过程中,程先生一定无数次地登上这座古桥,构思着霍桑的语言、动作以及对案情的推理。

桥西南,有一座砖木结构的凉亭"波月",在此欣赏波光月色,确实另有一番滋味。

如今的寿星桥始终被绿色簇拥着,春日,迎春抽条,杨柳依依;夏秋,繁阴蔽日,凉风习习;冬日,松柏常青,傲霜映雪。它们日夜守护着这座近千年的古桥;同时,也接受着这座古桥的检阅。

古老的苏州,正是因为有了这一条条的小河,更因为有了这些小河上一座又一座的古桥,以及历代居住在河两岸的文人雅士,而彰显着江南水乡的古韵。

星级指数：☆

乌鹊桥红带夕阳——十全街乌鹊桥

  毫不夸张地说：苏州的每一座桥，都有着它独特的风姿，都为苏州增添着神韵，乌鹊桥更是如此，它是苏州城中最古老的桥，据说与阖闾城同建，因当时吴王在此建乌鹊馆而得名。如此算来，距今已有两千多年的历史了。

  乌鹊桥，坐落在与苏城十全街平行的第三横河上，南北走向。北接五卅路直达体育场、大公园；南连乌鹊桥弄，这条街现在是苏州著名的电脑一条街。

  关于乌鹊桥的历史，史书没有给我们留下确切的记载；但是，唐元和年间（806—820）的苏州刺史白居易的三首诗给我们打开了一扇历史之窗。《登阊门闲望》："阊门四望郁苍苍，始觉州雄土俗强。十万夫家供课税，五千子弟守封疆。阖闾城碧铺秋草,乌鹊桥红带夕阳。处处楼前飘歌吹,家家门外泊舟航。云埋虎寺山藏色,月耀娃宫水放光。曾赏钱塘嫌茂苑,吟来未敢苦夸张。"《正月三日闲行》中曰:"黄鹂巷口莺欲语,乌鹊河头冰欲销。绿浪东西南北水,红阑三百九十桥。鸳鸯荡漾双双翅,杨柳交加万万条。借问春风来早晚?只从前日到今朝。"另外,诗人还在《送苏州李使君赴郡二绝句(之一)》中曰:"馆娃宫深春日长,乌鹊桥高秋夜凉。风月不知人世变,奉君直似奉吴王。"

通过这三首诗,我们至少可以了解以下信息:其一,中唐时期姑苏富有,繁荣,水多,桥多;其二,中唐时期乌鹊桥保存良好;其三,乌鹊桥与阖闾城、吴王以及馆娃宫密切相关;其四,当时乌鹊桥是红色的,与城中其他桥梁相比,大有鹤立鸡群之势;其五,夕阳下的乌鹊桥尤其美丽。三首诗对乌鹊桥的描摹真可谓情真意笃,可见乌鹊桥在当时姑苏百姓中的地位。

乌鹊桥拱之顶,与玄妙观内三清殿屋脊对峙,基本在苏州古城的"中轴线"上。对乌鹊桥,历代文人墨客无不竞相吟咏,一抒情怀。宋杨备在《乌鹊桥上元诗》中写道:"月满星移水照天,南飞乌鹊影翩翩。虽然上属牵牛分,不为秋河织女填。"明高启也留下了"乌鹊南飞月自明,恨通银河水盈盈;夜来桥上吴娃过,只道天边织女行"的佳句。可见,乌鹊桥创造了无限诗情画意!众所周知,在牛郎织女的民间故事中,"喜鹊"是牵线搭桥的吉祥物,喜鹊身为黑色,所搭之桥当然就是"乌鹊"桥了。每年阴历七月七日夜晚,牛郎和织女"金风玉露一相逢,便胜却人间无数"。几度演绎之下,乌鹊桥渐渐成了姑苏情人相会的地方,希望"走过乌鹊桥,永远不分开"。苏州女孩韩雪曾拍过一个DV短剧《乌鹊》,讲述了一个缠绵悱恻的爱情故事,就以乌鹊桥为背景。那句经典台词"我就在乌鹊桥上等你一辈子"发人深省,令人唏嘘。

然而,在浩浩历史中,乌鹊桥也被沾上了血腥,《水浒传》的作者施耐庵不知道为什么看中了它,将一场农民义军相互之间的血腥屠杀安排到了苏州乌鹊桥下:

话说三大王方貌急急披挂上马,引了五七百铁甲军,夺路待要杀出南门,不想正撞见黑旋风李逵这一伙。杀得铁甲军东西乱窜,四散奔走。小巷里又撞出鲁智深,抡起铁禅杖打将来。方貌抵当不住,独自跃马,再回府来。乌鹊桥下转出武松,赶上一刀,掠断了马脚,方貌倒撷将下来,被武松再复一刀砍了。提首级迳来中军,参见先锋请功。

(第一百一十三回 混江龙太湖小结义,宋公明苏州大会垓)

饱受沧桑的乌鹊桥,在历史的风雨中也几度兴衰、几换容颜。

民国二十三年（1934）乌鹊桥成为"危桥"，在蒋吟秋、施仁夫等著名人士的倡议下重修，为适应日益发达的交通，拆除原石拱桥的上半部，改建钢筋水泥平桥，保留部分花岗石砌就的桥台和拱圈。

1949年，乌鹊桥重建为石拱桥，桥宽5.8米，长7.2米，单孔跨度5.5米。

1987年，乌鹊桥拓宽改建为单孔花岗石拱钢筋水泥平桥，长22米，宽13米，跨度6.5米，花岗石镂空桥栏。有两块汉白玉石碑分嵌两侧，为蒋吟秋题写的桥名。为了不损古风，下半部仍保留原桥石拱。

桥明柱为武康石，镌有桥联，西侧联已被破坏，根据残存，结合有关资料，依稀辨出："利涉同资，会看千秋援渚北；嘉名永锡，每逢七夕意淮南。"东联："雁齿重新，两岸弦歌铿茂苑；虹腰依旧，一湾烟月溯葑溪。""利涉"，船只；"锡"，赐也；"雁齿"，桥石阶；"茂苑"，代指苏州；虹腰，桥的身姿，"葑溪"，苏州葑门外通向金鸡湖的一条河流。两副对联，将桥的地理位置、潺潺流水、桥的台阶、桥名的含义都包含了进去。平仄和谐，意境深远，显示出题联者坚实的国学功底。由于多次修建路面抬高，桥面已与路平，桥联似乎"陷入地下"，鉴赏桥联，必须沿着桥两侧的河埠头，一直向下走到水边。

瑞雪初霁，晚霞铺天，笔者相约几个好友再次来到了乌鹊桥畔，但见整个乌鹊桥泛出了彤红，似与夕阳比娇羞，而桥上车水马龙，行人步履匆匆。不知为何，思绪已经悄然走远，开始追思古人，追思姑苏昔日的繁荣。蓦然回首处，但见蒋吟秋先生隶书题桥名的两块汉白玉嵌在两边的桥栏上，静默面对着岁月的更迭。

星级指数：☆

起自友情终至美——山塘通贵桥

　　大唐宝历元年(825)，任苏州刺史的诗人白居易为了解除洪涝之忧，方便百姓游览虎丘，组织开凿了一条山塘河，由阊门直通虎丘，开出的泥土筑成堤坝，这就是名闻遐迩的七里山塘。笔者不知当时是否有过强制拆迁，致使民怨沸腾；但"自开山寺路，水陆往来频"却是事实。河床疏浚、道路形成的结果是物流畅通，商业鼎盛，民居稠密。因此，山塘街被誉为"姑苏第一名街"。姑苏百姓永远记住了白居易的恩典，刺史离任后，百姓就把山塘街称为"白公堤"。清康熙皇帝下江南，六次游历山塘；乾隆皇帝下江南，也曾五次游历山塘，写下了多首有关山塘的诗。1761年，乾隆在太后70大寿时，特意在北京万寿山下以山塘街为蓝本仿建了一条苏州街;1896年,慈禧太后在颐和园又重建了苏州街,还是山塘风貌。清乾隆时的著名画家徐扬创作的《盛世滋生图》长卷中的"一街"就是山塘街。由此可见,白居易不仅是一个杰出的诗人,更是一个为官一任,造福一方的好官员。

既然姑苏阊门外山塘街在《红楼梦》中被盛誉为"最是红尘中一二等风流富贵之地",那么,走进七里山塘,你不会无视通贵桥的风采,因为通贵桥就是通向这"富贵"的桥梁。

从山塘街最西端的"山塘第一桥"山塘桥开始数,通贵桥是山塘街上横跨山塘河的第二座桥,单孔拱形环洞石级桥,保存完好。相传该桥初建于明弘治年间(1488—1505),当时明礼部尚书吴一鹏家住桥南的东杨安浜,他与住在山塘街上菩提庵前的方先生是好朋友,经常来往,于是就造了这座桥。所以,与其说造桥人的本意"通贵",还不如说"通谊"。

明朝隆庆年间,有人在桥上看到一朵五彩祥云,所以通贵桥又叫"瑞云桥"。通贵桥和西面的古星桥遥遥相对,造型上有异曲同工之妙。崇祯十三年(1640)曾修整,清乾隆五十三年(1788)重建,光绪六年(1880)五月再修。桥长19米,宽2.3米,跨径7.2米。主体花岗石,桥栏杆为青砖砌就,上覆以抹角石条。

通贵桥的桥栏间望柱上有石刻题款,被填以蓝色,甚为易辨:其一为"光绪六年玖月吉旦",其二为"虎丘清节堂、昌善局募资重修";桥东西外侧均镌有"里人吴三复重建通贵桥"。这是历史的印痕,告诉我们和后代的子孙该桥的过去。

站在桥顶极目西眺,可以看见被称为"东方比萨斜塔"的虎丘塔。一位导游正在津津有味地叙说着:2003年11月,世界建筑大师贝聿铭来到山塘街,他看到通贵桥宛如半月,桥洞和水中倒影连成一个规则的圆,高与低、曲与直、实与虚,和谐统一,相映成趣,就对助手说,这桥的造型很好,与我想象的差不多。原来,他决定在博物馆新馆的周边建两座桥,正四处寻觅"模特",而通贵桥的比例、造型与贝老不谋而合,他嘱咐助手说:"就要找这种样子。"能够被世界建筑大师看中并要将之移植,可见姑苏的桥梁不仅仅是观赏者眼中的美景,更标志着美的一种高度。

其实,通贵桥在七里山塘的古代桥梁中并不显眼,但这座小古桥究竟被多少台相机"瞄准",成就了多少经典的摄影作品无人能够考证;通贵桥一带的典型水巷风貌究竟上过多少影视作品,也是不胜枚举。早年,资深影人张良首先看中了这里浓郁的水乡特色,他导演的电影《梅花巾》就在通贵桥头取景。随后一发不可收拾,拍片子的接踵而来。1994年,电影《红粉》在这个"天然摄影棚"里开机,《红粉》把苏州介绍给了世界,通贵桥畔的迷人风光也随之漂洋过海,在世界各地定格。如今中国,凡贵者一般都要出洋,而出洋海归后就能增添一层"贵",就更显荣耀了,所以,此时的通贵桥真的"通贵"了。

"七里山塘到虎丘",这是自古至今苏州人的口头禅。不过"七里山塘"还有另外一种说法,即"七狸山塘"。传说朱元璋一统天下建立大明王朝之后,对曾作为张士诚势力大本营的姑苏城不甚放心,便找刘伯温到处巡视。刘到苏州之后发现山塘河横贯在白堤旁,形似卧龙。他担心这里要出"真命天子",将来与朱元璋争江山,便在山塘河上修建了七座石桥,同时在每座桥旁还设置了一只石狸猫。其用意为七座石桥可以起到七把巨锁的作用,牢牢锁住龙身,而七只狸猫则分别用来看守七把"巨锁",如此朱氏江山便可万年永固了……此传说毕竟是无稽之谈,但山塘街确实有过七只石狸。如今,古石狸早已不知去向,据说大跃进时期大炼钢铁,青石做的石狸正好拿去烧石灰。现在的通贵桥北堍东侧,有着一只重新安置的石狸,面向北,形制古朴,据老人说,这只石狸的个头远远超过了过去的石狸。

通贵桥一向为历代文人墨客和朝野名士所钟爱,曾留下了许多吟咏之作。诗人范广宪《通贵桥》曰:"依楼人悄小帘垂,通贵桥头暂泊时。酿出山塘好风景,满堤稚柳细如丝。"一个"酿"字,境界全出,如丝般的柳条,似乎拂上了脸庞。这时候,通贵桥通的就是"美"——山塘如画之美了。

星级指数：☆

咫尺天涯不尽同——山塘星桥

星桥，也名"新桥"，估计因吴方言"ing""in"不分而致。星桥为山塘街从东到西跨山塘河的第三桥，单孔石拱桥，位于通贵桥西部不远，但显然比通贵桥高大。桥南为星桥湾，桥北为山塘街。清同治五年(1866)重修。长26米，宽1.80米，跨径8米。

从山塘街转向南跨上星桥，需从两旁民房的夹缝中拾级而上。当中是花岗石铺就的20来级石阶；两边为花岗石砌成的斜坡，凿有凹槽，为自行车通道，应是新铺的。右边民居的围墙上嵌有一块黑色的标志牌，上面写着"山塘历史街区保护点　星桥　初名新桥　始建年代无考，明成化二十年(1484)修。

立于桥上可见云岩寺塔及山塘河景色　山塘街道主办　豪克眼镜捐助",牌为中英文对照。左侧离民居有五六十公分的距离,一只和通贵桥一样的石狸孤零零地挤在夹缝口,也是面朝北,但成了东边商铺搁置门板的依托。

从星桥的东西两侧观察,可发现星桥的北端伸入了民房之中,或者说,两旁的民房夹住了星桥的北面台阶。桥两侧南端明柱上刻有"同治五年六月里人捐资重建"等字样,而北端的明柱已经被两边的民房所夹,无法看见所镌的字样了。砖砌桥栏,上覆抹角石条,朝外的涂抹层已经剥落,露出了青红砖交叉砌就的"内馅",修旧不如旧的印痕暴露无遗。那一块块已朽掉一半的红砖,似乎手指一抠就会掉入河中。只有外露的三条望柱,与抹角石条组成一个坚固的整体,坚守着桥的古朴。

星桥东西两侧的龙门石上都有两个圆形凸出,上镌"星桥"两字,甚为清晰,而上款已经无法辨清了。

在明清人的笔下,山塘街的西段以景观为主,美景集中在桐桥至斟酌桥一段;山塘街东段以商铺为主,繁华集中在通贵桥至星桥一段,当地居民口中的"星桥头",就是购物消费的代名词。但是,尽管通贵桥离星桥不远,两者的"遭遇"却截然不同。前者桥栏颇为美观,横看竖看皆成风景;后者桥栏破旧不堪,足以让人叹息声声。前者桥头粉墙黛瓦,甚为齐整,如典雅的姑苏画卷;后者桥头杂乱无章,地上狼藉一片,不由让人紧皱眉头。前者桥下画舫云集,笙歌阵阵,不啻为观赏者眼中一道亮丽的风景线;后者河下冷冷清清,只有东来西去的画舫经过才有一点生气。或许,这就是一种重心的转移吧!但愿整条山塘街全部整修完毕时,这种无奈的状况会有所改观。

星桥的北端,过山塘街就是星桥农贸市场,摊贩云集,吆喝声,讨价还价声不绝于耳。令人触目惊心的是写在墙上的"活杀羊肉"、"活杀山羊"等字样,尽管用的是蓝色,却给人血淋淋的感觉;就在南面20来米的星桥拱内,还镌着"放生官河"的字样。如此鲜明的对比,真令人唏嘘不已;然而,如今当真能坚持奉佛茹素的人又有多少呢?

就在星桥的北面,也就是星桥农贸市场的东侧,一家苏州城最早的中药店"宁远堂"敞开着大门,但是,店招"宁远堂"三字却被挤到了边上,当中是更大的"雷允上"三字,清中期,宁远堂位居苏州四大国药店"宁(远堂)、童(葆春)、雷(允上)、沐(泰山)"之首,而今,宁远堂却被并入雷允上的旗下,成为了雷允上的一个分店。政府的有关方面,一方面呼吁商家要有自己的特色,一方面却执行着这种强制合并,岂不悲夫!

星桥,默默地守着这一组组矛盾,期待着解决的一天。

星级指数：☆

最忆骚人倚棹时——山塘桐桥

对姑苏文化情有独钟的人游虎丘,更喜欢沿着七里山塘,从阊门出发缓缓而行,沿路欣赏粉墙黛瓦、枕河人家。一条山塘街,每隔不远就有一条或纵向连接自身,或横跨山塘河通向南岸的各具特色的桥梁,纵向的桥梁中,桐桥最为著名。

桐桥在铁路桥东约两百米处。据 2005 年《金阊区志》记载,桐桥又名洞桥。古名胜安桥,位于山塘街近半塘处,相传因古代桥畔多梧桐树,故名。初为木板桥,北宋治平元年(1064)里民金守逞同母王氏捐资建造石桥。明代,桥已毁坏,由巡抚周忱和知府况钟重建,后屡损屡建。1963 年河道淤塞,桥被拆除,改为山塘街路面,仅留两旁的桐桥东圩和桐桥西圩两条相对的街巷。旧桥址竖着一块石碑,上曰:"桐桥遗址　古名胜安桥,跨山塘河支流,北宋治平元年(1064)里民金守遑同母王氏捐建。1964年拆除,清代顾禄《桐桥倚棹录》专记虎丘山塘之事,'是书以桐桥为虎阜最著名处,故名'。现仅存东、西桐桥圩地名。"据说,桐桥拆除时,近旁观音阁的能明大师曾经苦求拆桥工人让他保存一块带有"古胜安桥"四字的桥砖,但是遭到拒绝。后来,他只能私自藏下一块桥砖,一直保存在观音阁内。为此,笔者特地找到了观音阁的遗址,遗憾的是,观音阁已经不能随便进入参观了。

如今呈现在我们面前的桐桥,建于原址。桥形略拱,桥面为花岗石铺就,青砖桥栏,上覆抹角石条,两边桥栏间以四条望柱。那块"桐桥遗址"的石碑,就在新桐桥东堍南端。

钱谦益曾云,火能烧我房中书,却烧不了我腹中书;虽然说桐桥一度被拆除,但桐桥所承载的文化却永远无法"卸载"。

老苏州忘不了旧桐桥的高大美观。桐桥之高,在山塘街纵向桥梁中排位居首。据史志记载,金守遑和他的母亲建桥后,再由老年居民周泽、郭鉴等募资重建,加高三尺,宽一丈六尺,并在桥畔建一凉亭,供行人歇脚。笔者幼年曾数次从桐桥经过,曾有过做"好人好事",帮助推车上桥的经历。

对桐桥周边的美丽景色,历代文人墨客多有描写。

清·王昶(号兰泉)《山塘杂诗》曰:"芳草东风二月天,杏花春水一溪烟。桐桥西去丝丝柳,多少浓阴覆画船。"写的是早春的景色,笔者这次去桐桥,正是"珠帘凝翠"的早春二月,似剪的春风,将柳条修饰得何等齐整。笔者不由得想起一首儿歌《柳树姑娘》:"柳树姑娘,辫子长长,风儿一吹,甩进池塘。洗洗干净,多么漂亮……"所以,笔者对"桐桥西去丝丝柳"感触尤深。王昶的诗也引来了诸多佳作,著名的如清·曹仁虎《山塘杂诗和王兰泉韵》:"桐桥西去柳如丝,薄霭轻阴欲暮时。好是落花风信急,水晶帘卷燕归迟。""绿肥红瘦"的春末夏初,动中有静,静中有动,如画的桐桥让人浮想联翩。

清·蒋泰楷《山塘竹枝词》曰:"桐桥圆月上楼台,鳞集游船向暮开,今夜传筋应更盛,看它若个夺标回。"皓月当空,月光如洒,水中月影似真似幻,岸边游人摩肩接踵,河中画舫笙歌阵阵,诗情画意无穷无边。

在桐桥之畔有多家专售扁担的店铺,这些店铺服务热情,质量过硬,恪守信用,赢得了买家的认可,口碑由近而远,"桐桥扁担"的盛名也就不胫而走。然而,桐桥扁担挑起的何止是百斤重物,更是凝聚在桐桥之畔的山塘文化。而桐桥本身,又如一根扁担,挑起了桥两头的山塘文化。

《玉蜻蜓》是苏州评弹中的名篇,主人公徐元宰(原型就是申时行)就与桐桥关系密切。姑苏南濠申贵升与法华庵三师太王志贞相遇又相爱。就在三师太怀上了申贵升骨肉后,不料申却因病而死,临终留下家里的祖传之宝玉蜻蜓扇坠。因触犯佛门戒律,三师太生下孩子后不得不忍痛弃子,托老佛婆将襁褓之中的徐元宰送出,以玉蜻蜓作为印记。老佛婆抱着孩子沿山塘一路急匆匆由西向东,但是到达桐桥之畔,再不敢往前走一步。原来有岗哨在此设立。慌乱之中,将孩子就丢在了桐桥西圩旁的一家叫做"朱小溪"的豆腐店前。朱小溪将孩子抱回家中抚养,后来孩子被送给苏州离任知府徐上珍。以后,被徐家抚养成人的徐元宰中得解元、得血书、玉蜻蜓始知亲生母亲,方到庵堂认母。

桐桥东堍北端,如今是花石溪——张夷盆景艺术馆,虽是新建,但也值得一看。整修一新的贝家祠堂在花石溪的西边,这个贝家就是著名建筑大师贝聿铭的祖居,门庭显赫。

苏州地方旧俗有"三节会",即上巳节、七月半和十月朝。每年这三个节日,都要到虎丘立坛致祭,仪仗队箫鼓悠扬,旗帜鲜明,都从苏州最繁华热闹的山塘街经过,所以又称之"山塘看会"。看庙会的人摩肩接踵,大多集中在桐桥两边。山塘河里的游船也往来不绝,除了停泊在白姆桥、通贵桥、山塘桥之外,桐桥是停泊的最佳处。清·尤维熊《虎丘竹枝词》云:"云母船窗四面安,玉箫金管竹檀栾;却嫌画鼓中流竞,撑出桐桥野水宽。"在震耳欲聋的鼓乐声与管弦声中,词作者只能将船只撑出桐桥,求取片刻的安宁。桐桥一带"三节会"的热闹可见一斑。

旧时,桐桥建有"桐桥汛",地点在桐桥对面,有官员驻守其地,专门维持治安。桐桥汛是元和县二十五汛之一。

清时记载山塘文化最为详尽的是顾禄的《桐桥倚棹录》。顾禄认为桐桥是山塘到虎丘的最佳景点,"倚棹"用唐李嘉祐"春风倚棹阖闾城"诗意。这是一部记述虎丘山塘一带山水、名胜、寺院、第宅、古迹、手工艺等的专著。可以这么说,有了桐桥,才有了《桐桥倚棹录》的诞生;而《桐桥倚棹录》的刊行,又使桐桥更负盛名。

一座小小的桐桥,承载着姑苏的雅文化与俗文化,这是一种巧合,但又不仅仅是巧合;因为姑苏的文化,渗透在姑苏的大街小巷,渗透在不胜枚举的细节,只要你愿意,只要你留心,处处皆是文化的根、文化的影。

姑 苏 区 55

星级指数：☆☆

长虹静卧渡众生——山塘普济桥

  在山塘街半塘以西不远有一座普济桥，南北跨山塘河。桥始建于清康熙四十九年（1710），因桥东有同一年所创普济堂（今苏州社会福利院），故桥即名"普济"，更何况"普济"还有"普渡众生"的含义。从山塘街上望去，这座三孔石拱桥高大巍峨，气势不凡，似长虹卧波。桥龙门石上镌有"普济桥"三字，南侧望柱为"道光二十仲冬□"，北侧望柱为"同善堂捐资重□"，可惜的是，最后一字都被新安置的灯具挡住；或许，他们认为这些字无关桥的通行功能。

  桥历经乾隆、道光、同治多朝和民国时期重修。如今我们见到的普济桥，为1926年重修。桥栏望柱内侧镌有"男普济堂董捐修"，"民国乙丑夏重立"。

当时的"男普济堂"之"董",应是清末探花、书法家吴荫培(1851—1931)。

此三孔石拱桥,花岗石拱券纵联分节并列砌筑。全长近 40 米,中孔净跨近 10 米,矢高 4 米余,桥面中宽也 4 米余,堍宽近 5 米。南北两孔跨径 5 米余,矢高 2 米半。普济桥之所以芳名传世,不仅因为它的周边景色绝佳,更在于其造桥技术高超,工艺精湛,令人惊奇的是,桥墩下部宽度不到 1 米。

拱券内壁,刻有"放生官河"等字样。在北堍西侧小孔旁的望柱上,也镌着"宪放生河"等字样。我们可以想象善男信女从渔夫手中买来鱼虾龟鳖,在桥头放生的动人情景;至于渔夫们为捕捉这些鱼虾龟鳖卖给他们,冤死了多少它们的同类,善男信女们是不可能知道的。

桥栏以青砖砌置,以抹角长条石压顶,间以 6 根石望柱,桥栏两端以抱鼓形桥枕收尾。栏板较高,一位 1.32 米的孩子站在桥上,从侧面只能见到头发。

1982 年,普济桥被列为苏州市文物保护单位。

桥中孔东西两面明柱都刻有桥联。

桥东为"东望鸿城,水绕山塘连七里;西瞻虎阜,云藏塔影立孤峰"。"鸿","大"也,"鸿城",即苏州古城,如今,鳞次栉比的高楼大厦早已将苏州城挡在视线之外了;然而东望碧水蜿蜒,两岸民居临水而筑,粉墙黛瓦,确也心旷神怡。"七里",山塘街长 3 600 米,正好七里余。"虎阜",即虎丘;笔者拾级登桥,果然能西眺拥翠虎丘,尤其是绿树掩映中的虎丘云岩寺塔。

桥西为"北绕山塘,水驿往来通陆墓;南临路轨,云车咫尺到梁溪"。"水驿",水路的驿道。"陆墓",即今相城区陆慕镇,《吴县志》称唐宰相陆贽葬于此,所以该处便叫"陆墓";后因"墓"字不雅,现改称"陆慕";山塘河确实能通陆慕。"路轨",即沪宁铁路,在普济桥东与山塘街立交而过;普济桥头,常能听到火车呼啸而过。从"路轨"来看,此联应撰于民国乙丑年重修普济桥时。"云车",以云彩为装饰花纹的车子,因沪宁铁路通过山塘街半塘,故此处应指火车。"梁溪",无锡的别称,就沪宁铁路而言,是苏州向西的第一大站。

这两副对联既点明了桥所处地理环境和水路走向,又表明此桥之气势与重要,并生动地描述了该桥四面的自然景色。

上世纪末,因普济桥损坏严重,故进行拆卸大修。现在桥北堍西侧,竖着苏州市人民政府 1989 年立的《重修普济桥记》碑。

春寒料峭的上午,笔者揣着一份昔日的熟悉,再次站到了普济桥上,但见两旁的垂柳隐约可见淡淡的绿意,偶有画舫驶过,泛起阵阵波浪,不由觉得:蜿蜒的桥、依依的柳、流动的船是姑苏一道永不褪色的风景线!

星级指数：☆

青山有幸埋忠骨——山塘青山桥

　　一条山塘街，每隔几米，就有一处让人驻足的景点，尤其是那精湛的石牌坊雕刻艺术，堪称文化的精华。徜徉在古朴静默的牌坊里，有惟妙惟肖的双龙戏珠等待着你举首瞻仰，有活灵活现的"三顾茅庐"企盼着你与之重逢……

　　一条山塘街，还通过一座座桥梁，把自身连接成东西向的通衢，更把四处皆是景致的那份天成点缀得如锦上添花，观赏者不论是倚桥看景，还是倚景看桥，都是一份惬意，一种陶醉。山塘街上的桥有个特点，均横跨山塘河支流，而桥的两堍都连着山塘街。

　　山塘街上有座青山桥，在横跨山塘河的普济桥的西端，跨山塘河支流青山浜。不知是浜因桥而得名,还是桥因浜而得名;但不管怎样,两者都是以虎丘这座"青山"而得名。青山桥旧名白云桥,这座桥前靠虎丘山,傍依山塘河,风景优美,有"云霭水竹,田畴波池,塔影钟声,与茅屋炊烟相映带,宛然碧水丹丘"之说。真是山青水秀,一派风光,将桥名取为"青山",名实相副。

青山桥始建于宋代,清同治五年(1866)重修,系单孔石板桥,桥长10余米,宽3.10米,但跨度仅有2.35米。桥栏由青砖砌成,上覆以抹角石条;桥栏被望柱分为六个大体相当的部分,当中的主体部分跨青山浜,东侧两部分与西侧三部分就是桥坡的护栏。青砖白缝,只需一眼,就能感受到它的古朴庄重。由于年代久远,桥身已苍老,但古风犹存,我见犹怜。

古籍记载,旧时,桥边停着画舫,供游人游赏山塘河,或观赏虎丘景色。许多文人墨客喜欢在此逗留一番,并把吟咏诗词作为一大胜事。明代诗人陈基有《青山桥即事》,诗云:"两情如水水如环,柳外春桡数往还。招手渡头人不见,二分新月近青山。"何等的贴切,何等的亲切,让人的内心不由生出缕缕情丝来,"青山"在,人未老,风景旧曾谙,倚桥相望,古老而文化底蕴深厚的姑苏如斯般牵引着笔者的眼眸,一次又一次,一日复一日。

小时候去杭州,印象最深的是岳飞庙前的那副对联"青山有幸埋忠骨,白铁无辜铸佞臣",于是,在自己的头脑中形成了这样的一种信念,志士仁人的忠骨应该背倚青山埋葬。青山桥畔,也埋着志士的忠骨。

青山桥的东面数十米处,就是五人墓。五人墓埋葬着明代苏州市民在反抗魏忠贤的斗争中殉难的颜佩韦、杨念如、沈扬、马杰、周文元等五位民间义士。天启年间(1621—1627)阉党肆虐,朝政黑暗。天启六年(1626),魏忠贤派缇骑到苏州逮捕东林党人周顺昌。周顺昌为官清正,深得苏州市民拥戴,故苏州城乡数万百姓为周顺昌免遭逮捕而不期而聚。当缇骑开读诏书时,群情激愤,缇骑持械大打出手,引发众怒,遂蜂拥而前,致使缇骑两人当场毙命。应天巡抚毛一鹭以"苏州民反"的危言飞章上奏。颜佩韦等五人为保护当地父老,挺身而出,自系入狱。正气凛然,英勇就义。一年后,崇祯皇帝即位,魏忠贤失势自尽,苏州人民将山塘河边的魏忠贤生祠偶像捣毁,在祠址内公葬了五位义士的遗骨。也就是说,五位志士埋骨于"青山"之旁。

复社领导人张溥特地作了"五人墓碑记",这块竖于崇祯二年(1629)的古碑尚存,今年2月11日笔者还亲见。20年前,笔者与一二好友曾在青山桥畔仔细阅读碑文,明白了语文教科书上的一处谬误的原因。关于这处文字,语文教科书和所见的古代文学作品选上都为"予犹记周公之被逮,在丁卯三月之望","丁卯"年即天启七年(1627),但《明史》等都记载周顺昌被逮是"丙寅年",

即天启六年(1626);所以,一向认为张溥写记时搞错了时间。然而,"五人墓"的正式碑文上,却明明白白地镌着"予犹记周公之被逮,在丙寅三月之望",丙寅年,即天启六年(1626)。错的不是张溥,而是后来的传抄者、印刷者,如果到青山桥畔核对一下原文,这样的错误就不可能出现了。

青山桥的西堍北侧,黄墙黛瓦,香烟缭绕,梵呗阵阵,这就是著名的普福禅寺。历史上的"普福禅寺"是一座小庙,建于宋淳熙年间(1174—1189),位于青山桥畔。有人说,《红楼梦》里提到的"葫芦庙",就以普福禅寺为"模特"。且看《红楼梦》开篇第一回的这段文字:

> 当日地陷东南,这东南有个姑苏城,城中阊门,最是红尘中一二等富贵风流之地。这阊门外有个十里街,街内有个仁清巷,巷内有个古庙,因地方狭窄,人皆呼作葫芦庙。

这里的"十里街"暗寓"七里山塘",山塘街确实在阊门外,自白居易后,七里山塘日益繁华,商铺林立,酒肆飘香,成为姑苏第一街;而古人为了夸张山塘街的繁华,常在诗文中有意用"十里"来称呼。"仁清巷"即为"青山桥浜";"葫芦庙"也就是普福禅寺,因为普福禅寺只有前后两殿,中间是一方狭长的天井,总体形似葫芦。我们不想考证这个说法的真实性,但宁信其为实;因为我们希望青山桥有更多的文化内涵。

青山桥畔,还住过另一位名人,这就是被誉为"太白少陵复出",被称作"清代蜀中诗人之冠"的张问陶。我们所知的,就是张问陶于嘉庆十九年(1814)三月初四日申时,病逝于苏州山塘街青山桥寓所。然而,这个"青山桥寓所"究竟在何处,如今踪迹难寻。

山塘街,青山桥,留下了几多历史的印痕,也留下了几多遗憾。但是,这些遗憾却使得山塘街和青山桥更显魅力。

星级指数：☆

石桥垂柳映碧波——山塘绿水桥

　　山塘街上的桥，素有"横七竖八"的谑称，也就是说，横跨山塘河的桥有七座，如普济桥等；纵贯山塘街的桥有八座，如青山桥等。这些"横七竖八"的桥，将山塘街串连成一幅令无数游人忘返的画卷，更将姑苏小桥流水的风情演绎得入木三分。

　　绿水桥，又名普福桥，在青山桥的西面，也是纵贯山塘街东西的一座桥。虽然只是一座条石青砖铺就的小桥，但绿树掩映，而且"青山""绿水"相隔仅数十米，仿佛是一对情深意笃的姐妹在隔水相望，诗意盎然，在山塘街的西头构筑了一道独特的风景。

绿水桥,望柱上刻有"昌善局募资重修"等字样。不知始建日期,现在能知道的,就是明万历二年(1574)重修,清嘉庆三年(1798)和同治五年(1866)重修。1985年再度重修。

绿水桥也是单孔石板桥,造型、跨度、长度和宽度与青山桥基本一样,也是砖砌桥栏,青砖白缝,上覆抹角石条;但桥栏被望柱分为五个大体相当的部分,当中的主体部分跨一汪绿水,西侧两部分与东侧两部分就是桥坡的护栏,两头都有抱鼓石。桥面的主体是九条纵向的花岗岩石条,两端桥坡铺着花岗岩石块。

绿水桥一带,历来为文人雅士所爱。他们或是赴虎丘路过;或是原拟赴虎丘,却在此处流连甚至忘了虎丘,他们写下了大量的诗词。

清·舒位《中秋夜独泛虎丘,绿水桥回棹有作》:"碧海青天路可通,琼楼玉宇写难工。梦回蛱蝶屏风里,秋在琉璃世界中。一水软云环画舫,万花冷露润歌丛。分明七里山塘月,千里相思邪乎同。"引用了庄周梦蝶的典故,写出了朦朦胧胧,梦幻般的中秋月夜景色。

清·任兆麟《过绿水桥》诗云:"花事晴暄绿水桥,画楼红袖倚吹箫;春风不管离人恨,依旧青青到柳条。""白公堤畔草如烟,绿水桥边花欲燃。最是江南春色好,鹧鸪飞过木兰船。"两首诗中,前者显然受杜牧"商女不知亡国恨,隔江犹唱后庭花"影响,并巧用了古人灞桥折柳的故事;后者与白居易《忆江南》有异曲同工之妙。白公堤畔和白公,好一派姹紫嫣红的江南春色!

早年读书知道这么一个故事,唐时崔护考进士未中,清明节独游长安城郊南庄,走到一处桃花盛开的农家门前,一位秀美的姑娘出来热情地接待了他,彼此留下了深刻的印象。第二年清明节再来时,院门紧闭,姑娘不知在何处,只有桃花依旧迎着春风盛开,平添一份惆怅。于是,崔护题诗于门上:"去年今日此门中,人面桃花相映红。人面不知何处去,桃花依旧笑春风。"

绿水桥畔,也演绎过类似"人面桃花"的故事:姑苏山塘街绿水桥边,有个少女叫沈飞香,知书达礼;按照现在的说法,还"很美女"。杭州有个秀才叫花栩,来到苏州山塘街游玩,忽见门内有个少女,姿容端正,一见神往。他装作迷路,向一老太问讯,并表达对少女的爱慕。次日,花栩再往,老太拿了一封信函,送给花栩。花栩拆开一看,却是少女写的两首诗,其一云:"门前杨柳淡烟笼,夹岸桃花树树红。却喜出门南向望,郎舟移向小桥东。"其二云:"淡著罗衫春暮初,与侬相见赠琼琚。郎来行尽山塘路,绿水桥头是妾居。"花栩也答诗以谢,并由老太引见,两人谈得十分投机。临别时,约定明年秋日再会。第二年,花栩赴京赶考路过苏州,再到山塘街绿水桥边。此时少女因思念花栩成疾,卧

病在床,闻花栩到来,高兴地扶病出见。可惜的是,待花栩考毕回来,少女已经谢世三日了。问世间情为何物,直叫人思念成疾!然而,那份情最终还是随了淙淙的绿水而去了。如果故事发生在物欲横流的今天,不知道有多少人移情别恋,抛却那份一见钟情。

绿水桥,也在中国近代史上留下过重彩的一笔。桥西数十米,有一个"张公祠",张公祠是明末应天巡抚张国维的祠堂。张国维为浙江东阳人,为人宽厚,颇得人心,曾请命筑苏州九里石塘和长洲、至和等塘,以及平望内外塘,并修松江捍海堤。清兵南下,他以兵部尚书职督师江上,后因势不可支,投水自尽。后人为纪念他而在绿水桥畔立祠祭祀。1909年11月13日,陈去病、柳亚子等十七人在绿水桥西张公祠雅集,组成中国近代史上第一个革命文学团体——南社。南社的成立,对清王朝的覆没、对近代中国各种先进社会文化的推介与建立,有着巨大的影响。如今,张公祠的门口竖着一个高大的牌坊,上书"泽被东南"四字。

漫步青山绿水桥畔,只见绿波长堤,石桥垂柳,画舫笙歌,人流如织。但是,有多少人知道"青山""绿水"的历史,有多少人了解先贤的雅趣,又有多少人知晓先贤的抗争!

星级指数：☆

最爱桥名是斟酌——山塘斟酌桥

白公堤外水迢迢，吴女花船背橹摇。最爱桥名是斟酌，也须春酒变春潮。

（清·汪懋麟《斟酌桥口占》）

汪懋麟诗中这座名为"斟酌"的桥，就在山塘街绿水桥西，跨于山塘河支流，虎丘环山河东山浜上，离虎丘山门大约200米。

斟酌桥原为木桥，明万历十三年(1585)乡人改建为石梁石面桥。清嘉庆三年(1798)苏州知府任兆炯重建。道光二十一年(1841)同春堂重修,并改桥栏为铁栏。1977年修建拓宽。

斟酌桥的得名,颇有传奇色彩。相传春秋时期越王勾践卧薪尝胆,谋复国。在国难当头之际,西施忍辱负重,以身许国,由越王勾践献给吴王夫差,成为吴王最宠爱的妃子,把吴王迷惑得众叛亲离,无心于国事,为勾践的东山再起起了掩护作用。后吴国终被勾践所灭。越国大夫范蠡本来就是西施的恋人,他担心勾践像夫差除掉伍子胥一样杀掉自己,就在吴国灭亡后挂冠而去。带着西施逃离吴国,途经山塘河,夜宿桥下,与西施及部属商议远遁之事,故桥名由此而来。

然而,此说经不起推敲,范蠡带西施逃跑应该向南入太湖,是不可能经过这儿的,更何况那时还没有山塘河,更称不上山塘街与斟酌桥。

词典有云:倒酒不满曰"斟",太过曰"酌",故"斟酌"意为倒酒,如《后汉书·方术传下·左慈》:"慈乃为齎酒一升,脯一斤,手自斟酌,百官莫不醉饱。"另外,"斟酌"也作饮酒解,如陶潜《移居》:"过门更相呼,有酒斟酌之。"如此看来,桥大概因"酒"而得名,斟酌桥就应该是"饮酒桥"了。确实,斟酌桥是饮酒的好去处。清朝初年,山塘酒肆林立,当时享誉最著的当推"三山馆"。"三山馆"就在斟酌桥边,往来过客游览虎丘,必然经过此处。赵姓店主几代操此家业,深知经营之道,他把酒馆环境布置得幽雅舒适,声誉极好。酒店不但置备上层人士消费的酒席,也顾及平民百姓的经济实力,供应普通客菜。另一方面,斟酌桥畔旧时风景绝佳,凭栏西北望,满目苍翠簇拥着虎丘塔影;向东望,"青山""绿水"如一对姐妹相依相靠;倚栏向下望,绿水蜿蜒,碧波荡漾。古人可以拿《汉书》下酒,如此美景则更可下酒。有了饮酒的好去处,有了"下酒菜";所以,文人墨客喜欢在斟酌桥痛饮一番,留下了颇多关于斟酌桥的题咏。

清·陈维崧有《月当厅·虎丘中秋柬蘧庵先生,用梅溪词韵。先生时寓皋桥》词:

碧海此夜冰轮满,龙堂老铁,吹裂波心。斜倚广寒一望,兔窟清深。照彻吴王宫殿,遍临街,帘子漾绡金。更多少,伎船灯火,水寺讴吟。　　茶铛正稳,皋桥畔,好风光,摘船试约闲寻。月底半塘哗笑,百沸潮音。檀板竟从石场斗,桂花都上帽檐簪。如觅我,听歌处在斟酌桥阴。

中秋佳节,身在虎丘的作者邀请住在皋桥的老友蘧庵先生来斟酌桥畔一聚,当然是饮酒、吟诗、高歌。

清·张大纯有《过斟酌桥》诗云:

斟酌桥头花草香,画船载酒醉斜阳。桥边水作鹅黄色,也逐笙歌过半塘。

且看,夕阳下,金黄色的水面成了"鹅黄色",看来作者醉得实在不轻,但还在一路"笙歌",想必那笙歌声中有花草的清香,更有酒醉之后的那份豪放不羁。

清·姚承绪《斟酌桥》:

半塘春水绿如渑,赢得桥留斟酌名。桥外酒帘轻扬处,画船箫鼓正酣声。

"渑",shéng,山东的一条古河流,《左传·昭公十二年》(公元前530年)记载:晋昭公与齐景公在宴席上投壶,齐景公说:"有酒如渑",形容酒之多。可见,此处是说春水绿如酒,正因为有酒,所以桥名"斟酌"。

斟酌桥南侧,面对山塘河有桥联一副。

上联为"鹤市人家通一水","鹤市",苏州的别称,查《汉语大辞典》第12卷引用《吴越春秋·阖闾内传》:吴王阖闾有个女儿,因不满意她的父亲而自杀。吴王很痛心,厚葬于阊门外。下葬之日,吴王令舞白鹤于吴市中,使万民随而观之,然后将这些人与白鹤都骗进墓门,发动机关全部掩杀,杀活人以送死人。后即以"鹤市"别称姑苏,即今江苏省苏州市。上联写斟酌桥到苏州由山塘河一水相通。

下联为"□□花舫聚三汊。""汊",交叉口,斟酌桥下,河道成"丁"字型,一横为山塘河,一竖为东山浜。所缺两字,一般认为是"虎丘",从格律平仄来看,似乎无甚不妥,但明·李士标《秋日偕卞润移棹虎丘》有句"虎嘐北拒通关路,鹤市西来尽佛宫","虎嘐(liú)",相传公元前210年,秦始皇南巡求吴王剑,挖掘阖闾墓,见白虎蹲虎丘山上,率部追赶20余里,虎不见处即名为"虎嘐"地。这个"虎嘐"就是当今的浒墅关。所以,笔者认为所缺两字应是"虎嘐",就是说从浒墅关来的花舫都聚集在这个三汊河道口。

如此,上联在东面,指向东方苏州古城;下联在西面,指向西方浒墅古关。既合平仄,又意境深远。然而,不知何故,下联末一字"汊"为去声,此乃对联的大忌,能拟出如此对联的作者不该犯这样的低级错误,或许撰联人从吴方言出发,在理解中原音韵时有所失误!

如今,斟酌桥畔的酒店正在恢复,真想在月圆之夜也附庸一下风雅,点一壶美酒,把酒临风,在苏州的桥畔斟酌佳酿,斟酌"过去""未来";虽然吟诗作赋甘拜下风,却也愿意选择不醉不休!

星级指数：☆☆

戏台水面桥驮庙——上塘河普安桥

上塘河(枫桥河)靠近阊门外渡僧桥处，有一条淮阳河(古称普安泾，俗称鸭蛋桥浜)与之南北交叉，就在这个交汇口的北端，坐落着一座与众不同的古石桥——普安桥，连接着上塘街的东西两段。说它与众不同，乍看一眼的时候不会有这样的感受，但如若仔细观察，定会体验到这份特殊性。

普安桥为东西走向的单孔拱桥，连接上塘街，主体由武康石建造。始建于明弘治十四年(1501)，重修于清嘉庆十九年(1814)，至今已有近五百年的历史。

苏州百姓有一句俗语："苏州桥，高的是彩云桥，低的是下河桥，长的是宝带桥,宽的是普安桥。"为什么认为普安桥最宽呢? 其实,是因为它构造独特,由南北两道拱圈构成,就是说紧靠在一起的南北两座桥构成了普安桥。

南边的那座"普安桥"拱券净跨4.5米,矢高3.6米,中宽3.5米,武康石拱券分节并列砌置。这座桥,就是看得到的、平时路人行走的、通常意义上的"普安桥"。桥南,是一条拼接成拱形的实质桥栏,北面的桥栏几乎与地平,却紧贴着另一座石拱桥——"北桥"。

"北桥"拱券净跨、矢高、结构、用料与南拱券相同,但中宽竟达17.7米,远远超过了"南桥"。然而,这座"北桥"所起的却不是"桥"的作用,桥面上满满地建着一座古建筑,这座古建筑就是同治五年(1866)重建的关帝庙,这座关帝庙两进殿宇,庙门朝南,紧贴着南桥的北栏杆。也就是说,庙门对着南桥的桥面,更进一步说,庙门对着庙前纵向的淮阳河(鸭蛋桥浜)。正是有了这座关帝庙,我们无法找到淮阳河(鸭蛋桥浜)相汇上塘河(枫桥河)的交叉口。为一探究竟,笔者连叩关帝庙的大门数遍,但无人应答。听附近的居民说,连他们也没怎么见到开门,更没进去过,只知道里面没什么东西。看来,这座关帝庙也是因为"被保护"而继续占据着桥面。

如此算来,南北两桥之宽相加,就是21.2米,当然就得位居苏州之最了;而桥洞由南北两组拱券并列组合,就成了一条庙下的"隧道",故民间有"普安桥,二桥合一桥;庙蹲桥,桥载庙,庙门对河道"之说。或许是孤陋寡闻,如此庙宇和桥的搭配,除苏州平江路雪糕桥外,笔者还未见过。有一首咏普安桥的诗:"水巷桥多不足奇,庙桥合一古来稀。青龙偃月雄风在,镇守金阊畏虎罴。"虽不知何人所作,却形象地写出了普安桥的特征。

苏州古城历来有"六门三关"之说,"三关"指当年任环为抗击倭寇所坚守的枫桥铁铃关、白莲桥白虎关以及普安桥金阊关等三座关隘。清·顾震涛《吴门表隐》曰:"金阊关即古金阊亭,在普安桥。明嘉靖时,同知任环拒倭所建。国朝康熙二十三年,知府赵禄星重修"。

金阊关地处连接内外运河、上塘河(枫桥河)与淮阳河(鸭蛋桥浜)交汇之要冲。由西而来,虽有铁铃关、白虎关挡在前头,但前面两关一旦失守,姑苏全城的子女玉帛就全靠金阊关维系了。如今,金阊关的防御功能早已成了历史,关隘的遗址也不见踪迹,只留一座普安桥,在默默陪伴着芸芸众生。

老一辈的苏州人,常喜欢吹嘘当年他们的长辈怎样在普安桥头看戏的情景。庙门前有戏台,这似乎是庙宇建筑布局的老规矩。如果庙前是空地,搭戏台小菜一碟;如果庙门前是横向的河流,将戏台搭到河对岸,也不是难事;但是,这座关帝庙的门前却是纵向的淮阳河(鸭蛋桥浜)。古代的能工巧匠就借桥前河面上这席空间,占天不占地,在东西驳岸之间飞架起一座跨河戏台,形如过街楼,不仅船只往来无阻,还保持了庙宇应有的布局。如此,既可在庙门前桥面上看戏,也可在淮阳河(鸭蛋桥浜)两侧夹岸看戏,甚至还可在河中的船上仰面看戏,就如鲁迅在《社戏》中描写的那般。可惜此戏台毁于清代,当今最年长的老人也没亲见过,他们的吹嘘,只能借助他们的长辈。

苏州市的文保标志碑,在"南桥"的东侧,紧接着"南桥"的石栏的东头。

如今,为保持上塘街的畅通,在"南桥"之南不到2米的地方重新建造了一座新普安桥,钢筋水泥结构。老普安桥的"南桥",供步行者通行;北桥,继续承载着空空如也的关帝庙。然而,新桥离老桥实在太近了,将老桥的景观功能破坏殆尽;看来,如何处理新与旧之间的矛盾,既保障新桥的交通功能,又保持旧桥的历史审美价值,确实是一个难题。

站在"南桥"之上,笔者遐想联翩,如果关帝庙能够修复开放,如果跨河的戏台能够重建并择日开演;那么,热衷看戏的市民可以一饱耳福,在新普安桥上匆匆而过的市民也可以一饱眼福,这一道流动的风景线定会成为苏州"新闻夜班车"的素材,或被"施斌聊斋"选中而成为街巷的美谈之一。

星级指数：☆☆

英雄忆得渔樵处——上塘河上津桥

由枫桥寒山寺通往阊门的一段东西走向的古运河，俗称"枫桥河"，又称"上塘河"。上津桥就跨在这条美丽的古运河东首靠近阊门处，南北走向。

桥的初建年代无考，只知明末重建，清同治五年(1866)重修。现桥乃1984年重修。

此桥为单孔拱桥，花岗石砌筑，全长40余米，中宽3.7米，净跨12米多，矢高近6米，七排拱券石并列。

上津桥的桥栏用青砖砌成，上覆抹角花岗石条石，已被摩挲得甚是光滑。两边桥栏顶部外侧各嵌一块石板，上面镌着"上津桥"三个大字，落款为"一九八四年十月重修"。两坡铺设条石台阶，各30余级。

吴方言中没有"ing"这个韵母,导致"津(jin)"与"京(jing)"不分,故将"上京桥"误读作"上津桥"。所以,"上津桥"被视为吉祥的象征,进京赶考必走上津桥;金榜题名返回家乡,也必定会在上津桥上敲锣打鼓,热烈庆贺。

桥南堍西侧,紧靠着桥有一块面向西的文物保护标志碑:"苏州市文物保护单位 上津桥 苏州市人民政府一九八二年公布 一九八三年立。"

紧靠石碑的西侧有一座古色古香的四角石亭,亭中竖着一块古朴的石碑,上镌"故明郝将军卖药处"。此处的"郝将军"即郝太极,云南晋宁州人。明天启年间(1621—1627),永宁宣抚司奢崇明和水西土司安帮彦先后造反(史称"奢安之变"),攻城略地,朝野惊恐;郝太极率一支劲旅,防守霑益城有功。明亡后,清廷曾请他留任为官,被严词拒绝。郝将军后隐居苏州,在上津桥卖药为生。为缅怀和纪念这位志士,清光绪三十年(1904),苏州百姓立碑纪念,当时的吴县知县李超琼撰写碑文,并题诗纪念。这位李超琼,就是建金鸡湖"李公堤"的"李公"。民国时期,李根源重写碑文。令人匪夷所思的是,"文革"期间,石碑竟然被市民搬回家用作洗衣石板。1985年,经苏州市文物管理委员会寻访,这块碑才得以重见天日。1989年新建石亭护碑。过去,笔者一直以为"不为良相便为良医"是文人的风骨,现在方知,还有武夫的气节。几年前,苏州市第三人民医院对面石灰中弄的建筑工地上出土一具石棺,另有一块石碑,上面镌着"明遗臣郝将军太极之墓"。现在,郝将军的墓碑与石棺都存放在唐寅墓园。

明末遗民顾炎武,对郝将军的气节大为赞赏,有《郝将军太极,洁具人也。天启中守霑益,余于叙功疏识其姓名,今为医,客于吴之上津桥,言及旧事,感而有赠》诗:"曾提一旅制黔中,水蔺诸酋指顾空。入楚廉颇犹未老,过秦扁鹊更能工。风高剑气岭川外,水沸茶声鹤涧东。桥畔相逢不相识,漫将方技试英雄。"英雄豪杰,惺惺相惜,壮哉壮哉。人逢乱世,百姓"想做奴隶而不得",谁又知道,上津桥上到底走过多少身怀绝技的卖药人或其他执"方技"的人士呢!

在吹面不寒杨柳风的季节里,登临上津桥,一边欣赏运河两岸的风光,一边看枫桥路上的芸芸众生,想象遗民武夫郝太极在桥头卖药的情景,真是别有一番滋味在心头。

星级指数：☆☆

古津古寺相辉映——上塘河下津桥

"津",渡口。王勃《杜少府之任蜀州》:"城阙辅三秦,风烟望五津。"《论语·微子》:"孔子过之,使子路问津焉。"在没有桥的情况下,过河全靠摆渡,就苏州枫桥河(上塘河)而言,离阊门较近的渡口为"上津",离阊门较远的渡口当然就是"下津"。造在这两个渡口上的桥,就是"上津桥"和"下津桥"了。

下津桥又名通津桥,位于阊门外桐泾路以西,著名的枫桥与上津桥之间。与上津桥一样,也是南北走向,桥南就是东西向的枫桥路,从阊门到枫桥寒山寺,或者从枫桥寒山寺到阊门的中外游客及其他人士,或驱车、或骑马、或安步当车,一般都从这条路经过,所以热闹非凡。

桥始建于明成化十八年(1482),清康熙四年(1665)修,道光二年(1822)重修,1984年再修。西北部望柱刻有"光绪三十二年秋立"等字,估计在该年(1906)也作过整修。我们现在看见的,是1984年重修过的下津桥。

此桥为单孔拱桥,全长36.7米,拱券净跨12.2米,矢高6米。桥顶中宽4.8米,桥南宽6米,桥北宽6.5米。拱券用青石并列砌就,长系石也是青石,石端雕花。两侧额书"下津桥"三字。桥身其他部位均为花岗石。两坡铺设花岗岩条石踏步,各30级左右。与上津桥不同的是,此桥的栏板由花岗岩砌成,当中一块外侧也镌有"下津桥"三字,落款为"一九八四年十月重修",从远处看甚为醒目。

下津桥南堍西侧是一座钢筋水泥的白莲桥,跨白莲桥浜,东西向连接枫桥路。古白莲桥头,明抗倭英雄任环曾设白虎关。嘉靖年间倭寇进犯的时候,苏州军民在此迎头痛击,大败倭寇,称"下津桥大捷"。如今,白莲桥已非畴昔;白虎关早就没了踪迹;独有下津桥,留守在岁月里,珍藏着以它命名的大捷的每一个细节。

桥南堍东侧,竖着一块石碑,面向东,上面镌着:"苏州市文物保护单位　下津桥　苏州市人民政府一九八二年公布　一九八五年立"。

桥的北堍,是苏州农业职业技术学院,农业职业技术学院的东侧,就是著名的西园戒幢律寺。

西园戒幢律寺始建于元代至元年间(1264—1294),初名归源寺,明称复古归元寺,距今已有700年历史。寺内古木幽深,梵宇重重,绿茵曲水,鸟语花香。中轴线从南到北为牌坊、天王殿、香花桥、大雄宝殿、藏经楼等建筑。大雄宝殿西侧的500罗汉堂,为西园寺最独特处,其规模宏大,3进48间,呈"田"字型。首进堂中央有一尊用整根香樟木雕成的13米高的千手观音;第二进堂中央有一座特殊的佛山,四面有四个不同面相的菩萨,他们是五台山文殊菩萨、峨眉山普贤菩萨、普陀山观世音菩萨、九华山地藏王菩萨。沿四壁排列泥塑全身五百罗汉像,从整体造型看,或瘦削清癯,或肥硕高大,或威武勇猛,或慈眉善目。有额"灵山一会",总体表现五百弟子聆听如来说法的场

景。造型生动,神态各异,构成一组完整的塑像群,有极高的艺术性。其中最为著名的是"疯僧"与"济公"两像,疯僧身上的腰带似乎一拉结扣就能解下来;济公的表情右看似笑,左看似哭,正看啼笑皆非,其传神与妙趣令人赞叹不已。

苏州人喜欢到西园,因为西园还有一样宝贝吸引着他们,这就是西园寺的镇寺之宝——俗称为"癞头鼋"的斑鳖。西园的西部有个西花园,西花园内有个放生池,面积宽大。池内鱼鳖极丰,多是善男信女放生。2007年时,全球已知存活的斑鳖仅有5只,中国4只,苏州动物园1只,苏州西园寺西花园2只,长沙动物园1只,越南还剑湖1只。笔者幼时和年轻时,多次看见这几只"癞头鼋"浮出水面。不过,就在2007年夏天,一只生活在西园寺放生池里的400来岁雌性斑鳖"方方"享尽天年,寿终正寝;但雄性斑鳖尚在。后来,有关方面将长沙动物园的那只80岁的雌性斑鳖运来苏州动物园放生池培养后代,但不知结果如何。

下津桥南堍的公交车站值得一提,它有别于苏州任何一处的站台,其整体就如一个四柱三间的石牌坊,除了醒目的"下津桥"外,上面还雕刻了惟妙惟肖的图案,与古桥呼应,很有意趣。笔者想,如果古迹附近的公交车站都作如是设计,那给姑苏所增之彩的就不是一点半点了。

星级指数：☆☆☆

夜半钟声到客船——运河支流枫桥

著名的建筑，往往和为它而写的著名作品相互依存，且交相辉映，成为代代相传的经典。有了滕王阁，才有了王勃的《滕王阁序》一文；有了王勃的《滕王阁序》，滕王阁更加有名。有了黄鹤楼，才有了崔颢的《黄鹤楼》一诗；有了崔颢的《黄鹤楼》，黄鹤楼更加有名。有了岳阳楼，才有了范仲淹的《岳阳楼记》一文；有了范仲淹的《岳阳楼记》，岳阳楼更加有名。

江南水乡苏州古城，有桥数百座，枫桥的地位颇为特殊。有了枫桥，才有了张继的《枫桥夜泊》一诗；因为张继的《枫桥夜泊》，枫桥更加有名。

枫桥，旧称"封桥"。位于苏州西北七里小镇枫桥镇，应该是镇因桥而得名吧。桥横跨于运河支流之上,东南—西北走向。枫桥只是一座江南普通的月牙形单孔石拱桥,始建于唐代,距今至少已有1 200多年的历史。明崇祯末年、清乾隆三十五年(1770)都曾修缮过,咸丰十年(1860)被毁后,清同治六年(1867)再度重建。古时这里是从西北进入苏州的水陆交通要道,设护粮卡,每当漕粮北运经此,就封锁河道,故名为"封桥"。我们今天看到的,是1983年开始整修,1984年6月竣工的枫桥。桥长39.6米,宽5.27米,跨度10米。虽然它在造型和结构上皆非突出,但藉着无尽的诗意让人痴迷不已。1985年,枫桥被列为江苏省文物保护单位。

据说,唐朝诗人张继赶考落第,郁郁回乡,途经此处,挥毫写下了这首《枫桥夜泊》:"月落乌啼霜满天,江枫渔火对愁眠;姑苏城外寒山寺,夜半钟声到客船。"诗中把旅途中的愁容与周围幽美的深秋景色,如音画般地描绘了出来。夜月、客船、江枫、渔火、乌啼、钟声,有明有暗,有静有动,有音有画。短短的28个字,写出了一个悠远旷达、逼真深刻的意境。全诗没有出现一个桥字,但每个字都和桥密切相关,"不着一字,尽得风流"。说者还道:"一般人不会记得那科的状元是谁,却永远记住了张继"。这个"据说"对诗的鉴赏很有见地,深得真髓;然而,这个"据说"却有个问题。张继,生卒年月不详,天宝十二年(753)进士,而这首诗却作于作者至德元年(756)后漫游江浙之时(吴企明《苏州诗咏》);如此,诗中岂能抒发落第后的愁绪?况且,难道一定要赶考落第后才有愁绪吗?尽管疑窦重重,但并不影响《枫桥夜泊》成为一首好诗,因为这首诗在岁月的流逝中并未随风而去,而是流传千古,广为传颂,选入了小学语文课本,足见它的魅力之所在。

可是到了宋代,欧阳修读这首诗,却读出了另一个引起争议的问题。他以为三更半夜,不是打钟的时候,故诗句虽佳,却不符合现实。对于欧阳修提出的问题,许多人都不同意。唐代诗人的作品中多次写到各地的半夜钟声。南宋时苏州佛寺还在夜半打钟。因此,欧阳修的质疑被认为是少见多怪。

张继之后,吟诵枫桥的诗词曲赋铺天盖地而来。宋范成大《吴郡志》曰,枫桥"自古有名,南北往来之客经由,未有不憩此桥而题咏者"。最著名的有:

晚唐诗人杜牧在《怀吴中冯秀才》中写道:"长洲苑外草萧萧,却忆重游岁月遥;唯有别时今不忘,暮烟秋雨过枫桥。"宋代大诗人陆游,也有一首《宿枫桥》云:"七年不到枫桥寺,客枕依然半夜钟;风月未须轻感慨,巴山此去尚千重。"南宋田园诗人的范成大也曾写过一首《枫桥》:"朱门白碧枕湾流,桃李无言满屋头;墙上浮图路旁堠,送人南北管离愁。"明代著名大画家唐寅(字伯虎)也以七律写了一首《寒山寺》,诗中写道:"金阊门外枫桥路,万家月色迷烟雾;

谯阁更残角韵悲,客船夜半钟声度。树色高低混有无,山光远近成模糊;霜华满天人怯冷,江城欲曙闻啼乌。"清朱彝尊也有《枫桥夜泊》诗:"初月开平林,繁星罗远戍。惊禽沙上鸣,渔子夜深语。遥闻歌吹声,暗入枫桥去。"这些不同年代,不同风韵的诗作,无疑使枫桥更为光彩照人;但是,最突出、最迷人的还是张继的那首《枫桥夜泊》。

张继的这首诗,不但在中国妇孺皆知,而且在日本、东南亚一带也深受千万人欢迎。每年除夕之夜,大批的日本友人都要到寒山寺体验"夜半钟声"的意境,迎接新一年的到来。

这首诗曾经刻在寒山寺东的一座诗碑上,素为寒山寺胜景,令世人所看重,可惜几度兴废。北宋仁宗时宰相王珪写了这首诗刻在石碑上,改"封桥"为"枫桥"。到明代,王珪所写的那块碑大概已经遗失,因此由苏州学者文徵明再写一通,亦刻于石。文徵明所书碑清末已漫漶不清,于是由经学家俞樾(曲园)又书写了一块诗碑。1936年,苏州名画家吴湖帆请诗人张溥泉也写了一块"枫桥夜泊"诗碑。1939年,汉奸梁鸿志欲把俞樾所写的寒山寺诗碑运去日本参加"大东亚博览会",经手人却请苏州著名石雕大师钱荣初依原样复刻了一块足以乱真的赝品;后来不知何故此碑未去日本,据说这块复制品留在了南京。

一首七言绝句,数百年竟为国内外人士如此重视,使一个荒村小寺成为千秋名胜,这不能不归功于《枫桥夜泊》诗独有的魅力。

1993年重新用汉白玉刻制了一座新碑,高0.6米,宽1.1米,由全国第四届书法比赛一等奖获得者84岁的老书法家瓦翁书写,由被誉为"江南碑刻第一刀"的名家时忠德镌刻,现已成为一个新的景观。

枫桥桥栏板上,书有"枫桥"两字;望柱上另有两联,东北侧之联是"众善奉行,诸恶莫作",西南侧之联为"百善孝为先,万恶淫为首",不知何故,此两联上下颠倒镌着。桥东北侧两楹柱镌着"凶人语恶,作恶行恶,三年天必降之祸;吉人语善,视善行善,三年天必降之福";桥西南侧楹柱上款"同治六年丁卯八月重建",下款镌经办人姓名。

紧贴着枫桥东南堍有一座雄伟的敌楼,这就是铁铃关,又名枫桥敌楼,敌楼东南接枫桥大街。实际上,枫桥的东南堍就在铁铃关的圈门中。1963年被公布为苏州市文物保护单位,1982年被列为江苏省文物保护单位。

明代中叶,日本在内战中溃散的浪人武士,窜踞我沿海岛屿,并勾结当地的盗匪凶徒,侵入中国大陆,奸淫烧杀,无恶不作,史称"倭寇"。为了加强金阊一带的防卫,明嘉靖三十六年(1557),巡按御史尚维持在枫桥的南端压着桥堍创建了铁铃关。铁铃关当初"下垒石为基,中为三层、上覆以瓦,旁置多孔",与关前的古运河、枫桥组成一个完整的防御体系,成为扼守苏州城西北的重要关隘。新中国建立后,铁铃关曾几次小修加固。1986年至1987年大修,加固关台拱门,并于其上重建单檐歇山顶敌楼三间,大体恢复到清代的旧制;一幅楹联颇为壮观,联曰:"雄关固守声容壮,商旅繁荣国运昌。"关台以条石为基,城砖砌墙,底平面作长方形,面阔15米,纵深10.2米,高7米,正中辟拱门,西跨枫桥东端。门内南北壁面均辟大小拱门各一,内砌登关砖级,并有藏兵和存储武器的空间,沿黑黝黝的砖阶而上,就能登上敌楼,面临四方。

铁铃关是古驿道和古运河进入苏州城的水陆交通要塞,与枫桥一起,是苏州人民抗击倭寇留下的唯一较为完整的遗迹。

登关远眺,枫桥古镇傍水而筑,蜿蜒曲折,粉墙黛瓦,错落有致;近处,六朝古刹寒山寺,坐落在曲曲折折的黄墙之内,庄严肃穆;俯视枫桥,发现西北桥堍的与众不同之处,桥堍平台前,加了五层台阶,却比桥本身的台阶狭小,尤其是北端,缩小近1米,更为特殊的是,每层台阶上都有一处明显的凹陷,位置都相当,似乎连成了一条线,是人为的破坏还是有着一定的含义,笔者不得而知。

桥西北南侧石驳岸,即张继泊舟处,立有明书法家沈度所写的诗碑。沿西北桥堍向前,是一条仿古街,几乎所有的商店俱全,甚至还有船码头、驿站。再向北,就是"鹭江渡",牌坊上一幅楹联:"云霞流丽东西映,天水空明上下鲜。"词句色彩瑰丽,意境开阔。

难忘数十年前,在"文化大革命"最为疯狂的时候,笔者曾和几个同学步行到枫桥。坐在破落的铁铃关上,放眼望去,是一片萧瑟的农田和稀落的村庄,以及荒凉的狮子山,"狮子回头望虎丘"的故事,就是那时知道的。而如今,以寒山古寺、江枫古桥、铁铃古关、枫桥古镇和古运河"五

古"为主的省级风景名胜区的设置,一扫过去存于心头的那份苍凉,不由感叹世事沧桑。

  沿着这份心情拾级而下,信步来到了梦诗亭,但见小巧而雅致的亭子静默着,向上伸展的树枝和亭子相依相偎,突然觉得又回到了诗人张继创作《枫桥夜泊》时的情境,忍不住朝着梦想起航的一泓春水张望,恰巧看见一只灰白相间的鸭子,在一片粼粼波光中不急不慢地游着,好像在翘首这千年不变的枫桥,又似乎在品味着枫桥的风雅故事。隐隐地,毛宁的《涛声依旧》在耳旁悠悠地响起:

带走一盏渔火,让它温暖我的双眼,
留下一段真情,让它停泊在枫桥边,
无助的我,已经疏远了那份情感,
许多年以后才发觉,又回到你面前。
流连的钟声,还在敲打我的无眠,
尘封的日子,始终不会是一片云烟。
久违的你,一定保存着那张笑脸,
许多年以后,能不能接受彼此的改变。
月落乌啼总是千年的风霜,
涛声依旧不见当初的夜晚,
今天的你我,怎样重复昨天的故事,
这一张旧船票,能否登上你的客船……

  然而,在上海市的一次高考中,竟然有不少的文科考生不知道这首歌的歌词脱胎于张继的《枫桥夜泊》,岂不悲夫!

星级指数：☆☆☆

风依酒幌客依愁——运河支流江村桥

张继的《枫桥夜泊》是孩提时就能熟背的，但幼时多次去寒山寺，都把寺院门口的那座桥当成是枫桥。后来才知道，那是江村桥，枫桥还在北面100多米处。

江村桥，位于苏州枫桥景区内，跨运河支流，东西向。为单孔石拱桥，始建年代不详，清康熙四十五年（1706）由当地人程文焕发起募捐重建，同治六年（1867）重修，1984年再度重修。

从东头进入枫桥景区，沿着寒山寺的南墙西行，顺势右拐，江村桥就出现在眼前了。桥位于寒山寺照壁前偏南约20米处，单孔石拱桥，东西走向，顶宽约3米,长约30米,东塊有分向南北的两小段引桥,向上25级石级到顶,西坡向上33级台阶到顶。石桥栏用砖封砌,上压抹角长条石,各边间有两根望柱。桥主体用花岗石砌就,稍微夹些青石。明明是拱桥,桥面上却不见"千斤石",能见的却是纵向的五条石条,估计"千斤石"在石条之下。现为省级文物保护单位。

张继的《枫桥夜泊》中"江枫渔火对愁眠"中的"江枫"指的是两座桥,"江"就是江村桥,"枫"才是枫桥。江村桥桥型古朴端庄,典雅清秀,和枫桥南北相望。两桥之间,河面开阔,风平浪静,画舫往来,别有一番情趣。与枫桥相比,江村桥似乎寂寞了点,但盛唐山水田园诗人孟浩然有《江村桥雨吟》:"西城雨色暮时稠,浮浪轻来一点鸥。曾作江村桥上立,风依酒幌客依愁。"文字虽然浅显,但巧用典故却不让人感到"隔",可谓意味深远,堪称一绝。据说,明天启年间,苏州抗阉五义士之首颜佩韦就是江村桥边人氏,如此一来,江村桥更显非同一般。

江村桥的东头就是寒山寺,所以说江村桥与寒山寺紧密相关。但是,与一般寺院不同的是,寒山寺的大门朝西,其中也有缘故。光绪三十二年(1906),陈夔龙抚吴,见寒山寺颓圮,就捐俸重建,因地址偏狭,山门选向西开,寓"大江东去,佛法西来"之意。

寒山寺始建于六朝时期的梁代天监年间(502—519),距今已有1400多年历史。原名"妙利普明塔院",唐代贞观年间(627—649),当时的名僧寒山和拾得由天台山来此住持,改名寒山寺。1000多年来寒山寺先后5次遭到火毁(一说是7次),最后一次重建是清代光绪年间。历史上,寒山寺一向是我国的著名寺院,1982年,被公布为江苏省文物保护单位。

寒山寺内古迹甚多,有张继诗的石刻碑文,寒山、拾得的石刻像,文徵明、唐寅所书碑文残片等;而最有名的,应该是以"夜半钟声"名闻天下的钟楼。现今寒山寺里的古钟早已不是张继诗中所提及的那口唐钟了,至于明代嘉靖年间补铸的大钟,《寒山寺志》曰"钟遇倭变,销为炮";一说已流入日本,如康有为诗云:"钟声已渡海云东,冷尽寒山古寺风。"为此日本国内还曾大力搜寻,但徒劳无功,以后,虽又送回一钟,但已不是原物。现在悬于寒山寺钟楼的大钟,为清光绪三十二年(1906)江苏巡抚陈夔龙督造。巨钟有一人多高,外围需三人合抱,重达两吨,堪称巨制。钟声宏亮悠扬,余音袅袅,不绝于耳。僧人撞钟之所以要敲108下,主要有两种含义。一是说每年有12个月、24节气、72候(五天为一候),相加正好是108之数,敲钟108下,表示一年的终结,有除旧迎新的意思。二是依照佛教传说,凡人在一年中有一百零八种烦恼,钟响108次,人的所有烦恼便可消除。

苏州寒山寺因张继《枫桥夜泊》诗中的"夜半钟声"而举世闻名,怀着朝圣心情的游客就从各地蜂拥而至。就像无锡的太湖边,因为曾作为电视连续剧《三国演义》和《水浒传》的拍摄场景而出名。而在遥远的古代,被诗人咏颂就是最好的成名方式。现在每到年底,都有众多的中外朋友来寒山寺听钟声,特别是日本的多家旅行社,总要组织"辞岁听钟声访华团",有时多达数千人。他们在除夕之夜团坐在寒山寺钟楼的广场上,一边背诵着张继的名诗,一边聆听着108下的钟声,以求给新的一年带来平安和好运。据说日本的小学生几乎都会背诵这首诗。笔者身为老苏州人,也是多年未曾以这样的方式迎接新年;于是,在新春将至的日子里,相约几个好友,一起赶往寒山寺。果然看到来自日本的旅游团在导游的带领下,正一边欣赏寺内的各种大钟一边拍照留念,看来,这悠远的钟声早已传到了日本,成为中日两国人民文化交流的桥梁。

在民间传说中,江村桥的建造和寒山寺的当家和尚有关。却说寒山和拾得两位高僧在一个寺院里,大家推来推去,都不愿担当主持。这时走来一个农妇,说:"两位师父不要谦让了,我来给你们出个主意吧。"农妇指着庙西的那条河,说:"这条河上缺座桥,请你们施展法术,谁能变座桥出来,谁就当主持。"拾得把僧袍往河面一抛,变做了一个桥面,可惜,没有桥架支撑,一阵风吹来,眼看就要把它刮塌。寒山急忙将手中的禅杖往河边一插,禅杖顿时变成一棵树,树朝对岸一铺,一座桥就稳稳当当卧在了河面上。江村桥就这样站在了寒山寺旁。老农妇一笑,把一块手帕朝脚前一抛,化做一朵莲花,她踩着莲花就升到了空中。寒山、拾得抬头一看,原来老妇就是观音菩萨。于是,寒山大师就担任了主持。当然,没有人会相信故事虚构的情节,但这个故事却表达了良好的愿望,平安、稳定、便利的生活,就是平头百姓的追求。

江村桥的西面就是江枫洲上的江枫广场。吴门古韵戏台就高矗于江枫广场前,居高临远,气势恢弘,门口"吴门古韵"匾额庄重大气。从这里隔河看寒山寺,黄墙掩映在绿树丛中,浮屠高耸出林杪,显示出古寺优美的全貌和幽深神秘的气氛。

星级指数：☆☆

方回难绘彩云愁——横塘彩云桥

虽是姑苏子民，但对横塘留下印象，却是因了宋·贺铸贺方回的《青玉案》："凌波不过横塘路，但目送，芳尘去。锦瑟年华谁与度？月台花榭，琐窗朱户，只有春知处。碧云冉冉蘅皋暮，彩笔新题断肠句。试问闲愁都几许？一川烟草，满城风絮，梅子黄时雨。"在横塘流连的日子里，这个宋太祖贺皇后的侄孙，手握一枝彩笔，写下了极为婉约的词句。横塘有他的"蜗居"，也有他的怅惘。

从此，在心中，横塘就与"春之去"，与"愁之深"，与"梅之雨"联在了一起。隐居在横塘之南不远上方山麓的南宋田园诗人范成大有《横塘》一诗："南浦春来绿一川，石桥朱塔两依然。年年送客横塘路，细雨垂杨系画船。""南浦",既可实指桥下的横塘水,也可虚指离别之处,虽总体表现的是另一番景象,但也带着缕缕愁意。清·赵执信有《月夜过彩云桥》:"湖山寂寞夜迢迢,霜信风中酒易消;还是秋来可怜月,照人独上彩云桥。"虽没有一个"愁"字,但那种孤独的惆怅,溢于言表。

范诗中的"石桥",应该就是彩云桥。彩云桥始建无考,1928年重建。桥始跨越京杭大运河,东西走向,东端引桥折北,连接一条长堤,由此经驿亭可去胥门;西端向南可步入横塘古镇。三孔石拱桥,全长38米,中宽3.7米,中孔净跨8.5米,矢高5.6米。边上次孔设有纤道。

越来溪北流到横塘镇东,与京杭大运河、胥江合一,到镇北,就如一个丫杈一分为二,成了一个"三汊口"。一条向北略偏西,这就是京杭大运河,此段运河也称"彩云港",桥因港而得名;一条向东略偏北,这就是胥江。1992年,因京杭大运河拓宽,彩云桥由苏州市沧浪区城建市政公司编号从彩云港上拆除,向东原样移建于胥江上。

与彩云桥相映成趣的,是亭子桥,也叫普福桥,原位于彩云桥北数十米,跨于"丫杈"的"柄"上,在桥身上砌有一座单檐歇山式亭子,飞檐翘角,甚为突兀。清代徐扬的《姑苏繁华图》中,这座亭子桥占有一席之地。可惜的是,亭子桥1969年被拆除。后再度修新桥,为敞肩式单跨水泥桥,仍名亭子桥。2004年,亭子桥被船撞毁,如今只能依稀辨出当年的桥墩。这两座桥由于距离甚近,且一桥多次倒塌,常只剩一桥,故彩云桥常被误认为即亭子桥。

乘公交车到"解放西路换乘枢纽站"下,马路北侧即是唐寅园,从唐寅园向西穿越西环路,加油站的北面是一条"横塘东街(地图上标为'酒厂路',路西头河边曾是姑苏啤酒厂)",沿着满目是"拆"字的横塘东街西行约500多米,一个新建的小区"益锦苑"挡住了通道,沿"益锦苑"围墙向南转向西,眼前就是那个水上"三汊口",现在的彩云桥就坐落在东面的"桠枝"枝上,基本呈东西走向。桥东堍,竖着两块石碑。朝南的是文物保护标志碑,上刻"苏州市文物保护单位 彩云桥 苏州市人民政府一九八二年十月公布 二〇〇五年九月立",朝西面对着东桥阶的是1992年彩云桥移建碑。

桥由花岗石砌成,与众不同的是,为不影响太湖水进入苏州古城,在西堍引桥部分增辟两个方形桥洞孔,在东堍引桥增辟一个方形洞孔。桥高大雄伟,需登上近30级台阶才能到顶。然而,涂满桥身的却是那些"办证"的小广告,让人触目惊心之余不由感叹某些世人的道德行为。

与桥西堍相接的,就是苏州仅存的那个古驿站,为江苏省文物保护单位。该驿站是苏州通往石湖、太湖等地的水路要隘,为古代传递官府文书以及往来

官吏中途歇宿之所。如今仅存一亭,为清代建筑,孤零零地站在三水构成的"丫杈"当中。亭内嵌有多块石碑,亭南门前柱上镌有一联:"客到烹茶旅舍权当东道,灯悬待月邮亭远映胥江",上款题曰:"同治十三年六月"。文字甚为平实,说的是大实话,希望给往来过客以"到家"的感觉;然而,看着这种孤凄的景象,相信不管是谁,无论如何都感受不到"家"的温馨。

  桥明柱上镌有联,已漫漶模糊,且距离颇远,故无法辨认。翻阅本世纪初编的《横塘镇志》,方知南侧为"采鹢漾中游,双楫回环通范墓;云虹连曲岸,一帆平浪涉胥江",北侧为"彩色焕虹腰,水曲堤平资利济;云容排雁齿,流水源远阜民生"。南侧之"采鹢",疑为"彩鹢"之误,一种水鸟,常被画在船头,故也将之称船;"范墓",不知指范仲淹墓还是范成大墓,都离此不远。显然,南侧是一副藏头联,联头冠以"彩云"两字;虽写出了彩云桥的地理位置,意境却一般。北侧的"虹腰"指虹的中部,对桥的美妙之喻,元代杨奂吟赵州桥有"月魄半轮沉水底,虹腰千丈驾云间";"资",供给,帮助;"利济",方便渡河之意;"雁齿",桥阶;"阜",多,大,此处为使动用法。北侧也是藏头联,也藏有"彩云"两字。相对南侧而言,北侧的桥联意境稍微深远一些。

  桥与驿亭相辉映,为横塘镇的重要古迹。但是,如今境况堪忧;因尚未进入旅游公司的"法眼",在我们流连的一个多小时中,未曾见到一个参观旅游者。问当地人,亦然。看来,贺铸若知,即使手握彩笔,也无法绘出彩云桥的愁容了。

星级指数：☆☆

恩怨千秋一水间——上方山麓越城桥

从横塘南下，不远处就是"吴中胜境"石牌坊，此坊位于越城桥以北的"石湖景区"入口处，为一座花岗岩三门四柱石坊。坊额面北为"吴中胜境"，下款"丙寅八月徐穆如，年八十三"。面南为"石湖佳山水"，"丙寅仲秋谭其骧题"，为石湖景区入口标志。

2006年9月，在牌坊前置一巨石，上镌"太湖国家重点风景名胜区　石湖景区"，下款"中华人民共和国国务院　一九八二年批准　建设部监制"。石上另刻圆形"中国国家风景名胜区"标志。

越城桥就在"吴中胜境"坊的南面100余米处，跨北越来溪。它的西堍紧接着行春桥的东堍，而行春桥的西堍就连着上方山茶磨屿。

越城桥一带是春秋晚期吴越相争的"主战场"。既然称之为"越城桥",就定和越城有关。有"越城",也应该有"吴城",吴城在行春桥西头茶磨屿上。1981年,苏州博物馆对遗址进行了调查和试掘。发现城址呈首北尾南的卧鱼状,土城的东、南两面城垣已被开山采石破坏;西、北两面尚有残存的、依山而筑的、高4米多的夯土城垣,绵延300余米,残存面积约2万多平方米。1983年4月,吴城遗址进行发掘,出土了西周至春秋时期的夹砂陶鼎足、泥质红陶片、原始青瓷片、几何印纹硬陶片及小件石器;夯土层土质坚硬,结构紧密,在建筑上具有一定代表性。城内东北部山顶为开阔台地。吴城是春秋吴国的军事城堡,遥望太湖的东南方向,经过几代吴王的精心整治,自以为固若金汤。设此城,显然是为了对付越国。

史载周敬王四十二年(前478),越攻吴,开凿越来溪,筑越城屯兵,对吴城采取围而不攻的战术;而吴军则在吴城驻守。隔水对峙五年,至周元王三年(前473),越灭吴。清乾隆《苏州府志》记载,"越城一云越王城,又云勾践城。越伐吴,吴王在姑苏,越筑此城逼之"。也就是在这个地方,隋朝时曾设置了苏州的州衙和吴县的县衙。越城在南宋时,"城堞仿佛具在,高者犹丈余,阔亦三丈,而幅员不甚广。"(范成大《吴郡志》)

为探寻越城遗址,我们从越城桥东堍开始,沿着一条填河而成的泥泞小道前行。走了200来米,终于找到了那块躺倒于地的石碑。上刻"江苏省文物保护单位 越城遗址 江苏省人民政府1956年公布 江苏省人民政府1985年立"。越城遗址就在石碑的东面,南北长450米,东西宽400米,面积近18万平方米,高出周边田地1米多。放眼望去,遗址仅剩南北两端的一些树木,满目凄凉;遗址的西部是一些农民复耕种植的菜畦;而东部则是乱七八糟的棚户搭建,据说租给外来人员养猪。站在越城遗址的边上,关于吴越相争的史实不请自来,但实在难以想象当年勾践于此屯数万雄兵,与吴城虎视眈眈对峙的情景。也许,这就是时过境迁带来的特殊感觉吧。

越城桥,因桥通越城遗址并与之毗临而得名,俗称"吞月桥"、"月亮桥"。又因跨北越来溪,又名"越来溪桥"。越城桥系单孔石拱桥,始建无考。范成大《吴郡志》曰,"越来溪桥,久废,南宋淳熙中,居民薛氏以奁具钱复立之"。元代至正年间(1341—1368)重建。明永乐十三年(1415)桥再修。明成化年间(1465—1487),桥"风激湖波,且夜淘啮,岁久渐圮",当时的吴县知县文贵以自己的俸资带头捐修,郡中愿助者也纷纷解囊,并选里人徐衢等负责修桥事务,始于明成化十五年(1479)五月,落成于翌年六月,"崇广若干丈,视旧各加以尺计者二,旁增石阑,下袤石址"。清康熙四十四年(1705)又重建,乾隆五十八年

(1793)修,道光十二年(1832)又重建。现存的桥为清同治八年(1869)重建。因年久失修,桥身倾斜,后又被过往船只碰撞,部分拱券石脱落,明柱断裂,出现险情。1992年又重新修建并照原样修复一新。如今的明柱下的桥堍,石砌防撞保护墩。

桥东西走向,全长33.20米,中宽5.4米,跨度9.5米,矢高4.8米,花岗石构筑。拱圈纵联分节并列砌置,条石栏板。长系石端部雕神兽纹,桥面石刻纹饰,两坡踏步东24级、西22级,每阶宽0.55~0.6米,桥两侧有石制栏板,高0.5米,厚0.25米,栏板望柱高0.75米,宽厚均0.27米。1982年10月22日,被列为苏州市文物保护单位。值得一提的是,越城桥的石阶上有两条石砌的斜坡,似乎将桥面横向分成了三部分,远远望去,像一条三车道。和笔者同往的一个幼儿园的小女孩见状,心直口快道:"中间的道路是给电瓶车骑的。"话音刚落,一辆电瓶车咕噜噜从桥的另一端驶过来,又咕噜噜往下滑,顿时,越城桥生动了起来,衬着周边的静默民居、苍苍大树,成了一道流动的美丽风景线。

往昔出入上方山、石湖,除水路外,陆路从胥门或盘门出,经新郭村可到越城桥。因此,范成大《四时田园杂兴六十首》中的许多意境,在越城桥畔都可以领略。我们去时,正值隆冬雪霁近晚之时,不由让人想起范诗所云"放船闲看雪山晴,风定奇寒晚更凝。坐听一篙珠玉碎,不知湖面已成冰",那寒风中的诗情画意仿佛就在身边流淌。

越城桥单孔石拱圈两旁的明柱刊有楹联,明柱上端,雕有龙头。南联曰:"波光万顷月色千秋,碧草平湖青山一画。"简短的16个字,将桥边的景物一一纳入其中,平仄和谐,意境深远。北联曰:"十里荷花香连水,一堤杨柳影接行。"虽也是写景,但文字过于浅陋,有种蜷缩万千想象的遗憾。

紧贴着越城桥西堍南端的是渔庄,也称"余庄"、"觉庵"。为近代书法家余觉(1868—1951)的居所,为一砖木混合结构庭院建筑,占地约1500平方米。渔庄现有厅堂两进,面阔均为五间,明间与次间为厅,梢间为书房、居室。前厅名"福寿堂"。前后厅之间两侧以廊贯通,廊腰各构方形半亭,左右相对,中间

为一四合院式庭院。庄前滨湖另筑方亭,名"渔亭",遥对上方山楞伽寺塔和茶磨屿范成大祠堂,风景殊胜。1991年被列为苏州市文物保护单位。

余觉的妻子就是著名的苏绣大师沈寿,1874年出生,苏州人,自幼学习刺绣,心灵手巧,悟性极高,17岁许配给举人出身的余觉。沈寿是第一个把西方绘画艺术融入东方绣艺的人,被清末著名学者俞樾誉为"针神"。1904年慈禧太后70大寿,沈寿绣成了一堂八幅的《八仙上寿图》和三幅《无量寿佛图》上献,惊动朝野;1915年,在巴拿马世博会上,沈寿以创新的仿真绣法绣制的《耶稣像》荣获金奖。后来,沈寿被崇尚现代工业的张謇带到南通,主持女子手工传习所。沈寿一去而不复返,最终死于南通,葬于南通。对于沈寿的出走不归,余觉的内心一定经受了长期的煎熬和折磨,也许更多的是无奈和失落,这从渔庄正房西侧屋宇下的"有情"与"无语"两块砖雕可略知一斑。

沿着曲折迂回的渔庄小道,笔者看到两旁栽满了梅花。目光交接处,是桥边柳枝倒垂湖面的轻柔和金佛高耸的上方山,突然觉得历史的造化之趣:吴越相争的金戈铁马给越城桥带来了腾腾的杀气;余觉、沈寿与张謇之间的恩恩怨怨,却给越城桥增添了几多缠绵悱恻,真是几多风雨几多愁!但从历史的云烟中一路走来的越城桥,正沐浴在清风绿水间,焕发新的生机,如若登临桥顶远眺,近水远山的秀景更是尽收眼底,大有"十里湖山开画幛"的意境。

星级指数：☆☆☆

石湖居士知何处——上方山麓行春桥

苏州城的西南方，上方山的东麓，有一片水面叫"石湖"。石湖是太湖东北的主要出水口，湖水从东太湖北行，经越来溪汇于上方山下，形成一个内湾，东北距苏州古城区仅6公里。石湖南北长4.5公里，东西宽2公里，周围10公里，面积3.6平方公里。越来溪穿湖而过，南段称南越来溪，北段称北越来溪。太湖水循南越来溪注入石湖，再由北越来溪汇入胥江，流向苏州古城区。

"石湖"为什么以"石"为名？春秋末年，已被放回越国，一心复仇雪耻，经过卧薪尝胆的勾践派兵偷袭吴国。他选中了上方山东麓这个战略要地，趁着月黑风高，挖河挺进，这条河道就是如今的越来溪。当挖到水域开阔的中段时，发现底部全是石头，于是这里就被称为了"石湖"。这是一般的说法。但是,2002至2004年石湖清淤,挖到8~10米深,也没人见到"湖底皆石"的壮观场面。民国《吴县志》记载:"(石湖)深处不盈仞",古代8尺为1仞,也就是说,石湖的水深还不到3米,正常情况下,挖到8~10米深还能不见底? 另外,石湖的深度还取决于春秋时期越国战船的大小,事实上,当时的战船不可能很大,吃水不可能很深,所以开挖河道也不必很深,淤泥再厚,清到8~10米深的时候肯定早已挖光了,如果湖底都是石头,那还不会被翻出来吗? 以上事实证明,石湖底部全是石头的说法纯属无稽之谈。另外,从地质学角度来看,石湖属于自然成湖,且与西侧山体有一定距离,也不可能"湖底皆石"。

另一种说法带有浪漫的神话色彩。据说湖里有一只青石大磨盘,夜深人静的时候,还有人能听到湖底传出磨盘转动的声音。因为湖底有石磨,所以这个湖泊被叫做石湖。当然,这只石磨是不可能有人找到的。

"石湖"南端西侧入太湖通道处有一个村落叫"莫舍",该村宋代叫"石舍",石湖莫不是因为"石舍"村而得名呢?

还有另一种看法,前几年石湖清淤时,从湖底发现过一些"铁疙瘩"、"铁棍"状的东西,于是,这儿曾有过陨石雨的猜测一度轰动了苏城。我们的古人会不会把这些硬邦邦的如铁般家伙当成了石头呢? 如果是这样,那么,石湖的得名还是因为"湖底皆石"了?

石湖究竟因石舍村而得名,还是因古人也曾在湖底发现"铁疙瘩"或"铁棍"而得名,不是我们研究的正题,我们的注意力应该放在架在石湖北口的一座被称为"胜概为吴中第一"的著名桥梁——行春桥。

行春桥位于上方山茶磨屿东,为横跨石湖北渚的一座九孔石桥,甚长,蜿蜒而平缓,俗称"小长桥"、"九环洞桥"。桥长54米,宽5.2米。

行春桥曾有18桥孔之说。清道光年间(1821—1850)袁学澜《吴郡岁华纪丽》中有"行春桥,……有石洞十八,亦名小长桥"之说;同样著于道光年间的顾禄《清嘉录》引《吴中竹枝词》也有"十八桥环半遮没,渔村一点水边明"之句。笔者认为,18孔之说难以令人置信。首先,在崇祯(1628—1644)《吴县志·石湖图》中,桥孔为9个,明清两代苏州府与吴县共编志十余套,均未提及行春桥曾有18孔,数篇《重修记》中也未曾提及由9孔到18孔,又由18孔回到9孔的"重大变更"。其次,石湖北口水面狭窄,桥西紧接上方山茶磨屿,从明弘治年间(1488—1505)《石湖志》卷首图就可见桥东为一片稻田,根本没有"扩展"余地。如今9孔,各孔下仅通一船,如18孔,则根本不可通船,桥又有何用! 第三,中国石拱桥一般都只建当中一个主孔,较小的副孔在两边相互对称,总数为单,如此"标新立异"的18孔桥(或两边孔数不一,或当中设两个主孔),却不见方志记载,岂不怪哉。

行春桥曾是楼船游舫的停泊地,从苏州来上方山游玩烧香的客人,一般都是在胥门万年桥上船,到行春桥下船,然后坐轿上山。

桥始建无考,范成大引用的北宋《吴郡图经续记》载:"行春桥在横山下越来溪中,湖山满目,亦为胜处"。南宋淳熙十六年(1189),知县赵彦真下令治桥,次年四月完工。范成大《重修行春桥记》中说"石梁卧波,空水映发,所谓行春桥者,又据其会。……如行图画间。凡游吴中而不至石湖、不登行春,则与未始游者无异",与苏东坡"到苏州而不游虎丘,乃憾事也"有异曲同工之妙。

行春桥中孔下为"刚性墩",独立成孔;两旁四孔间各为"柔性墩",如一孔出了问题倒塌,相连三孔就会如多米诺骨牌般随同倒塌。明洪武七年(1374)行春桥坍塌四孔,一时间"公私大沮,计无所出"。有长洲僧善成倾城劝募,再作修复。修建期间,因工部在京城有重大建造项目,将苏州工匠尽行招募去,修桥被迫中止。后于洪武十一年(1378)三月修成。洪武初年的这次重建很是成功,撤下了一些旧石料,采来坚硬的新石料;又请来大批优秀的石匠砌桥墩、铺桥面。洪武十一年春三月,行春桥落成的时候,苏州士绅和道俗会众数千人参加,盛况空前。

明成化六年(1470),有溪西张氏独力重修……嘉靖时,行春桥九孔仅通一孔,其余皆设栅水中。乾隆年间《吴县志》载:万历十年(1582),吴县知县傅光宅重修。崇祯间(1628~1644)郡人前兵部尚书申用懋重修,改增石栏为重级,以便游人坐憩。以后亦屡有修建。

"行春桥"因何而得名呢?可能来自"行春"的民俗。立春是农历每年的第一个节气,为一年农事之首。历代统治者和百姓都很看重立春,汉时太守还有"行春"之文,以示政府对农耕的重视。以后,"行春"逐渐演变成为民俗活动。《吴郡岁华纪丽》形象地记载了吴中繁盛的盛况,铺叙了吴中行"迎春礼"等各种各样的行春风俗。

但是,有趣的是,行春桥行使的职能并不是"行春"而是"行秋"。据说每年农历八月十八日晚上,由于特殊的时间和角度,月亮偏西时,清澈的光辉,透过九个环洞,直照到北面的水面上。这时,微波粼粼,在石湖水面上可以看到一串月亮的影子在波心荡漾,这就是"石湖串月"奇景。游人为了看这一胜景,一过中秋,不仅苏州城里城外,大小船只一租而空,甚至还有人远从无锡、常熟、吴江等地赶来看"串月"。从八月十五日开始的两三天中,石湖里灯船、游船往来如梭,歌舞音乐之声通宵达旦。在很多文字中都能看到这样的记载。然而,据笔者所知,似乎仅有明末清初的钱谦益见到过"串月"的奇观;就大多数人而言,看月为虚,凑热闹看人才是真实! 但是,这并不影响到行春桥看"石湖串月"成为苏州人的习俗。八月十八日这一天,姑苏游石湖登行春桥者,倾城而出,游船如织,几近万人空巷。清顾禄《清嘉录》载:"八月十八日,游石湖,昏时看行春桥下串月。旧俗多泊舟望湖亭,今亭废,而画舫皆不轻往。或借观串月之名,偶有一二往游者,金乌未坠,便已辞棹石湖,争泊……"蔡云《吴歈》载:"行春桥畔画桡停,十里秋光红蓼汀。夜半潮生看串月,几人醉倚望湖亭。"沈朝初《忆江南》词:"苏州好,串月看长桥。桥畔重重湖面阔,月光片片桂轮高,此夜爱吹箫。"乾隆皇帝六下江南,六临石湖,作过行春桥诗五首,并还在其它诗中多次提及行春桥。

相传,农历八月十七是上方山"五通神"的生日,苏州一带善男信女都要到上方山去烧香,"借阴债"。明代时,香火极盛。夜间,巫婆装神弄鬼,热闹非凡。十八日一早,四乡八里的烧香船都涌向石湖,一些船上载着会武的高手,敲锣打鼓随着画舫穿越桥洞,还把钢叉从桥洞这边飞越桥面,越过热闹的看客的头顶,待船到桥洞那边正好接住的。这时,行春桥上人山人海,喝彩声四起。明代吴门画派的大师文徵明曾为此景作过一幅《泛舟石湖》的诗画卷。清康熙二十四年(1685),苏州巡抚汤斌为了防止有人利用结社赛会图谋不轨,亲自拆掉了五通神庙。虽然从此"五圣作祟"的迷信活动煞住了,但八月十八看石湖串月的风俗却依然存。即使当天下雨,文人雅士们也能玩出情趣,清诗人舒位《八月十八日石湖串月逢雨》曰:"十五游虎丘,十八石湖游。吴侬只爱看秋月,不管阴晴与圆缺。过横塘,接上方。荡柔橹,飞华舳。石湖居士知何处?湖中之水流无住。不须月子唱弯弯,斜风细雨归家去。"

行春桥观看"串月"之民风流传至今。笔者幼时,也随同大人去游石湖看"串月",但感觉上从未见到"串月"的奇观。如今,一些旅游公司也闻风而动,纷纷于农历八月十八日组织各种游石湖活动。

1949年,国民党军队撤退时拆去桥东四孔,1953年修复。

1956年,修建横塘至越溪公路,为通汽车曾加宽行春桥桥面。1957年,苏州市古迹修整委员会重修桥墩、桥面、桥栏。1963年3月20日,桥被列为苏州市文物保护单位,碑就在西堍北端。"文化大革命"期间,桥头及桥栏上的石狮悉被破坏。1985年,修复行春桥及毁坏的石狮,勒石一方《重修行春桥记》。

2005年,因长期有大型车辆行驶,拱券发生变形并开裂,屡次出现险情。苏州市政府为此多次召开协调会,制定保护措施。苏州太湖古典园林建筑有限公司承担了该桥的维修工程,历时40天修竣,11月15日通过专家技术评审。桥栏上方南北两侧各有石雕狮子12只,桥两头各蹲大石狮2只。桥仍为半圆薄墩 9 孔连拱，古桥风貌得以延续。维修之后，为保护古桥不受侵害，西端桥面上设有阻隔桩，公安部门设立了醒目的禁行标志，禁止机动车辆通行。

石湖景区是太湖国家级重点风景名胜区 13 景区之一。景区规划面积 22.35 平方公里。景区内文化积淀深厚，积淀着新石器时代到吴越争霸时期古文化的越城遗址、北宋的楞伽寺塔、明代的申时行墓三处列入江苏省文物保护单位；春秋及南北朝的治平寺遗址、南北朝的顾野王墓、清重建的范成大祠、行春桥、越城桥以及民国的余庄六处为苏州市文物保护单位。

位于行春桥西茶磨屿东麓，外围用粉墙连成一个整体的一片屋宇就是南宋诗人范成大的祠堂。范成大，字致能，苏州吴县人，与陆游、尤袤、杨万里号称"南宋四大家"，官至吏部尚书，参知政事，无论政治才能还是文学水平，都堪称一流。后因病归隐石湖，自号"石湖居士"，他的代表作《四时田园杂兴六十首》就是写于行春桥畔。这里原为范成大石湖别墅故地，又称"范文穆公祠"，俗称"范公祠"，也称"石湖书院"。范成大一生坎坎坷坷，他的祠堂也是经历了八百多年的风风雨雨，在他去世 328 年后方建成。今祠前厅正中置一座红木地屏，外嵌玻璃为罩。地屏一面为"范公祠"和"石佛寺"示意图，另一面为"石佛寺"和"石湖书院"简介。与前厅相隔的庭院，是"范公祠"的享堂"寿栎堂"。从 1984 年起，政府开始全面整修祠宇，并将西南侧海潮寺划入，1986 年竣工开放，成为石湖风景区的主要景点之一。

站在行春桥上，环视四周，石湖、越来溪、越城桥、余庄、上方山、楞伽塔、石佛寺、治平寺、石湖书院以及古烽火台尽收眼底。无怪乎当年拍摄电影《早春二月》时，要将外景地安排在石湖上方山一带。

瑞雪初霁，风轻云淡，浏览山、水、园、塔、寺、桥、院、台，品味深邃的江南文化，聆听远处悠扬的钟声，岂能不动情！

2012 年 12 月，行春桥"升格"为江苏省文物保护单位，尚未立碑。

星级指数：☆☆☆

桥依土地永求安——斜塘永安桥

苏州东南十余公里的斜塘（现属于苏州工业园区），自古便是苏州东郊的贸易集市和苏州到吴淞江的重要水上驿站。斜塘永安桥和土地庙位处斜塘镇旺墓村，2002年10月，永安桥和土地庙一起，被江苏省人民政府公布为省级文物保护单位。

由于独墅湖高教区的规划，永安桥与土地庙被挤到了高教区综合楼的北侧，蜷缩于高大的楼房之阴，显得十分寒碜。笔者在高教区工作多年，也是最近才"发掘"出这个省级文物保护单位。

从土地庙东面的小门进去，映入眼帘的是一块新立的《斜塘土地庙碑记》石碑，上书："斜塘土地庙，始建于南宋，元、明、清曾修缮。其殿宇一进，坐南朝北，单檐歇山顶……"苏州人有"先造旺墓土地庙，后修观前三清殿"之说，经文物专家考古论证，该土地庙确实为南宋厅堂建筑，距今已有800多年历史。只是，笔者不禁纳闷：一般的建筑，只要不是沿街店铺，大门都朝南开，如此可以让建筑冬暖夏凉。然而，这个"斜塘土地庙"，大门却朝北，这是为何呢？

带着深深的疑问，笔者踏到了正殿的门外(北面)，那里是一小块空地。旧日的石础已经伤痕累累，仿佛在诉说着历史的变迁，又仿佛闪烁着当年的辉煌，显然，这里也曾是一进殿宇。如今，缕缕香烛的余烟在不急不慢地升腾，似乎欲掩盖正在被人们遗忘的尴尬。听相关人士介绍，关于这个小庙之门朝北的原因，民间流传着好几个版本。一个版本较为伤感，小庙的土地公公在一次赌博中把自己的妻子输给了北面的土地公公，但夫妻之情岂能就此终了，于是他把庙门开到了北面，以便能随时看到离自己而去的妻子。另一个版本却令人唏嘘，建庙时，适逢南宋朝廷偏安一隅，百姓们把庙门开在了北面，一则告慰远在北方的先祖，二则表达游子不忘故里之意；真所谓"胡马依北风，越鸟巢南枝"！

传说毕竟是传说，难以自圆。但是，如果观察一下庙门前，谜底就不难解开了。那块昔日建有殿宇，如今仅剩几个石础的空地，紧紧靠着静静流淌着的旺姆港，从屋前台阶到河埠头，几乎没有间隙。我们的祖先，在建造自己的房屋时，都能考虑到在水边选址。当年造庙时，仅置得河南岸的一小块傍水的土地，如庙门朝南，就得另修大路或另凿河渠；如庙门朝北，就省却了不少麻烦，斜塘处于水网之中，烧香客一般都坐船前来，船泊于庙北，烧香客登上河埠头，就可直接进入庙门。因地制宜，是我们祖先的"专利"，这正如寒山寺大门朝西的原因一样。

门外河埠头向东约20米，就是那座永安桥。桥的初建年代与土地庙建造年代相符，同为南宋时期，遗有南宋的古朴。桥为3孔连缀平梁式，全长20余米，中孔跨度约5米，桥面宽2.5米左右，离水面近4米。从北面的那个桥墩上可模糊分辨出"大明癸□□□□重建"等字样。主体由17块巨石搭建而成，其中3块石梁据说各重10吨以上。石梁两侧浮雕着图案，像是缠枝梅花。

甚为特殊的是，永安桥未曾正对庙门。如果再观察一下庙门外的地形，就明白了其中的奥秘。由于占地面积较小，殿门外没有空地，紧靠着的就是河埠头。如在河埠头所在地造桥，上文说过，斜塘处于水网之中，大批烧香客一般都坐船前来，他们只能泊船于东西两头，这对于那些小脚老太来说实在是一件痛苦的事。与其让乘船者让路于步行或骑马者,还不如让步行或骑马者让路于乘船者。我们的祖先,已经很能作人性化的考虑了。

永安桥还有一个特点,就是石梁下用巨木托身(见题头照片)。粗看,会误以为石梁下排着一排巨木,但笔者仔细观察,却发现仅是东西两侧有两根巨木,中间以钢架结构支撑。回想起此桥多年前曾挂过"危桥禁止通行"的免战牌,就明白所以然了。原来,这些钢铁骨架是整修时支撑上去的。整修旧桥,辅以现代技术本无可厚非;但是,修旧却不如旧,露出"新"的"马脚",就不是"遗憾"两字能概括的了。

毕竟永安桥两旁没有护栏,如果小孩或者老人在桥上过,会存在一定的安全隐患。不知是为了景观还是安全因素,桥东约50米处,新造了一座单孔石拱桥,命名为"新永安桥"。两桥并肩而立于清清的河水之上,仿佛向人们平铺着一份苏州的古朴和现代共存的和谐画卷,煞有风味。

2003年12月23日,在苏州市文物工作会议上,苏州工业园区教育发展投资有限公司因对建设区内的宋代古桥——永安桥及土地庙的修复及大力保护,被授予"苏州市文物保护先进集体"。

星级指数：☆☆

波光旭日长虹月——甪直正阳桥

有这样一个古镇，位于苏州古城东南 26 公里处，镇的大部分属于吴中区（当年的吴县），小部分属于昆山，这个古镇就是甪直。甪直 2003 年被命名为"江苏省历史文化名镇"。甪直的命名，很大程度上因了它镇内三横三直的六条河流，加上镇北斜斜的吴淞江，正好构成一个"甪直"的"甪"字。

甪直历来享有江南"桥都"的美称，一平方公里的古镇区原有宋、元、明、清时代的石拱桥 72 座半，现存 40 来座，风格各异、古色古香。很多去过甪直的人回来后都感慨地说，去了甪直，实际就等于参观了一个古代桥梁的博物馆。的确，甪直桥梁的密度，远超过意大利的水城——威尼斯。

有人说，甪直古镇的主河道如同一个"上"字，如果从甪直汽车站直接南行到甪直电影院门口,登上电影院的平顶俯瞰古镇,这个"上"字就非常明显。眼下的东市河与西市河就是下面的一长横,东起正阳桥(东大桥),西到大通桥(西大桥);中间一竖就是中市河与更南端的南市河,其终点就是寿昌桥(南大桥);而西汇河就是上面的短横,东起中市河与南市河的交叉点进利桥,西至永宁桥畔。

每天,迎来甪直第一缕阳光的是这座全甪直最高大的正阳桥。

这是一个古老的传说。甪直是吴淞江里跃起的一条青龙,镇东高大的正阳桥是龙头;桥南的关帝庙,桥北的城隍庙是两只龙眼;当时桥头有一家竹行,一家木行,就成了龙的一对角;而正阳桥东近千米处的莲花墩就是龙珠。

正阳桥也叫"震阳"桥,这或许是吴方言"en""eng"不分而造成的吧!

但是,甪直的百姓更愿意叫它"东大桥",因为它在甪直古镇的最东面,甪直市河"上"字型下一横的最左端,扼守着甪直东面的门户,高大雄伟,与"西大桥"、"南大桥"相呼应。

桥原为木板桥,明万历年间(1573—1620),有个叫陈双萱的募捐建成石桥,崇祯年间(1628—1644)桥重建,以后改称"正阳桥"。清代又经历过多次修葺,乾隆十三年(1748)大修。在西侧南端的金刚墙上,嵌有一块石碑,上刻"民国十一年七月日募捐重修",下款的小字则无法辨认。桥为敞肩式单孔圆形石桥,桥体以金山花岗石砌成,少数地方夹以青石,显出历史的沧桑。桥长近60米,拱高12米,桥孔跨度近10米,桥面宽5米左右,有66级石阶。整座桥高大伟岸,线条粗壮,《吴郡甫里志》称其"高大稳固",犹似"水口关锁",所以有"青龙"之称。1986年,正阳桥与"甪直镇水道驳岸及古桥"一起被列为市级文物保护单位。

纤细的东市河经过东美桥,逐步开阔起来,到镇东头,已经有数十米宽了。正阳桥东,更是一片开阔的水面,让人顿觉视觉的舒畅,就在这份舒畅中,正阳桥雄伟地挺立在那儿,和河面相得益彰。令人惊奇的是,桥呈立体"八"字状,侧面看,两端阔,当中窄,犹如一个大大的"八"字,连同另一个侧面就是两个"八"字;从桥堍向上看台阶,明显的下面阔近8米,上面窄至5米左右,两者相差近3米,也如一个大大的"八"字;两端就是两个"八"字。登上数十层台阶,那一块块的石条,有的拱起,有的凹下,几乎没有一级相同。走在高低不平的台阶上,笔者突然觉得每一级台阶都在说话,说着甪直的变化,说着姑苏的桥文化……

桥南堍建有一个平台,刻着一个瓶子,当中插着三个古代的兵器"戟",喻义为"平升三级";东侧有一个基座,上置石盖,刻"壬戌年秋"字样。桥北堍也有一个基座，上刻"募捐重修"字样。

此桥的楹联颇有意趣。

东边的是"双萱旧迹更新象，甫里金波绕玉梁"。"双萱"，人名，姓陈，正阳桥原为木板桥，后陈双萱募捐建成石桥，此处，是为了表示对始造桥者的纪念；"甫里"，即甪直的别称，用"甫里"而不用"甪直"，因为陆龟蒙号"甫里先生"，"甫里"也是人名，就和上联的"双萱"构成工整的对仗。"旧迹"，说明此联为重修时所镌，是对历史的尊重；"金波"，意为桥迎来清晨的第一束阳光，照在水面上金光闪闪。"更新象"，表明桥已经旧貌变新颜；"玉梁"，即把正阳桥的桥梁比作是玉石砌成。设想一下，清晨登上正阳桥顶，望旭日东升，波光粼粼，"半江瑟瑟半江红"，岂能不怀念当年的建桥者和历代的修建者！岂能不感叹为甪直留下光彩的先贤！当笔者忍不住这样遐想的时候，看到一位白发苍苍的老大爷带着小孙女向正阳桥走来，行至桥顶，爷爷拿出相机，冲着蹦蹦跳跳的小女孩按动快门。也许，他们是来沐浴正阳桥的威武的吧，也许他们是外地的游客，想让迎接清晨第一缕阳光的正阳桥为他们今后的生活增添一份金色的希望。

西边的楹联是"西迎淞水源流远，东接昆冈钟毓繁"。"淞水"，即吴淞江，到上海段称为"苏州河"，经外白渡桥流入黄浦江，再流入长江；所以说，吴淞江是太湖流向长江口的主要渠道；吴淞江的支流从西面进入甪直古镇，从正阳桥下流出。"昆冈"，昆山有玉峰山，即马鞍山，以产"昆石"而出名，在甪直的东面，实际上，正阳桥所在的位置已经属于昆山，甪直本身就是跨苏州吴中区和昆山的古镇。"钟毓"，钟：凝聚，集中；毓：养育，凝聚了天地间的灵气，孕育着优秀的人物，山川秀美，人才辈出。此联虽未直接赞颂正阳桥的地理环境，却透过所述景物告诉我们正阳桥迎着西边流来的吴淞江水，东边和昆山接壤，地灵人杰，非同一般。

正阳桥头为甫里八景之一"长虹漾月"，《吴郡甫里志》有诗曰："涟漪漾长虹，疑伏江底龙。一轮皎月澈，吐纳碧波中"。明月之夜，站立于桥面观赏长桥月影，能不心旷神怡！如把酒临风，定是

喜洋洋者也。

　　桥顶中央是一块长3.3米，宽1.8米的大石块，上面凿着吉祥图案。走上桥顶，放眼西望，虽然新造的大量民居挡住了不少小镇风光，但仍掩盖不了错落有致的民居所带来的宁馨，俨然是一幅平和的生活画卷。其实历史就是在这平和的日常生活中流动，所有的磨难、所有的困苦、所有的坎坷，都在流动中沉淀、升华。

　　桥向东近千米的河中有一墩，状如莲花浮于碧波之上，人称莲花墩。相传莲花墩初建于唐代，《甫里志》载休宁人汪熹《莲阜渔灯》诗："小阜清清唤作莲，捕鱼人惯绕船眠。陆宗钓具依然在，渔火星星破瞑烟。"诗中"陆宗"当指隐居甫里的陆龟蒙。以陆龟蒙生卒(？—881)推算，该莲花墩早在一千多年前就存在了。

　　莲花墩是一个小岛，实际上，应该称为"洲"，"关关雎鸠，在河之洲"的"洲"。莲花墩初建时是浮游式的简楼，即在大木筏上建一小阁楼，木筏两端用铁索控制，无沉没之患，有专人黄昏时上楼点灯导航。后来，镇人集资填土加基，使墩露出水面，墩周用条石相砌，墩南筑堤通岸。几毁几建，明代崇祯年间(1628—1644)，镇上法名一新的和尚成了莲花墩的开发者。他募捐再度修缮莲花墩，用细石砌成驳岸，围以石栏，并造起六角亭楼，亭楼四周设计"望月孔"。晚上，明月当空，亭楼的望月空中灯光闪烁，"甫里八景"之一的"莲阜渔灯"，就是此处。

　　文革期间，莲花墩废圮；如今，莲花墩与正阳桥隔了两座新造的公路大桥，站在正阳桥头远远望去，只见一片芦苇，满目凄凉，"莲阜渔灯"已成了往事！

星级指数：☆☆

鸡鹅相会闹双桥——甪直东美桥、交会桥

早就听说甪直东美桥的大名，却一直未曾有机会前往，甚感遗憾。

雪霁天晴，大地一片银装素裹，笔者突发奇想：皑皑白雪掩映下的东美桥会是一番怎样的妖娆景致！于是，带上刚买的相机，电话相约老友，迫不及待地从苏州乘18路公交到甪直广宁桥下。邀出"甪直活地图"秉五老弟，沿着东市上塘街径直往东。残雪在甪直人家的屋前屋后眷恋着，一直延长到弯弯曲曲的道路上，我们踩着一路洁白，行走在仄仄的东市上塘。

五六分钟后，秉五老弟指了指眼前的这座石拱桥，说道："这就是东美桥，但我们甪直人习惯称它为'鸡鹅桥'。""在甪直人的心中，怎么会把东美桥称作鸡鹅桥的呢？"笔者甚感奇怪。经秉五解释才恍然大悟。原来，此处过去为甪直古镇东头的闹市区,著名的家禽市场就在此处。桥下,挤挤挨挨,停满了运送家禽的船只;桥上,遍地的鸡、鸭、鹅扑扇着翅膀,在讨价还价声中作着毫无意义的最后挣扎。正因为如此,当地人就把此桥称为"鸡鹅桥",至于桥的本名,反而很少有本地人提及。有意思的是,当笔者拿着相机准备定格这座古老的桥时,看到桥的东南角有两只鸡在择食,一只是羽毛铮铮亮的大公鸡,一只是咯咯咯会下蛋的老母鸡,不禁脱口而出:"这两只鸡怎样重复昨天的热闹?"

东美桥位于东市塔弄口西,北港之南。建于明成化年间(1465—1487),由水叔谦募建,距今已有五百多年历史。桥为拱形单孔,拱高3米多,南北走向,跨越东市河,联系着东市上塘与东市下塘,拱径跨度近10米。桥面两侧搁置空石桥栏,桥栏间有六根方形的望柱,望柱上方四周刻有圆形的"寿"字。两边桥面原有石阶,现砌石块,成弧形,当中为细砖铺就,但已经破损不堪,上面积了一层薄冰,时有人摔倒。

桥边的一位老者笑眯眯地说:"我带你们看一样奇怪的东西。"说着,把我们带到桥顶。桥中央是八条长约3米,宽约0.3米的石条,刻有"八卦"、"轮回"、"宝幡"、"莲座"等图案。惊奇的是桥面当中所刻的"平升三级"图案,那个"瓶"中,除了插着三根"戟"外,左右两边竟然还插着两面小旗状的物件。"右面的是一面日本旗,东洋鬼子在时刻上去的",老者向我们解释。笔者定睛细看,果然看到"旗"上有一块"膏药"。"左边的是一面美国旗,后来美国人刻上去的",老者继续解说,确实,"旗"上有明显的"星条",虽然没有任何色彩,但刻的印痕很深,不难辨认。接着,老者向我们讲起了当年发生的故事,笔者一边

认真聆听,一边侧目注视桥栏,但见一棵棵生命力顽强的小草正从石缝里腾空而跃,向上伸展,不由如此而思:故事的真假难以辨析,更无需辨析,但我们不得不感慨古镇老人的博识,感慨水网的隔绝、岁月的推移,并没有把古镇抛到时代的背后。是的,沿着积雪一路走来,感受到用直人正如那意志坚强的小草,在历史的洪流中书写着新的辉煌。

东美桥畔也能体现用直特有的"三步两桥"景观,东美桥北堍东侧有一座"交会桥",紧靠着东美桥,梁式单孔,桥两侧置有镂空石栏,桥梁侧面镌有"重修交会桥"五字。东美桥和交会桥一弯一直形成独具特色的双

桥。此桥与"甪直七十二顶半桥"之说有关,甪直古镇过去一镇两制,交会桥西属于吴县(现属吴中区),交会桥东属于昆山的南港(现属昆山张浦镇)。两县领地在此桥上"交会",于是,就吴县的甪直镇而言,就只能算作半顶桥了。当然,如果这样计算甪直的桥梁,那更东头的正阳桥就更不能算进去了。而我们所说的甪直,是一个完整的甪直,它属于苏州市。

  1956年河道干涸,甪直人发现了东美桥的一个秘密。河面上有一个石拱,水底下竟然也有一个石拱,石拱下也有木桩,连同上面的石拱组成一个完整的全圆。不知那些驾着船只驶过东美桥下的人们,是否感到自己在"钻水圈"?下面的半个圆拱,解决了一个桥梁建筑上的难题,如遇地基沉降不均,此下半个圆拱能在一定程度上保障桥身的安全。也就是说,它比一般单孔拱桥能承受更大压力。由于结构独特,东美桥被载入中国桥梁史。

星级指数：☆☆

葱茏绿意古悠情——甪直和丰桥、环玉桥

甪直市河"上"字的最关键之处，长横与一竖的交叉点，就是甪直市中心，那儿有一座建于宋初的、甪直镇上年代最久远的古桥——和丰桥。和丰桥就在甪直电影院的南面，北堍东接东市上塘街，西连西市上塘街；南堍向东连接环玉桥西堍，跨越环玉桥可直达东市下塘街，西连西市下塘街；向南就是中市上塘街直达南市上塘街。

读和丰桥，要从北面开始。和丰桥的北端，平台上矗立着一座四柱三门的石牌坊，坊额上是"乐善好施"四个大字，下面是"诰封奉直大夫光禄寺署正加二级殷世良坊"，同治十一年(1872)九月十五日旌表，坊建于清光绪二十六年(1900)，上镌有一副对联："溯往嗣遗风，百代馨香绵俎豆；学希文良法，九天雨露沛丝纶。""溯",回顾;"往嗣",以往,前代;"俎豆",古代祭祀时盛肉类等食品的两种器皿;"希文",范仲淹字希文;"丝纶",帝王诏书。显然,此幅对联是对"殷世良"的表彰,大意是说他蒙受皇帝的恩惠,从祭祀中传承传统,继承了先贤的优秀

品德,学习了范仲淹的好办法。如今,和丰桥的北面电影院前,人声鼎沸,此起彼伏,当笔者注视着这份热闹的景象时,不由回头张望高高矗立的石牌坊,思绪万千:在日益现代化的生存环境中,电影院门前更多的是超市、商场,有几处能有如此古朴?这不能不说是甪直人的幸运,更是追怀远古者视觉的渴望和内心的慰藉。

这座牌坊的南面,就是和丰桥(又称中美桥),桥为拱形单孔,南北走向。桥墩主体和拱圈主要用青石砌成,桥拱圈采用错缝拼接式结构,为宋代砌筑桥拱的方法;拱眉石为武康石,夹在当中很有韵味;桥两侧置有镂空花岗石栏石,栏石间立着28根镌有花纹的望柱;每块桥面石均有浮雕,图案典雅,雕刻精美。绿树掩映着和丰桥俊美的身姿,河水波光粼粼,两岸屋宇鳞次栉比,粉墙黛瓦,使和丰桥显得格外典雅、庄重、自然和秀美。

桥两侧都有伸向两端的引桥,桥南堍东端引桥与环玉桥的西堍相连。环玉桥也称"北沟桥",跨越中市河的最北端,但并不"环",为东西走向的梁式花岗石平桥。历史也很悠久,始建于明崇祯元年(1628),桥两侧置有长长的栏

石,栏石间立着四根圆柱,桥面石正中雕刻着双龙戏珠图案,桥东堍朝东、朝南均建有引桥,引桥上面是平台,平台上面又有石级,颇有参差错落之感。桥西端北侧金刚墙上镶嵌着9级石阶。不知怎的,环玉桥竟然有一个

俗得不能再俗的俗名——剥狗桥,不知是谁家的狗在此遭受过剥皮的酷刑。

和丰桥与环玉桥成直角相接,各以其独特的身影俏立在甪直市中,构成了一个"三步两桥"的和谐整体,为古镇的风貌增添了浓彩的一笔。

2008年11月18日,家住镇上的一位60多岁的老人,晚饭后外出散步,从环玉桥走过。不料他刚通过此桥,忽然"轰隆"一声,身后的一块桥面石就整个塌了下去。值得庆幸的是,除了这位老人受到一点惊吓,没有他人伤亡。经有关专家分析,原来这块石材被开采下来制成石梁之前,里面就有了暗伤。后来由于石梁自己的重量和上面不断有人走过等多重影响,裂缝越来越大,终于彻底断裂。每年100多万的人流量已经使甪直古镇不堪重负了,环玉桥的断裂声,就是古镇沉重的呻吟。当我们在欣赏古桥的时候,是否想到这些呢?然而,甪直仍是人流如织,源源不断。试问,在物欲横流、压力倍增的当下,那些有了一点儿钱,有了一点儿闲的人们,产生了思古寻幽的念头,从自己呆腻的地方来到远离车水马龙、小桥连连、流水潺潺的甪直休憩、放松心情,又岂能非议呢!

桥塌了,市民们感到出行的不便,店主们担心生意的清淡,游客们则在怀疑其他桥梁的安危,有关方面当然不能等闲视之。借着这股"东风",古镇的其他桥梁都得到了"体检",稍有微恙者还得到了维修加固,消除了不少的安全隐患。经过修旧如旧的抢修,现在的环玉桥恢复了昔日的风采。

夕阳西下,当笔者站在和丰桥上的时候,一片葱茏的绿意尽收眼底,隐隐地,感觉到在枝叶间升腾着甪直悠悠的历史。也许,和丰桥不是甪直最美的桥;但是,有石牌坊相伴,有欢声笑语作陪,有两端的引桥相随,和丰桥一定是展颜的。当这样想着的时候,似乎看到夕阳羞了,和丰桥笑了。

星级指数：☆☆

甫里千家连雁齿——甪直大通桥

水乡甪直，还有一座不为旅游者注意却能与东端的正阳桥、南段的寿昌桥平起平坐的大桥，这就是古镇西头的大通桥——俗称西大桥。

大通桥位于甪直张巷村东端，跨与吴淞江支流交汇处的甪直市河，是古镇东西向市河上最西的一座古石桥，扼守着甪直的西大门；也就是说，大通桥位于甪直市河"上"字下面一横的最右端。这座桥初建于明成化十九年(1483)，清康熙年间(1662—1722)重修。

为了一睹大通桥的风采，我们从和丰桥出发，沿着西市上塘彳亍西行。一路走来，除了民居还是民居，连路人也很少看见；在小桥流水的陪伴下，我们有一种"被"隐居的感觉。就像是寻找东美桥一样，问"大通桥"，没人知道，直到问"西大桥"，才有人向西一指。于是，我们继续向西。

突然,一座钢筋混凝土的大桥横亘在我们面前,挡住了我们西行的去路。难道"山重水复疑无路"?或者是大通桥已经彻底改建?仔细一看,大桥下还有向西的通道。我们学着别人的样子低着头钻下去,桥下甚高,还能站直身子。原来,我们已经到了甪直镇西头新开的柏油马路晓市路的下面,我们头顶的这座桥,就是晓市路横跨甪直市河的兴甪桥。

从西侧钻出兴甪桥,水面突然开阔,原来大通桥就在前面四五十米处。桥东北金刚墙上,嵌着一块《重修甪直大通桥记》的石碑,上曰:"公元 2002 年 1 月 18 日,重修大通桥厥告功成,工程由甪直镇人民政府投资并主持,进行了固基础、正桥身、补残件、正驳岸。历时 58 天,耗资 10 万余元。至此,古桥得以保护,古迹再度重辉。"

尽管重修只不过 9 年有余,但站在大通桥前,却无论如何兴奋不起来。桥南,是接连不断的民居;桥北,是一排仓库状的二层楼房。北端桥下水面上停着两条船,西面的已不能称为是"船",因为早已不能行驶,被改造成了临时住房;东面的那条船估计还能航行,上面堆满了各种陶制品,是一个活动的缸盆店。就在这两条船的"夹击"下,大通桥悄悄地行使着自己"桥"的任务,桥上偶有人走过。桥孔下,插着不少竹桩,不知道是否为捕鱼人所为。桩四周氽满了垃圾,难道,这就是"古迹再度重辉"?

桥身由花岗石砌就,桥面置 0.4 米高花岗石坐栏,两边各有四根望柱。桥面正中大石上雕有花纹,但已漫漶无法辨认。桥两侧明柱有联。

西向联为"甪里千家连雁齿,吴淞一碧映虹堤"。"甪里",甪直的别称;"雁齿",桥石阶,代指这座大通桥;上联总说气势,意为甪直镇的千家万户连系着这座大通桥。"吴淞",吴淞江,甪直镇的母亲河;"虹堤",长虹般的堤坝;下联重在写地理环境,意为吴淞江的一弯碧水映照着长虹般的堤坝。品读此联,地名对地名,数字对数字,"桥阶"对"河堤";平仄和谐,气势恢宏。然而,如今的甪里千家,早已不靠这座桥和外界联系了,所以它是如此的被冷落;"碧水"早已不"碧",而吴淞江大堤,已被高低参差的民居挡住了。

东向联为"名区毓秀看题柱,高士流芳认钓矶"。"名区",甪直自谓,当然也称得上"著名地区";"毓秀",聚集优秀人才,如陆龟蒙、王韬、沈柏寒、叶圣陶等名流;"题柱",应指桥联;上联意为甪直培养、聚集了大量的人才,都是能诗擅文,才华横溢者。"高士",高雅之士,有名望的人,也可指上联所指诸人等;"芳",名词,美好的事物;"钓矶",钓鱼时坐的岩石,隐士最爱垂钓,如东汉严子陵等。下联意为甪直是高洁人士隐居的好地方。

星级指数：☆☆

遥山黛影分江路——甪直寿昌桥

　　从和丰桥出发，沿中市上塘街一直向南，人流集中处就是被摄入相机镜头最多的进利桥。然后沿南市下塘街一直向南，经过"万盛米行"门口的用武康石砌就桥墩的兴隆桥东堍，过南昌桥东堍，踩上永福桥，河面顿时开阔起来。再过寿康桥东堍，跨过没有栏杆的依仁桥，来到甪直古镇的最南端——南敞滩头。向南望，一座高大的半圆形单孔石拱桥横跨在宽阔的水面，桥拱与水面的倒影组成了一个浑圆，这就是寿昌桥。如果说先前沿路看见的那些石桥如同手执象牙板，浅斟低唱"今宵酒醒何处，杨柳岸晓风残月"的十七八岁的袅袅婷婷的女孩儿；那么，寿昌桥就如手绰铜琵铁琶，兀立眼前的引吭高歌"大江东去，浪淘尽千古风流人物"的关西大汉。

由于寿昌桥扼守甪直的南大门,在甪直河道所组成的"上"字的顶端,从南面澄湖等处驶来进镇的船只,必须接受它的检阅,所以俗称"南大桥"。寿昌桥东西走向,跨南市河,建于明万历年间(1573—1620),与甪直"正阳桥(东大桥)"的建筑年代相当,据说也是陈双萱募款而建。桥重修于清康熙三十六年(1697)。该桥现为市级文物保护单位。镇上人告诉我们,桥孔内有一块记载捐资造桥人姓名的石碑,笔者很想一睹为快,但急切间找不到小船,只能放弃一探究竟的奢望。

寿昌桥是花岗石单孔石桥,长20余米,宽3.2米,东堍石阶18级,西堍石阶17级。桥面两侧有实心石栏,石栏间立有4根方形的花岗石望柱。桥面龙门石上刻有"重建寿昌桥"和"乾隆五十五年"(1790)字样。四根长系石,两端雕有各种各样的花草图案。

桥镌有楹联,颇有趣味。

南侧上联曰"遥山黛影分江路",下联曰"夹岸钟声过客船"。"遥山",即南面不远处的张陵山,当然,此"山"只能在水网交错的甪直算作"山",实际上是一座土丘;"山"上树木葱茏,在远处显出黛青色;映有山影的河水,与未曾映有山影的河水色泽不同,这就是"分"了;上联从视觉角度描绘了桥所处的位置和地理环境。下联从听觉入手。凡有寺院处必有钟声,甪直与江南古镇一样,寺院众多,即使当今,寿昌桥东西两堍各有一座庙宇。更何况桥西北有闻名遐迩的保圣寺,东北有海藏禅院,南有张陵禅寺,这"夹岸钟声",当然泛指各处钟声。下联的意思为从甪直出发或是经过甪直到浙江上海一带的客船在钟声的伴随下从桥下经过。总之,此联平仄和谐,虽通俗易懂,却意境深远,将寿昌桥的地理位置和四周环境呈现在面前。

寿昌桥北侧的桥联是"波静清江环竹院,日临晓市集云帆"。"清江",即吴淞江通过甪直镇区流向澄湖的河道,即桥下之水;"竹院",古镇四围翠竹环抱的农家小院。上联写出了甪直镇南端特有的景色:清清的、平静如镜的河水缓缓绕过农家小院,静中有动。"晓市",早间集市,"西汇晓市",为甪直八景之一;"云帆",借代船只。下联写了每当拂晓,到西汇赶早市的农民都把船停在桥下,密密麻麻,如云一片。动中有静,写出了甪直早市的热闹境况。此联也是平仄和谐,动静结合,构思精巧,颇得王维《山居秋暝》的遗韵。

清·周秉鉴有《孟冬七日坐寿昌桥口占》:"浩浩乾坤渺渺心,寿昌桥顶独凭临。芦花头白谁为伴,枫叶颜丹自结林。落日破云明远水,孤帆迟浦待归禽。石栏杆上憨憨坐,萧寺钟声起夕阴。"瑞雪初霁的一个下午,笔者效仿古人,附庸风雅,也坐在寿昌桥的顶上眺望,但目之所及是另一番景象:"遥山黛影"被楼房遮挡,明亮的河水已失去了清波,芦苇的白花早就没了踪影,满地的残雪泛出浅浅的白光;至于红于二月花的枫林,即使是陪同我们访古的当地人,也未尝见之。更让人扼腕叹息的是,不论是近观还是远眺,只见水面上到处漂浮着各种颜色的塑料袋、大大小小的泡沫块,顺着风向飘飘悠悠,来来往往;还有桥身金刚墙脚堆积的各种垃圾,在阳光的照射下,格外醒目,直接玷污了甪直的明媚俏丽,更觉得是对桥北侧楹联上的"波静清江"的极度讽刺。当笔者被这份"不堪入目"的境况深深地刺痛双眼时,恰好看到幸福的一家三口正从桥的一端走来,小女孩在大人的搀扶下,一蹦一跳地走着,突然强烈地希望能在刹那间还小天使一片洁净的水面,还寿昌桥一个清澈的港湾。

  2008年底,甪直镇中心的环玉桥出现桥梁断裂事故,为了保障游客和居民的人身安全,有关部门对全区范围内的古桥梁进行了安全检查。检查中发现寿昌桥由于年久失修,桥墩沉降不均,部分桥身坍塌,拱券也有变形,水盘石上的裂缝清晰可见,周边的杂树根系侵入桥身,导致桥身局部构件松脱,内部填充物裸露在外。为了防止坍塌事故的再次发生,有关部门组织力量对这座桥梁进行抢救性维修。为了尽可能地保存完整的历史信息,经过权威人士的反复论证,最后决定修整时不拆除拱圈,先抽干河水、清除淤积,然后在木桩的表面用水泥加固,对桥身进行整修补砌。目前,寿昌桥已经修旧如旧,恢复了昔日的风采。

  寿昌桥的整修无疑是成功的。如果有关部门也能像重视危桥般重视水面清污,重视周边环境的整治;如果甪直人能真正做到爱桥、护桥,不随意乱丢一片垃圾于原本清澈的河面;那么,寿昌桥附近的美丽必将恢复,寿昌桥也会在环境的净化中尽显甪直的幽情和风韵,古镇的游客就再也不会因此而留下遗憾。期待着这一天能够早日到来!

星级指数：☆☆

西汇晨曦入镜来——甪直进利桥

进利桥，又名施家桥、思家桥，始建于乾隆之前，道光九年（1829），当地人李鋐庆重建。进利桥是甪直古镇中入照相机镜头最多的桥梁。原因如下。

首先，它位于甪直最繁华的丁字路口，处于古镇的核心景区，东西走向跨中市河，它的北面是中市河，南面是南市河，桥西堍连着西汇河。也就是说，它位于甪直市河"上"字型河道的一竖和短横的交接处。凡到甪直旅游的男女老少，都从这儿经过。而乘坐甪直的游船，也必从这座桥下穿越。

其二，这是一座花岗石拱型桥，虽不高大，长仅15米左右，宽仅2米半，但却造型美观。拱圈用并列法工艺砌成，桥上望柱、栏杆等古色古香。如果说西汇河上的几座桥带着"新"味;那么,进利桥就是把游客带入昨日回忆的一张旧船票。

站在进利桥顶,能观赏到四周唯美的景观。向北望,河西就是甪直所特有的中市上塘街的 200 米廊棚,廊檐下悬挂着一串串的红灯笼,那是古街一道道靓丽的风景线,是一抹抹永远亮堂堂的中国红,盏盏红灯笼倒映在碧水中,随着河水的流动,就如一条条火龙在欢快地戏水;廊棚靠河的一侧,是长条的"吴王靠",坐满了休憩观景的男男女女老老少少,他们在甪直的如画风景里徜徉、陶醉;廊棚里侧是鳞次栉比的商铺;摩肩接踵的游人边欣赏这迷人的景色,边挑选各种独具特色的手工艺品。河东,是一条以住家为主的东市下塘街,王韬纪念馆就在这条街上。

向南望,河东不远处,有一个硕大而醒目的"米"字招牌。招牌后,就是名闻遐迩的"万盛米行"和兴隆桥,这不由得使人想起叶圣陶的《多收了三五斗》,于是,用目光努力去寻找那些横七竖八停泊着的、因装载新谷而把船身压得很低的敞口船;但过往的终究只能成为回忆的一部分,而不会再次出现在眼前。当笔者忍不住背诵叶老的相关文字时,听到一位长者正在和他的孙女耐心讲解米行的故事,许是故事的年代与小孙女的生活相隔甚远,阳光下,小孙女的脸上浮现出朵朵疑云;但这不妨碍长者的讲述心情,一如进利桥在岁月更迭中叙说着甪直的当年。沿着紧邻小桥的石阶,笔者朝着能映出行人行踪的小河靠近,但见河西紧靠着桥南堍,就是在别人照片上经常和进利桥"捆绑"在一起的那座古色古香的茶馆;这座茶馆两面临水,窗户都安装着褐色花格的窗户,氤氲着江南水乡的古味;门口人进人出,熙熙攘攘。

向西望,就是西汇河,西汇河上塘商铺林立,各种商品应有尽有,店家的吆喝声不绝于耳。因为甪直处于水网之中而且交通不便,受外界影响较小;遇到战乱,一些富户就纷纷避难居住于甪直,各种商铺也就应时而生。此处称为"甫里八景"之一的"西汇晓市",实是名不虚传。

桥下,甪直特有的游船在往来穿梭。这种游船三米来长,两边船舷装有漏空靠椅,坐上五六个人,在一阵吴歌声中,身穿水乡独特服饰的船娘解下缆绳,竹篙轻点,架起那支橹。晃晃悠悠中,红男绿女或引吭高歌,或手持相机摄影,"卡嚓"声伴随着橹声,奏出了一曲曲独特的乐章。那是用甪直的桥演绎的古朴乐章,更是用甪直的历史文化诠释的婉约清纯乐章。

进利桥之所以入镜最多,还因为它有一个好听的名字——进利,"进利"两字镌在桥头,红色的,外面还有一个红色的圈,留在照片上很醒目,谁不想"进"点"利"呢?当然,进利桥为甪直所"进"的"利",就不是一点半点了——此当别论。

星级指数：☆☆

茶灶莼鲈得永宁——甪直永宁桥

从镇西口进入古镇区，绕过甪端广场向西，沿着西汇河缓缓东行，首先扑入眼帘的就是甪直镇西的第一座桥——永宁桥。永宁桥始造年代已无从查考，我们现在看到的是 1997 年重修的花岗岩石砌单孔梁式平桥，棱角分明，"新"味颇浓。桥额镌阳文"永宁桥"三个大字，繁体，上款有字，但龙飞凤舞，仅能勉强辨出"丁丑仲秋"等字样。桥墩、桥栏、桥面、桥台阶，都是方方正正，似乎是一个一丝不苟的赶时髦的学究。

桥西侧南面竖着甪直人民政府 1998 年立的石碑，上书："永宁桥，花岗石砌梁式平桥，重修于一九九七年"。

只要见过永宁桥一次，就会莫名地喜欢，久久地驻足，深深地留恋。

之所以忘不了它,首先在于它的桥孔形状。笔者曾见过的单孔石桥何止一二,那些桥的桥孔不是弧形,就是长方形,或者是下大上小的梯形;但这座桥的桥孔却非常特殊,是一个倒装的梯形,明显下小上大。笔者觉得很纳闷,仔细揣摩端详这座桥好久好久,可除了疑惑之外,还是疑惑;于是,连问几个当地人如此结构的原因,遗憾的是,没有人能说明白。或许是为了长系石部位的稳固吧!笔者这样暗自猜测的同时,仍然目不转睛地看着这个性十足的桥孔,适逢一艘敞篷船正在荡漾的清波中缓缓驶来,永宁桥显得格外富有诗情画意。

之所以忘不了它,还在于两侧桥柱都镌有楹联。

西侧桥柱上联为"茶灶竹床鲁望隐",下联为"莼羹菰菜季鹰回"。尽管平仄不甚严谨,但用典自然,且切合当地风物,意境颇为深远。上联引用了陆龟蒙的故事,陆龟蒙,晚唐诗人,甪直人,字鲁望。善写小品文,最有名的是一篇《野庙碑记》。做过几任小官,颇不得志,目睹官场太多的黑暗混乱后,如陶渊明般不愿为五斗米折腰,就弃官隐居到家乡甪直。他经常带着茶炉、笔床、书籍、钓竿等坐着小船,流连于清清的河水之上,享受闲情逸致的同时,生发了诸多创作灵感;因此,他的不少作品都是在水面上写成的。下联中"莼羹",指太湖周边的名菜"莼菜羹",它是一道入口滑滑的、嫩嫩的姑苏名菜;"菰"即"茭白",是一种水中生长的蔬菜;这联引用了张翰"莼鲈之思"的典故。张翰,字季鹰,苏州人。据《晋书·张翰传》记载:"翰因见秋风起,乃思吴中菰菜、莼羹、鲈鱼脍,曰:'人生贵适志,何能羁宦数千里,以邀名爵乎?'遂命驾而归。"当时张翰在洛阳为官,秋风吹来,因思念故乡风物,遂去官返乡隐居。如果我们读读张翰《秋风歌》"秋风起兮佳景时,吴江水兮鲈正肥;三千里兮家未归,恨难得兮仰天悲",就能理解"莼鲈之思"的意境了。

鲁望与季鹰辞官回家,自有他们的原因,名义上是思念家乡的风物,但一定有本质的原因,或许是为了排遣官场失意,或许是为了避祸,但至少是逃避现实吧。辛弃疾《水龙吟·登建康赏心亭》中说:"休说鲈鱼堪脍,尽西风,季鹰归未?"表示自己不愿退隐的抗金决心。就普通百姓而言,隐士是学不来的,不管怎样,当隐士至少家里得"不差钱"!更何况当今的甪直,人来车往,尘俗喧嚣,早已不适合隐居了。

东侧对联为:"永庆升平跻盛世,宁馨富丽甲吴中",用鹤顶格将"永宁"嵌入,"富丽"或许是"甫里(甪直别名)"的谐音。但含义过直,意境甚是一般。

星级指数：☆☆

欸乃三声古朴风——甪直香花桥

如果说永宁桥是一个严谨的博学之士，方正而不失儒雅之气；那么，香花桥就是一个活泼的小姑娘，乍看一眼，会觉得她俏皮可爱；如果流连忘返，会觉得她就像回眸一笑的心中的她站立在往事中，弥漫着无限的温馨与浪漫，甚至会觉得就是村里的那个"小芳"。

香花桥是一座古色古香的石拱桥，花岗岩材料，在永宁桥东边，也横跨西汇河。"香花桥"，这是一个充满佛教色彩的桥名。据说，西方极乐世界有曼陀罗花，只有多福多寿的人才能得到这种花，只有勤修善根的人才能闻到这种花香。之所以叫"香花桥"，或许就是为了让游客体验自己离"佛"很近吧。

至于桥的历史，我们能查到的，就是"桥建于清乾隆之前"。我们现在看到的香花桥,是上个世纪 80 年代配合河道疏浚而重建的。这是一座单孔石拱桥,桥长 10 米左右,宽近 3 米。桥两侧有虚实相间的石栏,外侧镌有"香花桥"的桥名。石栏高 0.8 米,间有 8 根望柱。当中的四根望柱上,都雕着一头蹲坐着的,栩栩如生的小狮子,给桥增添了几许灵动之气。站在河边,不用细看,就能感受到"小巧玲珑"是香花桥最大的特点,拱高高地凸起是香花桥最美的特色,它就像聆听流水淙淙的天使,甜美地静卧着,任用直的古朴之风浸润着,日益娇俏可爱。

桥南绿树成荫,与桥北西汇上塘街的家家户户在屋檐前悬挂着的红灯笼相映成趣,大红大绿中,更是透出江南乡镇特有的古朴。

从南边跨过香花桥,就是那条向北通往保圣寺的香花弄,不知是桥因弄而得名,还是弄因桥而得名,反正,香花桥与香花弄是通往保圣寺的必经之地。善男信女,四方游客,或坐船,或坐车,或步行;三五成群,数十结队;或进香,或瞻仰古迹。可以这么说,此处是用直最热闹的地方之一。

苏东坡说:"到苏州不到虎丘,乃憾事也。"我们要说,到了用直而不到保圣寺,等于没到用直。保圣寺始建于梁天监二年(503),距今已有 1 500 多年的历史。后多次毁损多次重修。保圣寺里的一宝,便是那泥塑罗汉。元代书法家赵孟頫曾为古寺题抱柱联:"梵宫敕建,梁朝推甫里禅林第一;罗汉溯源,惠之为江南佛像无双。"可见保圣寺的规模和地位了。赵孟頫这里提到保圣寺罗汉为"惠之"所塑,这"惠之"便是盛唐杰出的雕塑家杨惠之。杨惠之与吴道子同师从张僧繇,分别以塑、画负盛名,当时就有"道子画、惠之塑,夺得僧繇神笔路"的说法。也有人认为,此处的佛像人物消瘦,不像以肥胖为美的"大唐气象",故不该出自盛唐杨惠之之手,从其风格而言,当为宋朝时的雷潮夫妇所塑;或者说是杨惠之初塑,雷潮重塑。但是,我们更为关心的是罗汉像的栩栩如生,以及作为不可再生的文化遗产的它们怎样才能继续保持下去,让我们的后人都能一睹风采。

保圣寺内,还有陆龟蒙墓和陆龟蒙斗鸭池遗址。

保圣寺四周有 4 棵高大的银杏,叶圣陶先生在用直执教期间,所写的《高高的银杏树》一文中,对用直古银杏的评价是"形象高大,意志坚强,气魄宏伟"。因此,叶老先生在临终时关照其亲属要将他的骨灰安放在四棵银杏树(用直保圣寺)的地方,所以,现叶老先生的墓就安在用直保圣寺西,当地政府还专门建了叶圣陶纪念馆,以供人们瞻仰游览。

星级指数：☆☆☆

多少楼台烟雨中——甪直大觉寺桥

寻访大觉寺桥，总得先找到大觉寺。张振雄撰《苏州山水志》中曰："大姚山相传是古摇城的一部分。东西长160米，南北宽150米，高出附近地面5米。山上大觉寺，始建于梁天监年间(502—520)，清咸丰十年(1860)遭战火损毁，存后殿数楹，现无存。寺前大觉寺桥及香花桥均为梁式石梁，建于北宋庆历七年(1047)，是苏州现存最古老的桥梁，为省级文物保护单位。大姚山上现有2棵银杏树，雌银杏树龄420年，雄银杏树龄360年，树干周长都有5米。"

苏州人从小生活在水网交错的平原，较少见到大山，习惯将土墩也称为

"山",高仅5米的"大姚山"能忝列为"山",不能不说是一种荣耀。为了寻找这个"大姚山",我们沿着苏州工业园区到吴江的"苏同黎"公路驱车南行,从下面穿越绕城高速后立即左拐向东,停车于一条水泥小道前。因为"山"高仅5米,远处难以仰视到具体的位置。

走着走着,前方隐隐出现了一带黄墙,且有香烟缭绕,"莫非大觉寺已经修复?"按捺不住欣喜,加快了脚步。可是,待走近才知,这是新建的"金山寺"。"借问何处大觉寺?乡人遥指银杏树",失望之余,看见在东南方500米处有两棵参天银杏,一阵感慨袭上心头。

大觉寺桥在"山"前,实际上是一座旱桥,桥下的小河早已干涸,河底杂草丛生。桥周围几根木桩绕以铁丝,视为保护区。保护区外,种满了油菜。桥前碑文曰,桥重建于元至正十一年(1351),梁式石桥,南北走向,长5.15米,宽2.70米,高2.1米。桥所在地,原属车坊,现划归甪直。

桥面由五块略带拱势的武康石条组成,中间三块较宽,两侧各有一块略高,就算是栏杆吧。最醒目的是桥侧面雕饰的古朴的精美图案:东侧为二龙戏珠,龙身粗短;西侧当中为一颗宝珠,宝珠南面玄鸟、北面蝙蝠;凤凰之南和玄鸟之北都为天马,再两端已损坏,依稀可辨出是仙人飞天。梁头雕着捧钵金刚力士,西侧南端的显然为新补。1995年4月19日,此桥被公布为江苏省文物保护单位。

桥南石阶为十级,桥北就是"大姚山"。从桥北堍登上"山顶",满目凄凉,"山顶"早已被农民种满了油菜;其西北角有数椽小屋,据说善男信女常去烧香;只有那两棵银杏,似乎在诉说着数百年的沧桑。

桥的东北,即"山顶"的东南,一片竹林茂盛无比,一阵风刮过,发出簌簌的声响,仿佛担忧曾经有潺潺流水相伴的大觉寺桥会渐渐被尘烟淹没,时刻守护着,不分白昼与黑夜,不论严寒与酷暑。据说乡人迷信,没人敢动这儿的竹子。

从桥南的小路向东五六十米,是另一座东西向的石板桥,找不到桥名,桥上图案与大觉寺桥同样古朴。桥头有一座土地庙,香火鼎盛。据乡人说,此桥建造年代与大觉寺桥同。或许,这就是《苏州山水志》上所谓的"香花桥"吧。

互联网上有钱九成《大觉寺桥二首》诗。

大姚宝刹化尘沙,遗迹无存徒叹嗟;楼殿已随烟草没,劫灰何处有莲花!

大觉寺桥卧碧流,迄今几百历春秋;良工巧琢栏杆曲,艺事高标出一头。

钱九成,不知何许人也,但此诗当写于咸丰十年之后,否则,怎知"大姚宝刹化尘沙"!然而他眼中的"碧流",已经悄然离桥而去了。当今的桥,只不过因被保护而存在着。

星级指数：☆☆☆☆☆

风韵千年一带间——澹台湖宝带桥

如果在苏州评选最长的桥，非宝带桥莫属；如果在苏州评选影响最大的桥，还是非宝带桥莫属；如果在苏州评选星级最高的桥，更非宝带桥莫属。宝带桥是苏州桥中的"大哥大"，宝带桥是苏州桥中的"天皇巨星"。

略微年长的一辈都记得，1962年，国家邮政总局出版发行了一套"中国四大名桥"的邮票(特50)，其中三座分别是河北赵县赵州桥、四川灌县珠浦桥、广西三江程阳桥，另一座就是苏州宝带桥。从此，宝带桥增加了一大批"粉丝"——遍布全国各地甚至海外的集邮爱好者。笔者当年，就因了这张邮票而专程赴宝带桥一览雄姿。

关于宝带桥的建造，充满幻想的童年听到的是如此版本：天庭里的一位仙女过着无忧无虑的生活，却很寂寞。一日，她悄悄地驾着祥云，来到姑

苏澹台湖上。澹台湖湖面虽小,却风急浪高,一叶小渡船,在巨浪中艰难地搏击,而湖两岸却聚集着南来北往的过客。仙女看着他们焦急的神情,动了慈悲恻隐之心,便解下腰间的玉带,随手抛向湖面。玉带在风中飘飘荡荡,落到湖上,便化为一座五十三孔的石桥。两岸民众欢呼雀跃,首次步行走过了澹台湖!

后来读了书,才知道宝带桥的建造同我国历史上的漕运关系十分密切。简单地说,"漕运"就是将从地方上征来的钱粮运到京城或其他指定地方。隋大业六年(610)隋炀帝开凿江南大运河,江浙的粮食和珍宝沿着这条运河,源源不断地进入京都。当时船只航行,顺风则扯篷,而逆风却需人工拉纤。幼时看过列宾的油画《伏尔加纤夫》,为纤夫们古铜色的背影而震撼;当年下乡插队时,也曾多次亲自体验过这种酷暑纤绳嵌皮肉,严冬赤脚踩冰碴,负重沿河弯腰力行的工作。

南北向的京杭大运河到了苏州城南七八里处,与西边的澹台湖零距离接触,也就是说,大运河这条直线与澹台湖这个圆"相切"。然而,这个"切点"却使得四五百米纤道不通。到唐代,漕运已空前繁忙,有人提出在这个"切点""填土作堤","以为换舟之路";可如此也就切断了太湖经吴淞江入海的通路,更何况泥筑的堤坝很可能被汹涌湍急的湖水冲垮。唐元和年间(806—820),苏州刺史王仲舒为保证漕运的顺利畅通,下令整治纤道,建长桥于澹台湖上。为解决资金问题,王仲舒带头捐出自己心爱的一条玉质宝带,当地士绅百姓深为感动,纷纷解囊捐赠,兴工建桥。桥自元和十一年(816)动工,历时四年而建成。浩大的工程,往往结合着美丽的民间传说,苏州民间,还流传着八仙吐枣核帮助宝带桥打桩的故事。桥造好后,两岸百姓欣喜若狂,而受益最大的是船工纤夫。为纪念刺史捐带建桥的义举,人们将此桥命名为"宝带桥"。从此,这条"宝带"就与姑苏一千多年来的存亡兴衰紧密地系在了一起。

元·薛兰英《苏台竹枝曲》:"翡翠双飞不待呼,鸳鸯并宿几曾孤。生憎宝带桥头水,半入吴江半太湖。"实际上,宝带桥是没法隔断水流的,53桥孔,还是将运河和太湖紧密地联系在一起。作者用的是民歌手法,模仿恋人间撒娇的口吻吧。

元代苏州报恩寺高僧善住对宝带桥如此描述:"借得他山石,还将石作梁。直从堤上去,横跨水中央。白鹭下秋色,苍龙浮夕阳。涛声当夜起,并入榜声长。"读这首诗,不能仅限于对所描写的美丽景色的赏析,更应关注到在元代,宝带桥不仅是一座颇具规模的长石桥,而且还肩负着日夜不停的运输任务。

桥建成后,屡经兴废。南宋绍定五年(1232)重建。明正统间(1436—

1449)庐陵周忱如以工部右侍郎巡抚此地,与苏州知府及吴县、长洲知县商议重建此桥;正统十一年(1446)兴工,当年冬十一月落成,"洞其下凡五十有三,而高其中之三,以能巨舰",即现今所见形式。清康熙九年(1670)桥为大水冲垮,3年内又修复。道光十一年(1831),林则徐也主持过一次维修。

宝带桥也是一座灾难深重的桥。清同治二年(1863),英国洋枪队头目戈登为镇压太平军,悍然下令拆去桥之大孔,致使连锁倒塌26孔,同治十一年(1872)才得重建。1932年淞沪抗战撤退时,国民党悍将张灵甫接到上级炸毁宝带桥的命令。但是,望着这座雄伟壮丽的古石桥,一向果敢的张灵甫却犹豫了,最终,只在桥前桥后挖掘深沟阻挡日军,而以"桥梁太坚固,没有爆破专家无法摧毁"汇报上级。抗日战争初期,日军飞机又炸毁南端6孔,直至1956年才得以修复。现桥宽4米左右,全长317米,桥下53孔联缀。

据说,每年农历八月十八日夜,一轮明月当空,53个桥孔里,53个水中月连成一串,是为苏州一年一度的"宝带串月"奇观。诗曰:"瑶台失落凤头钗,玉带卧水映碧苔。待到中秋明月夜,五十三孔照影来。"前两句意为如此美丽宏伟的宝带桥乃天成,正因为如此,民间有了仙女造桥的民间故事;后两句则写出了对"宝带串月"的期待。

1956年,在宝带桥西侧,新建了一座与它平行的公路桥,跨澹台湖,连通苏嘉公路,以减轻宝带桥的负荷,从此,宝带桥只剩下了景观功能和历史功能。如此,虽然为游客从侧面欣赏古桥提供了方便,但由于两桥相距太近,无论从哪个角度拍摄,照片上出现的总是"双桥"。1996年,苏嘉公路东移,在运河东面新造了一座斜港大桥,连通南北,50年代所建的公路桥被拆除。斜港大桥离宝带桥数百米,且所隔为运河水面,从桥上可向西远眺宝带桥的全景。

今年元月的一个上午,笔者沿东环路—吴东路驱车向南,欲一睹宝带桥的风采。但是,到斜港大桥南堍,一块木牌阻止了车轮的滚动,原来这座仅用了十几年的大桥已经成了危桥,车无法过去。于是,步行来到斜港大桥之巅,向西眺望宝带桥。

阳光下,碧波荡漾,桥西远处高楼林立,鳞次栉比。整座宝带桥狭长一条,多孔联翩,倒映水中,虚实交映,犹如"苍龙浮水",又似"鳌背连云";真如飘浮在澹台湖水面上的一条宝带。宝带桥当中三孔特别高大,能通"巨舰",形成了一个向上凸起的三角,两旁各孔上的桥面基本平直。但53孔的布局却颇有意思,从最高的中孔算起,北面仅有14孔,南面却有38孔,令人费解。回头东望,恍然大悟,原来当中三个大孔基本对着东面那条通向独墅湖的斜港河,现在的斜港大桥即架于其上。如此,既便利了行动不甚灵活的"巨舰"的来往,又呈现出一种不对称的美。遗憾的是,桥东侧两端各有一个巨大的黄色航标灯塔,大煞风景,严重地破坏了画面;真不明白,有关人士何不将之设计成古塔状!桥北有石亭,还有一组显然新建的寺观状建筑。

从斜港大桥上仔细观察,可发现如今的宝带桥已经成了从南面跨向澹台湖中一个小岛的唯一通道。斜港大桥的北堍西侧,运河与斜港转角处,有一片滩涂,应该是观赏拍摄宝带桥的最佳地点;但新建了一个"宝带公园","闲人"不得入内。据门卫说,要市里搞重大活动才让"贵宾"进门观赏宝带桥,我等"非贵宾",只能悻悻而归。

为了一探究竟,在草长莺飞的四月的一个下午,笔者约了几个朋友,驱车沿南园路—迎春路南行,到石湖东路左拐向东,到运河边再左拐向北,就到了宝带桥的南堍。然而,宝带桥却被一个小门圈了进去,这才记起2008年9月从报上看到的一则新闻:一个名叫"宝带风景区古城游船公司"的单位,购置了几条小船,竟然在宝带桥头设卡收取门票钱,每人68元。经报纸呼吁后,苏州市吴中区政府召开紧急会议,立即叫停。如今费已停收,但小门继续着"煞风景"的勾当。

小门外,是文物保护标志碑,上面镌刻:"全国重点文物保护单位 宝带桥 中华人民共和国国务院二〇〇一年六月公布 苏州市人民政府二〇〇二年十月立"。走进小门,首先扑入眼帘的是一对守护着宝带桥的一人半高的石狮,由青石雕成。东面的那只为雄,右前爪按着一只绣球;西边的那只为雌,左前爪抱着一头幼狮。石狮刀法粗犷,明显带有北方的野性,总觉得它们应该立于漠北草原。——似乎是元代遗韵。

接受了石狮的检阅,就可登上13步台阶,走上南端桥面。桥面主体由花岗石砌就,间有少数青石与三两块武康石。奇怪的是,桥面靠两侧的每块石条上都凿有圆孔。可见当年曾安装过栏杆,栏杆不是很高,否则将会给拉纤带来极大的不便;笔者曾见过一张宝带桥的老照片,桥面上竖着一根根低矮的木桩。在26孔与27孔之间的西侧,有一个以整块青石雕凿而成的石幢,五级八面,高约4米,

底座正方形、刻海浪云龙纹。每面各设佛龛,龛内雕有佛像,但多数已遭破坏。经过桥面上那个凸起的"三角",就到了北端桥面,北端桥面与南端大致无异,但间有的武康石略多于南端,应是宋元遗留。从桥面到引桥,北段只有8步台阶。

桥北堍的石狮只留下一只雄的,感觉上与南端的那只无异。也有一个与桥中间的那个一样的石幢。桥北堍还有一个四角石亭,花岗石砌成,其中置有"宝带桥重修记"石碑,1989年苏州市人民政府立。碑上,记载了历代重修的概况,具有较高的史料价值。

碑亭的西面,就是那组显然新建的寺观建筑。大门朝东,门楣上题为"太太庙",主建筑为朝南三开间。正中为"澹台子祠";东间供奉着一尊卧佛和一尊观音;至于西间,既有观音像,也有土地神,甚至还有清朝打扮的衙役。民间供奉时释、道、儒三家合一,在江南农村并不罕见;却不知此处的"太太"为何方神圣。然而不管怎样,此处的香火却颇为旺盛,成群结队的农夫农妇,身挎香袋,络绎不绝地从宝带桥上过来,虔诚地烧香磕头,形成一道独特的风景。

从桥北堍南望,甚为瞩目的是桥西十余米处的那一排水泥桥墩,这是拆除1956年所建大桥的遗留,或许是担忧影响到宝带桥,故未曾炸去;任凭它们破坏着宝带桥西面的风景;旧桥墩之西,湖面上遍布着渔民们任意设置的、乱七八糟的围网蟹簖。桥东数米,有一条暗堤傍着古桥,在水面上时隐时现,估计为防止船只撞桥而设;虽从斜港大桥上看不出,但从近处看也在破坏着东侧的风景。

笔者不由得想起了清末民初吴江才子金松岑的《宝带桥》一诗:"长桥宝带横,挽路此频经。落日明官渡,垂杨隐驿亭。一帆秋水白,七子远峰青。烟水无边际,渔歌入杳冥。""挽路"即纤道。如今,此景何待!或许,这座曾经挥舞着千年风韵,吟唱着悲凉史话的宝带桥真的老了吧!

带着三分的满足,更带着七分的遗憾,我们与宝带桥依依惜别,驱车兜到运河之东。河东的尹山湖畔,柳暗花明,碧波荡漾,长廊石栏围绕四周,亭台轩榭点缀其中,游人任意往来其间,一片生意盎然。或许,下次再到宝带桥,澹台湖畔也会如此吧。

星级指数：☆☆

长虹规月忆辉煌——澹台湖五龙桥

常听到"以貌取人，失之子羽"这句名言。孔门七十二贤之一的澹台灭明字为"子羽"，子羽其貌极丑，但其才学颇高；所以，孔子发出了如此的感叹。话说澹台灭明南游吴中，见此处民风淳朴，风景优美，就结庐而居。其后，那块土地陷落为湖，苏州人就把它命名为澹台湖。澹台湖在姑苏城的南端，东西长，南北短，东连京杭大运河，西通石湖越来溪。

五龙桥，又名五泓桥，地处澹台湖西北口，横跨大龙港之南入澹台湖处，东西走向，为五孔石拱桥，长42米，宽6米，桥面离河面12米。桥初建于南宋淳熙年间(1174—1189)，薛元鼎建；明弘治十一年(1498)傅潮重建；崇祯六年(1633)，桥圮；崇祯十五年(1642)，牛若麟修建。清顺治十八年(1661)和同治

十年(1871)又两次重建。如今,南向两侧明柱上镌有一联"建初在赵宋淳熙中岁,议复于皇清同治十年",就是明证。

五龙桥,桥身颀长秀美而柔和,结构轻巧合理而稳固,桥上面南龙门石上,镌有"重建五龙桥"五个大字,梁头、栏杆及桥身均不饰花纹,质朴无华。两侧栏杆间四根粗矮的方形立柱,两端设简洁的抱鼓石。1997年7月,这座苏州仅存的"五孔桥"成为市级文物保护单位。

五龙桥位居太湖梢、澹台湖、大龙港、新郭港和马家浜等五水合流处。据说龙王们因此处水族经常被捕,迁怒于附近居民,发起大水进行报复,一时间民不聊生。村民中有一位急公好义的薛元鼎,为洪水发愁夜不能寐,一夜梦见哪吒三太子高举乾坤圈喊道:"恶龙最怕我的乾坤圈,如在此处造一座五环拱桥,龙王再也不敢逞凶。"于是,薛元鼎散尽家产,并发起募捐,造了这座桥。恶龙见到桥洞在水中的倒影,以为哪吒三太子的乾坤圈在此,再也不敢来此撒野。这座桥因此就得名五龙桥。也有人认为,桥下五孔,大水时如五条巨龙奔腾咆哮,故得名。在新龙桥未建之前,五龙桥是姑苏城南连接南门、蠡墅、新郭和横塘等地的要冲。桥南内侧明柱上镌有"锁钥镇三吴,下饮长虹规半月;支条钟五水,远通飞骑扼全湖"一联。"锁钥",桥型如一把大锁,镇守着苏城的南大门;"三吴",即吴郡、吴兴郡、会稽郡等三郡,由于这三郡都是从同一个吴郡(原称会稽郡)中分出,因此三郡地区被合称为"三吴",如今可看作太湖东部一带;"下饮长虹规半月",(桥)如同长虹饮水,如同下弦之月。上联写出了桥所处的地理位置和桥美丽的形状。"钟",聚集,集中;"五水",桥位居太湖梢、澹台湖、大龙港、新郭港和马家浜等五水合流处;"飞骑",骑马奔驰者,"扼",扼守,下联形象地写出了五龙桥的实际功能。

1863年,此桥曾设太平天国堡垒,与葑门、宝带桥的营垒互为犄角,谭绍光率领太平军将士抵御过清军与外国雇佣军的联合进攻。八九月间,两军在此激战,桥毁于战火。直至同治十年(1871)重建。

五龙桥五个石拱中,最大的跨度达10米,最小的也有8米,但两个石拱之间的石基宽度却只有1米左右,为柔性墩;因此整座古桥显得十分轻盈,像一根薄薄的飘带,横卧在大龙港与澹台湖交叉口,显示出我国古代高超的造桥艺术。

　　三四十年前，为了通车方便，五龙桥的中孔高度被降低，并拉长了引桥，步行拱桥被改成了弧形公路桥，不仅破坏了原桥的建筑格局，也影响了五龙桥作为历史遗迹的环境风貌。随着时代的发展，五龙桥的通车功能逐渐为周边的现代化道路所取代，为了恢复原桥的历史风貌，吴中区文物部门趁兴修大龙港水利工程之机，在有关部门的积极配合下，按照历史文献资料的记载及相关照片资料，提出了设计方案，对五龙桥进行了修复。

　　但是，如今修建不久的五龙桥的景观功能却令人沮丧。首先，北侧的新龙桥距离五龙桥仅十余米，夸张点说，两人分别站在两座桥上可以相互递烟，严重影响了五龙桥的整体美感；其次，桥最东侧的一孔已经湮没，而且被一个垃圾场圈了进去，游览者已经无法看到雄伟的五孔的桥的全貌，只能在"四孔桥"前发思古之幽，更何况垃圾遍地，瓦砾成堆，臭气熏天；第三，桥西堍南侧被一道铁门紧紧地锁住，拍摄"四孔桥"的最佳摄影角度也被"大龙港枢纽"办公地点霸占。其四，桥南，就是"大龙港枢纽"大闸，站在桥顶已难以观赏澹台湖的粼粼水波。其五，桥面上杂草丛生，春、夏、秋三季，游人必须在杂草中穿行才能登顶。

　　到此，"锁钥镇三吴，下饮长虹规半月；支条钟五水，远通飞骑扼太湖"的意境已丧失殆尽。悲哉！

星级指数：☆☆

绿枝掩映见宁馨——木渎永安桥

如今，赴木渎交通极为方便，近20条公交线路均可到达。笔者从"严家花园"站下车，向南穿过"吴越古镇木渎"的石牌坊，沿一条明清购物街南行不久，就到达了这条购物街的南端——东西向的羡园街，只见一座古朴的小桥安静地站在阳光里。不知道为什么，还没来得及和脑中的印象相匹配，就脱口而出："这一定是永安桥"。同行的好友看到石碑后发问："为什么如此笃定呢？"笔者一时语噎，但刚才刹那之间的感觉如沐春风：乍一眼看到永安桥的时候，桥掩映于绿树丛中，藤萝披纷，古意盎然，桥拱倒影于河中，全景如环。那小巧的造型、古朴的风格、安静的环境，让人感觉到一份无处不在的安宁。

永安桥为明弘治十一年(1498)傅潮所建，为单孔花岗岩石桥，已有五百年的历史。"永安",取永远安宁之意,木渎人有"永安桥上走一走,幸福活到九十九"的俗语;因为这里地处"王家村",故桥俗称为"王家桥"。

永安桥的台阶由花岗岩石条砌就,石条间隙中的草根,显示出顽强的生命力,就如这历时500多年的石桥。桥栏也是花岗岩,不镂空,侧立着,石栏的块石之间,能看见用来勾连的"铁搭",如一个个巨大的"订书钉",将石条连接成一个整体。登上十余阶花岗岩台阶,就是桥面。俯首,就是著名的"香溪",香溪将木渎的几大园林串联了起来。香溪,在柳荫的覆盖下,显得十分妩媚。据说是西施及其他宫女在灵岩山下的小溪里梳洗,香浓的脂粉长期积淀,使得小溪香气氤氲,这条溪因而得名"香溪"。

桥拱券作分节并列砌置。桥洞宽敞,据说,桥洞内刻有"放生河,禁止采捕"等字,看来,我们的祖先早就有了环保意识,但笔者没有找到这样的字样。

在桥的北堍东侧,竖有一块石碑,碑上镌着"苏州市文物保护单位 永安桥 公元一九八二年公布 木渎镇人民政府立"。颇为有趣的是,石碑的反面,即南面,有一个笔者见过的最小的土地庙,只不过半个平方。一个黛瓦小屋顶,三面砖墙,南面无墙,就是门,向着香溪。看来,香火还挺旺盛。

桥北堍西侧,一块造型古朴的石头上镌有王少牧的"永安桥上祝长安,人自扬镳各往还。折柳应歌三叠曲,烟波浩淼忆乡关"一诗。"折柳",古人在长安送别,都要到灞桥折一条柳枝相赠,致使当地柳枝几尽;"柳"者,"留"也。"三叠曲",源自王维的《送元二使安西》:"渭城朝雨浥轻尘,客舍青青柳色新。劝君更尽一杯酒,西出阳关无故人。""永安"的桥名,使王少牧忆起了乡关。

桥北偏西,就是著名的严家花园。严家花园的前身是清乾隆年间苏州大名士、《古诗源》编者沈德潜的寓所,乾隆皇帝下江南,曾多次在此吟诗唱和。道光八年(1828),沈氏后人将此院落转让给木渎诗人钱端溪。钱氏叠石疏池,筑亭建楼。光绪二十八年(1902),木渎首富严国馨(台湾政要严家淦先生祖父)买下此园,修葺一新,更名"羡园"。因园主姓严,当地人称"严家花园"。严家花园经过三姓主人经营,前后历时一百七十余年,经历了岁月的沧桑,积淀了人文的底蕴,与门前的永安桥一起,见证着木渎古镇的悠悠历史。

星级指数：☆☆

望月西津盼永平——木渎西津桥

笔者从永安桥出发，在当地人的指引下，沿着木渎镇上的西街缓缓西南行，路边，是被拆得满目狼藉的民房。当基本走出古镇时，才来到了西津桥畔。西津桥，又名永平桥，位于木渎古镇的西南，跨胥江，南北走向。一般认为桥始建于明万历年间(1573—1620)，重修于清康熙年间(1662—1722)。我们现在见到的，是清同治十三年(1874)重建的桥。桥西侧明柱上有字，上首为"同治十三年四月榖旦"，下首为"渎镇济善堂募捐重建"，即是明证。桥北堍西侧，是市级文物保护标志碑。

西津桥是一座花岗岩质的单孔石拱桥。全长20余米，阔3米余。拱顶离水面4米多。

桥孔石拱采用分节纵联并列式，券石接缝严密，受力均匀，十分坚固。石拱形成的桥孔形如半月，势若飞虹。

"津"，渡口，此处位于镇西，估计以往无桥，靠摆渡船往来，所以桥命名为"西津"。桥西，胥江逐步开阔，拾级登桥观赏，蜿蜒河水尽收眼底；但桥头颇为冷落，基本不见沉醉于香溪两岸的游人来访，只有桥北堍的两家小店，还在守着日复一日的寂寞。

桥面两侧有侧石桥栏，造型古朴、端庄。里外两侧都镌有"西津桥"三字，为曾任"国民政府主席"的林森所题；而外侧龙门石上也有"西津桥"三字，应是同治年间重建时所为。

桥东侧柱上有一副桥联，1994年《吴县志》记为"立马望苏台，山翠万重拱虎阜；扬鞭来震泽，风涛千古泣鸱夷"。凡笔者所见的写到西津桥的书籍，皆从是说。对此，笔者曾有疑问。此番，仰视俯视，左看右看，辨出该字离"鞭"甚远，实际应是"颿"(fān)字，"颿"简体为"驭"，同"帆"。如此，一切疑问都得以解决，"震泽"是太湖的别称，"扬鞭"如何能到达太湖！只有"扬帆"才能乘风破浪，沿胥江一路西下到太湖。更何况"扬鞭"与上联的"立马"意思雷同，乃对联之大忌。

这幅对联，把笔者带到2 500年前的吴越相争。吴国大夫伍子胥，因帮助阖闾刺杀王僚，夺取王位，然后整军经武，国势日盛，战败越国，而得以封爵。后来，阖闾的儿子吴王夫差当政，伍子胥因劝告夫差拒绝越国求和，渐被疏远。渐渐地，吴王夫差听信谗言，赐剑命伍子胥自尽，并投尸于江。范蠡是越国大夫，他帮助越王勾践发愤图强，施行美人计、反间计，诛杀吴国忠臣、消耗吴国国力；经过十年奋斗，最终灭了吴国。功成之后，范蠡激流勇退，弃官从商，成了富甲天下的巨商。

上联中的"苏台"，应是"姑苏台"，吴王夫差花8年心血造成，一般认为在灵岩山附近。越兵灭吴后，付之一炬，成了一片废墟，致使如今对姑苏台究竟在何处争论不休。"虎阜"，苏州虎丘的别称，吴王阖闾墓所在地。上联感叹吴国当年的强盛，英雄阖闾之墓在万重翠山的簇拥中。

下联中，"鸱夷"，皮袋，其借代义有两解：其一，吴国的忠臣伍子胥被迫自杀后，暴君吴王夫差竟将伍子胥的尸体放在皮袋中任其在江上漂流，所以，"鸱夷"代指伍子胥；其二，越国大夫范蠡认为伍子胥这样的忠臣被杀是自己的罪过，所以，当越灭吴后，也自称"鸱夷子"，"耕于海畔，苦身勠力，父子治产。"（《史记·越王勾践世家》）一般写桥者分析这幅对联，认为此处的"鸱夷"指范蠡;但笔者认为,此联中"鸱夷"应指伍子胥。首先,桥下的胥江与伍子胥关系密切;其次,撰联者"泣"的对象只能是伍子胥而不可能是范蠡,更何况此处向南不远,有伍子胥墓,碑曰"吴故伍相员鸱夷藏处"。下联,感叹了吴国的悲剧和伍子胥的悲剧。

站在桥头,思绪联翩。如果站在越国的立场上,那么,他的卧薪尝胆,奋发图强,最终复国的精神应该赞赏,范蠡就是越国复国的最大功臣,而吴王夫差也是"功臣",伍子胥则是最大的敌人;如果站在吴国的立场上,那么,暴君夫差应该千夫所指,而伍子胥则应该万世流芳,而越国的勾践、范蠡就是罪大恶极,实该千刀万剐。这不由得使笔者想起了元代张养浩的《山坡羊·潼关怀古》:"峰峦如聚,波涛如怒,山河表里潼关路。望西都,意踌躇。伤心秦汉经行处,宫阙万间都做了土。兴,百姓苦。亡,百姓苦。"也许,我们不必去争论究竟谁是谁非,谁功谁过;对于平头百姓而言,需要的是"永平",永远太平!如此理解西津桥的别名,应该是颇为贴切的了。

桥北正对着一间明显为临时搭建的小屋,锁着,门楣上写着"三义搁"。正当笔者为这三个字犯愁时,一位当地的老太走了过来,看样子有些文化。她指了指,要求笔者也拍下这间小屋,说道,"向上面反映反映,我们这儿也要开发,赶上山塘街"。看着笔者不解的样子,她告诉笔者,这里原来是个大庙,几进房子,主殿供奉着刘、关、张三弟兄,边上的配殿供奉着火神、财神和观音。文化大革命时被拆除,现在是村民临时搭建的,有刘、关、张三弟兄的塑像,至于火神、财神和观音,就是几个牌位而已。钥匙在村办公室,初一、月半和二月十九观音娘娘生日,香火很盛。桥北块西侧,原来有一个亭子,有一口井,文化大革命时都毁掉了;老太指了指文物保护标志碑。

原来,"三义搁"为"三义阁"的误写!但是,不管怎样,朴实的村民们永远惦记着井、亭、桥相互配置的旧日景观,正在主动恢复着"桥对庙,庙对桥"的旧制。他们不希望折腾,需要的是"永平"。

木渎古镇旧有"十景",名噪一时,"西津望月"为其中之一。笔者突发奇想,当在三五之夜,邀三五好友,游走于桥畔。携一壶美酒,击节高歌,或仰望空中冰轮,或平视拱圈倒影,或俯瞰水底月影。享受这一份"永平",其乐定将无穷!

星级指数：☆☆☆

观音殿外叩清音——光福光福寺桥

　　光福，位于距苏州古城西部20来公里的太湖之滨、邓尉山麓，是苏州境内具有几千年历史的古镇之一，素以"湖光山色，洞天福地"著称于世。宋范成大《光福塘上》诗曰："指点炊烟隔莽苍，午餐应可寄前庄。鸡声人语小家乐，木叶草花深巷香。春去已空衣尚絮，雨来何晚稻初芒。只今农事村村急，第一先陂贮水塘。"

　　沿光福镇的那条主干道迤逦西行，右侧有一个四柱三间的石牌坊，上面镌着一联："禅地非常，深生祖道；法门无尽，大振宗风。"穿过这个牌坊，光福寺桥就出现在眼前了。光福寺桥又名"天寺桥"、"香花桥"。为梁式单孔桥，桥梁微微上拱；石栏杆及锁口上的几块武康石，明确地告诉我们，该桥是宋元时的遗物。桥跨光福市河,接光福上下街。而光福市河为张士诚所凿,所以说,此桥初建于元末可能性最大。

光福寺桥桥长约16米,宽约3米;梁长5.4米,由五条石梁铺就。两侧各有踏步十数级。尽管重修,但仍保存着宋代雕刻、法式、规矩等的历史信息。东西两边的桥梁外侧,都雕有万字花纹和两条龙,这些龙屈曲盘旋于云端,或昂首示威,或回首凝视;龙爪与龙身的鳞片活灵活现;龙雕刀法细腻,古朴遒劲,造型优美,线条流畅,令人啧啧称赞。那惟妙惟肖的动感,让笔者流连忘返,却无法用语言倾情描绘。可惜的是,有些图案已经被破坏了。两侧的护梁木显然是新补上去的。

据说,用手轻轻拍打栏杆,会有清脆的声音传出,所以当地人还叫它"琵琶桥"或"响石桥"。但笔者试了几次,都没能如愿;同行的一个男孩使劲拍击,还是未能如愿。或是用力不当,或是方法失误,或者还是道行太浅吧。不得而知之余,笑声倒是连成了串。

桥北正对着铜观音寺,原名光福讲寺,始建于梁朝大同年间(535—545),距今已有1500多年历史,曾作为高僧讲经授道之所。光福寺的前身是私家住宅,由南朝陈黄门侍郎(侍从皇帝、传达诏命要职)顾野王舍宅为寺。唐代武则天时(684—690)改为光福寺,香火十分鼎盛。宋康定元年(1040)六月,有一位村民在光福寺旁取土,挖得铜观音像一尊,随即敬赠给光福寺。由此轰动了吴郡各地,前来朝拜者络绎不绝,摩肩接踵。于是,就改称光福寺为"铜观音寺"。如今,这尊观音像就供奉在寺中铜观音殿内。像高约1米,体态丰腴;慈眉善目,神情自然;头戴华锦,身佩玑珠;左手下垂,掌心向外,五指自然微弯;双足裸露,轻踩莲花宝座。

这尊铜观音像还流传着与况钟、林则徐有关的神奇传说。明宣德五年(1430),苏州知府况钟因铜观音灵验,率众施财修葺光福寺殿宇。清道光十一年(1831),时任苏州巡抚的林则徐两次在此拜祭,都有灵验。拜祭前还秋雨连绵,大水成灾;一经祈祷,不久即雨过天晴。拜祭前还地裂井枯,禾苗烤焦;一经祈祷,不久即大雨滂沱。林则徐特向朝廷奏请重修铜观音寺;邻近的老百姓感恩不尽,更是把这尊铜观音看作救苦救难的菩萨。如今铜观音左右两侧陈列着佛教信众捐赠的玉石、青瓷、红木等观音雕像多尊,造型各异,慈祥和蔼,不失为佛像的艺术佳作。

由于受自然老化以及人为破坏等因素,光福寺桥一度重病缠身,去年九十月间,桥进行了大修。

整修中,最先聚焦的是桥梁石,令人遗憾的是,其中一块桥梁石早被一块花岗石栏板所代替,而且没有任何花纹,破坏了桥的整体感。细心的工程人员有了一个意外发现——桥体的两块压口石也有同样的纹饰,原来便是踏破铁鞋无觅处的另一块桥梁石,只是已经破损。感谢当年的修桥者给我们留下了珍贵的历史信息。所有修复中最难的一环则是桥栏杆的复原——所有的栏杆均为小块拼装而成,单个来看,都比较直,然而要拼起来形成一个优美的圆弧却并非易事。工程人员采用"石膏还原"法,将整个古桥按1∶1的比例设置一个石膏模型,然后将现有的构件一个个对应填充,没有的便按石膏模型来打造。

新年甫过,笔者冒着料峭的春寒,再次站在光福寺桥上。看得出来,桥新修过,桥墩各个石块上的编码犹存,桥梁外侧的双龙更是彰显着苏州桥梁文化的博大精深。但是,笔者的思绪却飞到了数百年前,想象着在一个骄阳似火的日子里,铜观音像在大队地方官员和善男信女的簇拥下,从桥上通过,去祈祷降雨;想象着在一个霪雨霏霏的日子里,铜观音像在大队地方官员和善男信女的簇拥下,从桥上通过,去祈祷雨止天晴;想象着新婚夫妇虔诚地走过这座桥,到铜观音像前求子……

在科学相当发展的今天,抬着观音像祈祷晴雨的现象不会再现了,但求子的男女大有人在,我们岂能对这些虔诚的人们扣以"迷信"的大帽!

现光福寺桥已与光福寺塔被列为省级文物保护单位,但是,有关方面对文化的理解却难以令人恭维。就在光福桥的侧西头,竖着一座石牌坊,上面镌有联,西侧为"千古独枕塔山月,四时尽沐西崦风",意境尚可,但明显平仄不谐,更何况上下联反置。东侧为"送夕阳,迎素月,岁月流长;瞰青山,衔太湖,风光独好",也是平仄不谐,且将上下联反置,更何况相对不工,令人喷饭。姑苏饱学之士可谓多矣,何不咨询一下!

星级指数：☆☆

一桥寂寂叹悲凉——胥口后塘桥

胥口位于中国历史文化名城苏州西南郊近 20 公里的太湖之滨,因春秋时期吴国宰相伍子胥而得名。胥口依山傍水,景色秀美,人杰地灵。它南依万顷太湖,北靠穹窿诸峰,东接天平灵岩,西连太湖大桥。全年四季分明,山清水秀,物产丰蕴,是一个最适宜人居的地方。

在这块有着深厚历史文化积淀的土地上,历来人文荟萃、英才辈出。被誉为"塑圣"的杨惠之、兵圣的孙武、明代著名画家董其昌、主持营造北京故宫的明代建筑大师蒯祥等一大批历史名人都曾生活在这里,谱写了胥口千古流芳的华美篇章。

在胥口,有一条小河南宫塘,从香山南蒯祥墓附近太湖出发,向北再向西,连结着胥口的各个乡村,在渔洋山北再入太湖。如果它阔一点,就可能将渔洋山变成一个太湖中的岛屿。

有了河就会有桥,就在这条南宫塘上,古石桥颇多,至今尚存后塘桥、鸳鸯桥和吕浦桥。其中,后塘桥是苏州市文物保护单位。

为了寻找后塘桥,我们从木渎古镇出发,沿着孙武路逶迤西南行,然后进入一条乡间小道再向南,终于到达了水桥村。眼前的景象有点惨不忍睹,到处是断壁残垣,老人们在废墟中扒拉着,似乎在寻找着昔日的记忆,一切的一切死气沉沉,如同刚经历过一场战争或地震的灾难。又是拆迁!心中的郁闷难以驱遣。但是,有几座显然新建的房屋(有些甚至称得上"豪宅")不知通过什么途径,顽强地挺立着,伴着零星开放的迎春花、腊梅花以及含苞待放的茶花,在迎接我们的到来,让我们看到了一些生气。

向西步行不久,后塘桥就出现在我们眼前,桥南北走向,高高拱起的桥身与桥下水中的倒影拼成一个大大的圆,微风过处,荡起圈圈涟漪,桥下半个圆顿时舞动了起来。

桥始建无考,重建于清道光九年(1829),这从桥南西侧明柱所镌"道光己丑"以及桥北西侧的明柱上所镌"合山众姓重建"可知。民国十八年(1929),民众集资重建。桥为花岗石结构,长 20 余米,桥孔跨径约 5 米。

桥东侧明柱有文字:"愿天常生好人,愿人常行好事。"之所以称为"文字",是因为从平仄、意境等角度来看,确实称不上"联";但句句是实话,发人深省,有振聋发聩的功效。如果这些文字能变成现实,那种强制拆迁、鱼肉百姓的事情还会发生吗?我们的社会能不"和谐"吗?

桥的现状不容乐观。我们在桥的周围寻找"文保"标志碑,但寻了几圈也不见踪影。一位当地的老太告诉我们,石碑早就不知去向,石碑的底座尚在,但是……说着,把我们带到了桥南堍的西侧,看见"文保"碑的底座竟被一户人家用水泥封了起来,成为墙外保护层的一部分!站在这个被水泥封住的石碑底座前,阵阵悲哀向心头袭来:标志碑乃是传承保护文化的载体,由权威部门竖立,怎能轻易自我处置!偶一抬头,发现明柱上方的石块至少缺了两块,里面的填充物"呼之欲出";笔者的内心顿时沉重起来,一低头,发现那两块石头就在下面的河里。那些履痕经常印到桥上的有关人士难道不知道吗?悲夫!

星级指数：☆☆

具区风月最无边——东山渡水桥

太湖36 000顷，72峰。最大、最著名的两个岛屿是东洞庭山与西洞庭山。

东洞庭山，即洞庭东山，苏州人习惯称"东山"，位于苏州城西南数十公里处，它原是太湖中的一个大岛，隋时与陆地相隔较远，后由于泥沙淤塞堆积，到清道光年间(1821—1850)离陆地仅有50来米，100多年前与陆地连接，"岛"就"升格"为延伸于太湖中的一个半岛。东山三面环水，万顷湖光连天，渔帆鸥影点点，自然风光秀丽，物产丰富。春天，百花盛开，姹紫嫣红，碧螺春茶香扑鼻；端阳佳节，"卢橘杨梅次第新"，金黄紫红缀满枝头；秋天，桔林飘香，远看万绿丛中点点红，近看累累硕果树弯腰。难怪古人感叹说，"吾洞庭，实兼湖山之胜，是山特为幽人韵士之所栖，灵仙佛子之所宅"。

东山历史文化底蕴深厚，人文荟萃，仅明清两朝，出自东山籍的进士就达

40余人,最著名者当数明成化十年(1474)探花,后担任"文渊阁大学士"(相当于宰相)的王鏊。

在东山半岛上,有一条河流从北到南,将东山切割成两半,东侧以平川水网为主,西侧则以丘陵山地为主。这条河流就是渡水港,但文人更喜欢称之为"具区港";因为这条河自北湖亭嘴入口,南行转西直至长圻,又入太湖,南北均与太湖相通。太湖的别称是"具区",具区之名始载于《尔雅·释地》:"吴越之间有具区。"《山海经·南山经》则云:"浮玉之山,北望具区。"晋·郭璞注:"具区,今吴县西南太湖也。"所以,这条港就被称之为"具区港"。东山人去苏州城或其他地方,都从具区港出发;而外地人进东山,也都从具区港而入。

就在东山晨光村,有一座桥横跨具区港,将东山镇的东西两块连成了一体。这座桥就是著名的"渡水桥",但文人们更喜欢称之为"具区风月桥"。上文说过,"具区"是太湖的别称,而"风月"却有着一个凄婉的传说。相传很久以前,有个叫萧风的男子,在这座桥上相遇了一个叫秦月的女子,二人一见倾心。于是相约每天黄昏之后,月亮升起之前在桥上相会,共诉衷肠。一个静谧的夜晚,萧风送给秦月一支翡翠腊梅,以作信物,说这一辈子只爱她一人。可秦月一把夺过翡翠腊梅,哭着跑回去了。几天之后,人们在桥下发现了秦月的尸体。萧风听到噩耗,悲痛欲绝地来到桥边,发现了秦月留在桥上的翡翠腊梅。原来,秦月遭父母所逼,要她嫁给一个有钱的粗人,无奈在新婚之夜逃到桥上,纵身跳下河,以性命保住了贞操。萧风听后,肝肠寸断,终于在一天月亮升起之前跳下了河,用一死兑现了对秦月的承诺!

后来,人们就将两人的名字合成桥名,一直流传至今。当然,我们没必要去证实这个故事的真伪,但悠悠历史,为了一个"情"字,有多少男女付出了生命的代价。元好问所言极是:"问世间,情为何物?直教人生死相许。"

在笔者的手头,还有另外一个关于"风月"的版本,据说有人请乾隆皇帝为东山的风光题字,乾隆皇帝略一思索,写下了"虫二"两字,人们百思不得其解。一个老和尚猜透了奥秘,"虫二"就是"風月"去掉外框,即风月无边,无边风月。桥因东山的无边风月而得名,却也说得过去;然而,乾隆皇帝究竟是否到过东山,至今尚无定论。

能考证的是,元至正年间(1341—1368),周富七郎出资购石板建桥,这便是最初的具区风月桥。经历百年,到明景泰初年(1450),石桥塌,路上交通断绝。约40年后,里人集资架设木桥,但河宽水急桥高,简易木桥时出险情,来往商旅及东山本地人出入都极为不便。

弘治九年(1496),里人吴天袷毅然出金百铤,购良石重建渡水桥。斗转星移,沧海桑田。桥主体部分又经过清道光十九年(1839)和宣统三年(1911)重修。从此,具区风月桥就成了东山一道亮丽的风景。明·葛一龙诗曰:"具区桥下水悠悠,具区桥边郎发舟。郎舟好载青山去,免使蛾眉相对愁。"

为一探具区风月桥的究竟,笔者从苏州出发,过木渎后沿木东路西南行,在新渡桥边下车,然后沿着具区港的西岸北行。这条小巷子叫"晨光村张家下脚",沿河,有多处造小船的作坊,看着这些小小的船儿,很难想象它们如何能出没于太湖的波涛。然而,这条小巷子的门牌却把笔者搞糊涂了,有时是"晨光村",有时却是"渡桥北街",有时两块门牌并存。问了当地人,才知道当地的百姓怀旧心理较重,改了新路名,不舍得丢掉旧路名。这不由得使笔者联想到有关方面从迷信的角度考虑,硬把"西山"改为"金庭"的愚蠢而蛮横的举动。

具区风月桥由武康石、青石和花岗石砌就,为三孔石桥,但两边两个小孔已经淤塞了部分,只有中间的大孔下时有船只往来。桥长50余米,宽4米左右。桥面有侧石桥栏,共8根望柱。

桥东是一条幽深的小巷,不知通到何处。

桥西就是东山莫厘峰,一条窄窄的殿泾港,将山涧水导下,在渡水桥边注入具区港。沿殿泾港两岸,都是民居。相传岳飞当年清剿太湖杨虎时,牛皋为先锋。一日他乘皓月当空之时,放船到太湖巡逻,恰与杨虎部下战船相撞,牛皋跌入湖中,被抓获。船到渡水桥上岸,殿泾港前是必经之路,杨虎兵丁押着牛皋走得很吃力,途经东街头粗壮的紫藤树,想停下来歇一歇,可是又怕牛皋逃走,于是就把他绑在藤树的主干上,引得不少民众前来观看。此事被岳飞知道后,设法营救,最后在岳元帅的仁义感召下,杨虎归降,加入到抗金队伍中去。

可惜的是,由于两岸建筑密集,现在看不见太湖了,"具区风月",已属徒有虚名。然而,从具区风月桥南下,可以参观"天下两堂半罗汉"中一堂的东山紫金庵,这也算是一种无边的风月吧。

星级指数：☆☆

内外古今系一桥——湘城观桥

相传，湘城镇的地形如同一只巨大的神龟，妙智庵为头，灵应观为臀，观桥为尾；虹桥为左前足，济民桥为左后足；镇东坍石桥为右前足，天福桥为右后足。中间之地域为脊背，原有活动之象。自虹桥废，观桥又改建为石桥后，一足已断，尾亦重压，且有灵应观黄石墙压其臀股，就无法活动了。在感叹我们祖先神奇想象的同时，不得不感谢这灵应观和观前的观桥，否则，湘城镇也许就爬进阳澄湖，变成"神龟岛"了。

湘城老镇的东南面，有一条观桥河，连接着烟波浩渺的阳澄湖和鸥鹭飞翔的盛泽荡。观桥就坐落在这条河上,看来,这条河是因桥而得名。

观桥,也称"官桥",由武康石、青石和花岗石砌成,呈南北走向,为单孔石拱桥。全长近30米,宽与高都是近4米,跨度5.9米。桥面由数条大石板纵横铺就,桥面两侧的两条纵向条石为武康石,可证明此桥最早建于宋元之间。桥顶两侧有矮矮的桥栏。桥两侧的武康石上,雕有花纹,笔者虽反复察看,但依然无法辨认;桥上还有楹联,也是模糊难辨。

据说,过去这儿是全镇的制高点,站在桥头向东眺望,越过芦苇荡就是阳澄湖浩瀚的水面;向西望,便是湘城古镇挤挤挨挨的民房;向北望,就是那座有八百多年历史的灵应观,"观桥"之名源于它;向南望,是向东面数十米处拐弯向南再折向东的河流,浩浩荡荡,风帆点点。向下望,是清澈的河水,河中船只或首尾相接往来穿梭,或左右相靠泊于水边。

如此一个位置,想来,会吸引小镇很多的人流连忘返,也一定会有感怀生活者来此倚桥指点,指点这如画的江南水乡。如果时逢夕阳西下,驻足观赏,那一定别有一番感慨在心头。想到此,笔者忍不住循着飞驰的神思,拾级而上。

然而,眼前见到的却是另一番景象:向东望,是鳞次栉比的民房;向西望,还是鳞次栉比的民房;向北望,是由灵应观改建的粮库,几只"土圆仓"的尖顶分外引人瞩目;向南,还是那河水,但已失去了昔日的繁忙。向下,已没有了往来的船只,只有几条废弃的破船,如同"鸡肋",被主人扔在河边。唯一不变的是湛蓝的天空上飘着朵朵白云,朵朵白云下挺直脊梁的桥身。站在桥上,注视着隐隐发黑的河水,不由得想到了甪直大觉寺桥。虽然,在现代化的进程中,观桥难以避免被遗忘的命运。但是,相比较而言,观桥还是幸运的,因为它毕竟还是"桥",还发挥着"桥"的功能,没有它,人们跨不过这条观桥河;而大觉寺桥,则只成了旱地上的摆设,只因为被保护而存在着。

一位热心的老者把我们领进了粮库的侧门,进入古灵应观的旧址。绕过那些现在已被称为"文物"的文革产物"土圆仓",绕过遍撒于地的玻璃碴,我们来到了一座石柱支撑的三开间殿堂,这就是灵应观劫后幸存的第三进——玉皇殿。门口,竖着此殿为"苏州市文物保护单位"的石碑。殿中右侧,为《灵应观碑记》。

灵应观,"宋咸淳二年(1266)开山始祖赵志清奉敕所建",初名"灵应道院";道院前原有"通仙宝坊",宝坊前方就是建于同时的观桥的前身——通仙桥。元朝初道院遭兵火焚毁,延祐年间(1314—1320),主持苏斗南重修道院,"灵应道院"改名叫"灵应观",桥因在"观"前而改称为"观(guān)桥"。直至今天。清光绪十六年(1890),当地人张毓庆再度重修观桥。

走出粮库,踏着长满杂草且有些地方已轻度塌陷的桥阶,再度来到观桥之巅,不由得想起了与观桥密切相关的几个著名人物。

道士席应真,常熟人,字子阳,号心斋,明初主持灵应观。因为他学富五车,满腹经纶,所以,让住在湘城镇北妙智庵里的一个法名道衍的小和尚羡慕不已。于是,小和尚一有空就往观桥边跑,拜师学艺,跟席应真成了忘年交。多年后,小和尚从观桥走出去,被朱元璋派遣到燕王朱棣(即后来的明成祖)那里,后来,他相助燕王登上皇帝的宝座,并主持了《永乐大典》的纂修。这个和尚就是出生在湘城,常往来于观桥的姚广孝。还有一位是沈周,他从湘城古镇坐上船,穿过观桥,驶进茫茫人海,成为一代画师,开创了闻名遐迩的吴门画派。还有唐寅唐伯虎,与灵应观道士周鹤林谈兴未尽,从殿内走到桥上,又从桥上走到殿内;一首《赠周鹤林羽士》留下了这段文坛佳话。

如今,镇区越来越大,道路四通八达,镇东头的观桥再也不是进出小镇的必经路道;那条观桥河,再也不是船舶往来的繁忙航道。登上观桥者,再也不是匆匆的行人,只是附近的住户或少数怀古思旧的老人、年轻人。岂能让观桥如儿时照亮母亲为我们缝补衣服的油灯一般,徒成为过去的记忆呢!在2005年9月1日,相城区人民政府立碑公布观桥为"苏州市文物保护单位",这不仅是官方的承诺,更是当代人对前辈的承诺,对后代人的承诺,是传承姑苏文化的承诺。因为观桥就像一位慈祥的老者,沉默无言,却见证了小镇的历史、苏南的历史,甚至全国的历史。同样,观桥,还将见证着人才辈出的小镇如何后浪推前浪,如何走向苏南,走向全国,走向世界。

星级指数：☆☆

葫芦岛旁待涅槃——太平凤凰桥

天下蟹的极品在苏州阳澄湖，而阳澄湖蟹的极品在莲花岛和葫芦岛。葫芦岛是位于苏州相城区太平街道镇区东面的一个半岛，状如葫芦。它一侧连着陆地，"葫芦"的顶部、底部和另一侧伸进阳澄湖，风光旖旎，物产丰富。就在葫芦岛和陆地的连接处，有一个旺巷村，一条旺港东连阳澄湖，西通济民塘，是古时的航行要道。苏州相城凤凰桥，就架在这条东西流向的旺港上。

何以取名为凤凰桥的呢？也许，是源于凤凰这名字所拥有的美誉吧。凤凰，是中国古代传说中的百鸟之王，和龙一样为汉族的民族图腾，它集鸟类的一切美好于一身,是一种代表幸福的灵物。和"麒麟"一样,"凤凰"一词为联绵字。凤凰于飞,是吉祥和谐的象征。虽然说凤凰仅存在于传说中,现实世界见不到,但中国人还是喜欢以凤凰命名。如湘西有凤凰县城;三亚、黄山有凤凰岛,扬州、青岛、合肥东门外有"凤凰桥",苏州古城区还有凤凰街。至于人名中沾"凤"带"凰"者,更是数不胜数。

苏州相城的凤凰桥究竟有着怎样的"容貌"呢?带着心中的疑惑,笔者来到旺巷村中,看见几间涂成寺观专用的土黄色的坐北朝南的房子面对着一条南北向的小巷,小巷北口竖着两块石碑,一块由吴县人民政府1986年3月25日所立,上面写着"凤凰桥"为"吴县文物保护单位",一块由相城区人民政府2005年9月1日所立,写着"凤凰桥"为"苏州市文物保护单位"。在岁月的更迭中,能够得到不同层次的屡屡重视,想来,这座凤凰桥自有其本身存在的价值以及被后代了解并保护的理由。怀着这样的念想,笔者径直前往,从巷口南行20来米,走到尽头,凤凰桥就呈现在眼前。桥紧扣小巷,也是南北走向,为单孔石梁桥。桥长十七八米,宽2.3米左右。桥面由三块石拱梁组成,仅有东侧为褐红色武康石,保留着宋元遗韵。桥梁两端所枕之长系石,也为武康石,当年的护梁木的榫孔尚存。桥墩由青石、花岗石等斑驳交错砌成,带有明显的历代修整的痕迹。桥西侧有钢管扶手,显然是后加的。桥南没有专门的路,但一直通向村子的深处。

站在桥面上往下看,但见粼粼的水中倒映着路边的一棵棵枝桠交错的树,风起处,青石、花岗石的交叠而晃更给人带来历史的沧桑,仿佛时间回到了建桥的年代,又仿佛如烟的过往正在走来。

东侧石梁上依稀能辨出"末岁建凤凰桥"等字;西侧石梁为花岗石,所镌之字较为明显,是"太原王氏近溪策立"。此处的"王氏"应是南宋太尉王皋家族。王皋是南宋时期著名的主战派,与岳飞、范成大交往。靖康之难,两度护驾,并拥立宋高宗立下大功。建炎三年(1129),王皋护送宋高宗南渡,在苏州停留数天。曾经"小舟遍探吴中佳山水,因过阳城之荻扁,见其地滨湖控海,水土深厚,遂家焉"。所谓"阳城之荻扁",即今日阳澄湖边的旺巷,也就是说,王皋将家室安顿在此处。由于众所周知的原因,宋高宗不愿北伐迎回"二圣",执意迁都临安,与金媾和,苟安东南。王皋见国是不可挽回,悲愤交加,曰:"西湖一洼水,何足济天下事乎,吾亦从此逝矣!"便弃官隐居旺巷,故旺巷当时称"王巷"。后来,王皋后裔就逐渐在太平一带繁衍。据说,凤凰桥就是王皋夫人所建;虽不能确证,但从年代来看,也差之不远。

2009年2月20日苏州《城市商报》有一篇《相城太平街道修缮王皋墓园》

的文章，文中有"王氏当年'近溪策立'的凤凰桥也已修好"之句，语焉不详，似乎是说王氏家族当年在溪旁"策立"了这座桥。一般用于太子身上的"策立"一语岂能用在一座普通的乡间小桥上！为此，笔者特地来到太平老街古银杏旁的"王氏资料陈列室"，查到明朝时王皋十五世孙有名"策"字"君谟"号"近溪"者居住于此，谜底顿时揭开。原来"太原王氏近溪策立"应作如此讲，明朝时期，郡望太原的王氏中，有一个名策号近溪的人立此桥。也就是说，明朝时，王皋后裔王策牵头重修了此桥。

走近凤凰桥，看到两个桥墩内侧似乎有字，笔者撑小船来到桥下，见北墩内侧抹着一块水泥，上面写道："一九六四年五月"，证明该年曾大修过一次，桥面的钢管扶手应是当时所添。南墩内侧也抹着一块水泥，已有好事者将之凿去部分，当中赫然露出"凤凰桥"三个字，上款为"乾隆四十年"，下款只能辨出"重修"两字。

如此看来，此桥至少经过三次重修：王策在明朝时重修过一次，清乾隆年间重修过一次，而1964的那次重修，几乎割裂了历史。

苏州人历来有"桥对庙，庙对桥"之说，那么，凤凰桥所对之"庙"又在何处呢！据一位六七十岁的乡间老太说，桥北头，包括那条小巷、小巷的两侧以及北端，过去是一座颇为庞大的"净土庵"，占地约30亩，亭、台、馆、阁、花、草、树、木俱全，香火甚是鼎盛，她小时候常去那里玩；后来，"净土庵"废弃，小巷的北端成了一所小学，小学前开出了一条东西向的大路，而小巷两侧都建了民居。而今，净土庵借用已经迁并的小学校舍重建，小巷北端那几间涂成黄色的房子即是，供奉着阿弥陀佛等"西方三圣"佛像；有一个老尼姑，独守着青灯古佛和两株数十年的广玉兰。

而今，每当秋深冬初，西风响起，到葫芦岛把酒持螯观景者如过江之鲫，甚至应接不暇；但是，其中有几个人真正关心过凤凰桥的兴衰？又有几个人愿意解读凤凰桥的历史？每想到此，笔者的心里有几分惆怅，更有几分伤感，忍不住想奋笔疾呼：沉浸在蟹肥味美中的人们，前往弥漫着历史气息的凤凰桥上走一走吧。

在一个异常寒冷的冬日，笔者再次来到那几间土黄色的房子前，见院门紧闭，寂静如深潭，不由得感叹起世事的沧桑：郭沫若有诗曰《凤凰涅槃》，赞美了凤凰在烈火中涅槃重生的壮丽举措；然而，凤凰桥的"涅槃"又在何时呢？

星级指数：☆☆

雁齿云平策杖来——北桥石家桥

北桥镇东约两公里，有一个叫做"石桥"的村落，村北，一条石家河缓缓地淌过，向东注入元和塘。就在这条河上，架着一座为当地人津津乐道，却很少为外人所知的市级文物保护单位——石家桥。

驱车从相城大道北行，按地图从凤凰泾处拐弯向西，在当地人的带领下，终于来到了被他们简称为"石桥"的石家桥北堍。

北堍东侧，竖着一块此桥被列为苏州市文物保护单位的石碑，根据上面的介绍，我们知道，该桥建于宣统元年（1909），为花岗石单孔石桥，长28.7米，宽3.5米，高4.9米，跨径7.7米。

桥北堍，正对着一座简陋的土地庙，显然香火很盛；在桥北堍的东侧，竟然还保存着两块并列着的,穿有十来公分圆孔的旗杆石,实为罕见。

登上20余级台阶,来到桥顶。发现桥面的两侧,两根望柱之间,石质桥栏设计成座椅状;除吴门桥外,还是首次看见这样的形制。

桥两侧明柱有楹联,颇耐人寻味。

东侧一联曰:"红板夕阳,不数题诗客过;苍葭秋水,尽携策杖人来。""红板",桥板,白居易《折杨柳枝》有句"红板江桥青酒旗,馆娃宫暖日斜时",以"红板桥"比地位甚低者,以"馆娃宫"比高贵者;"不数",不去计算;"题诗客",为吟诗作赋而来此处的文人骚客。上联的含义清楚,建造此桥,不是为了给某个景点锦上添花,不是为了给文人墨客提供创作的素材。

"苍葭",绿色的芦苇,虽然脱胎于《诗经·蒹葭》的意境,却朴素易懂;"携",搀扶;"策杖人",拄着拐杖的老人。下联显示了此桥的"平民化"功能,是为便民而修筑,联系桥顶的两把"座椅",不禁由衷钦佩造桥者的初衷。

就"对偶"而言,"苍"对"红",色彩相映成趣;"秋水"对"夕阳",偏正式名词相对,也暗含着"绿""红"相对;"尽携"对"不数",都是状语加动词式的偏正结构;"策杖人"对"题诗客",都是定语加名词式的偏正结构;"来"与"过",动词相对。能撰出如此工整、含义深刻的对联,定是此道高手。

西侧一联曰:"雁齿云平,虹霁水映;驴骑月冷,马印霜骄。"此联更为奇特,共8个动宾结构,而且上下两联中自身就构成对偶关系。

就上联而言,"雁齿",原意大雁排列,主谓结构,一般代指桥石阶;"虹霁",虹出现了,致使雨后天晴,也是主谓结构,一般也代指大桥。所以说,以"虹霁"对"雁齿",虽为同类相对,但因用了不同的比喻,可以说颇为工整。"云平",主谓结构,与"雁齿"呼应,表明桥高大,登上桥阶似乎直上云端,虽有夸张却合情合理;"水映",也是主谓结构,"虹霁"后当然会在水中映出;以"水映"对"云平",也甚是工整。

就下联而言,"驴骑(qí)",当然是人骑着驴,撰联人如此倒置,是为了保持主谓结构上的一致;"马印",马儿踩上蹄印,也是动宾结构。以"马印"对"驴骑",词语结构上有些勉强;何况"驴""马"之间的差别不大,内容上有雷同之嫌。"月冷",可联系李商隐"夜吟应觉月光寒"句;"骄",强烈、旺盛之意,如"骄阳似火"。以"霜骄"对"月冷",都有寒意,但事物不同,也颇为工整。

站在桥上,品味桥联,然而,却不由自主地吟起"风急天高猿啸哀,渚清沙白鸟飞回"的诗句。如果老杜犹在,或许能解决"马印"对"驴骑"的疑难吧!

星级指数：☆☆☆

犹怜昔日卧波时——鹿苑弘济桥

张家港市鹿苑镇距市府所在地杨舍镇东11公里，该镇在春秋时代原为吴王养鹿之地。至宋、元时，鹿苑已形成集镇，明、清以后，市井繁荣，商贾云集，成为滨江大镇。鹿苑古镇北濒长江，地势平坦，河道纵横，雨水丰沛。在很早以前，镇上有条东西走向的大街，被滔滔的三丈浦截为两段，东段为东街，西段为西街。三丈浦给两岸民众带来诸多不便，到了明末清初，有个法名弘济的和尚，来鹿苑镇上化缘，和尚费尽口舌，终于募集到一笔银子，在三丈浦上造了一座环形大石桥。大桥建成以后，东西大街沟通，交通方便。里人感和尚恩泽，便将大石桥取名为"弘济桥"。由于其高大雄伟，又据于鹿苑的交通要冲，故也称鹿苑大桥。

弘济桥建于明天启五年(1625)，已有近四百年历史，桥全长30余米，宽

3.5米左右,由三个拱圈构成。拱圈为花岗石,运用纵联分节结构,东台阶27级,西台阶20级,中孔高6米余,跨度11米多,东西走向横跨三丈浦。桥下为两个桥墩,两个桥墩之间是个环型大孔,与河中倒影形成一个椭圆。平日,河水从大孔流过;涨潮或退潮,或洪水暴发,河水既可以从大孔流过,又可以从两边小孔泄去,以分散流量,减低水速,减少阻力,保证桥身安全。

"在时代的滚滚向前中,弘济桥是否保持着它昔日的风采?"沐浴着初春的阳光,我们在鹿苑中学老教师钱文达先生的陪同下,从望江路北行,欲一探究竟。

然而,当弘济桥近在咫尺时,我们都忍不住连连摇头,因为眼前的景象实在与想象相差甚远,甚至可以用"寒碜"一词来形容。大桥两边的小孔已经淤塞,实际上是被两边的驳岸"挤"掉的。驳岸一方面挤窄了河道,一方面将两边的小孔各砌进了半个,其结果是,剩下的两个半孔被垃圾填没了,只有中间一孔还流淌着浑浊的三丈浦河水。桥南侧西端停着一条看样子多年未曾移位的驳船。想当年,这里茶坊酒肆,杂货小铺,百业兴旺;而如今,垃圾遍地,船只稀少,唯剩下一条破船在记忆的边缘模糊着。凑巧的是,来了一群可爱而贪玩的孩子,他们每人手中拿了各种图形的卡片,沿着台阶边打卡边往桥上走。因为玩得兴致颇高,嘴里不时发出尖叫声和叹息声,看着他们生动的表情和投入的打卡动作,笔者不知为何,徒生感慨:这尖叫声是否蕴藏着往日弘济桥被人们簇拥而生的开心?这叹息声是否包含着弘济桥逐渐被人们遗忘的心声?

桥南北两边的明柱上,依稀能辨出"南无阿弥陀佛"等字样。桥北侧石栏原为青石,现为花岗石,据说因遭火焚而补砌。中间龙门石上凹刻三个圆圈,圈内是南明尚书钱谦益所书"弘济桥"三字,字体浑厚,刚健有力。东侧,阴刻"民国十八年";西侧,阴刻"重修"两字,与钱谦益的题额显得很不协调。南侧桥栏以青石为主,中间龙门石上有三个水泥砌就的外凸圆形,最西面的小半个已经脱落,当中也有"弘济桥"三字,显然是模仿桥北的字形。

钱文达先生告诉我们,弘济桥实际上是由鹿苑的钱氏汝贤及其子抗植与里人秦时震、谭永瑞等捐银建造。钱先生带我们沿着高低不平、破损不堪的台阶,来到桥顶,指了指千斤石上一块凹下去的地方,告诉我们一段很有趣的传说。据说弘济大桥快要竣工时,不知什么原因,用来做桥顶千斤石的一块大黄石总是放不平,能工巧匠都束手无策。恰遇吕洞宾云游经过此地,他疯疯癫癫走上桥顶,右脚用力在黄石上一踏,哈哈大笑,腾空而去。由于吕洞宾脚跟用力过猛,竟在桥顶那块黄石上留下了半只脚印。众工匠大惊之余,突然发现大黄石已服服帖帖放得平平稳稳……我们辨析着这个确实像半只脚印的凹洞,不由得佩服祖先的丰富的想象力。

在古代,弘济桥的东西两侧是繁华的商业基地,米行、银匠店、理发店、药店都集中在附近。因此,弘济桥是重要的交通设施。而如今,弘济桥的通行功能正在逐步消失,因为就在它的北面 100 余米处,有一座新建的钢筋水泥鹿苑桥,车水马龙,甚为热闹。

桥西堍北侧,竖着一块文物保护标志碑,上书"张家港市文物保护单位 弘济桥 一九八四年四月公布 张家港市人民政府立"。与文物标志碑隔着望江路的,是一座有些年份的二层小楼,似乎是弘济桥的守卫者,默默注视着桥上往来的男男女女和桥下穿梭的各种船只。

弘济桥之所以著名,除古桥本身已有近 400 年的沧桑外,还与一个历史名人关系密切,他就是书写"弘济桥"桥名的钱谦益。钱谦益(1582—1664),字受之,号牧斋,万历三十八年(1610)探花。学者称虞山先生,鹿苑人(鹿苑古属常熟)。明末东林党领袖之一,清初诗坛盟主之一,被誉为"东南文宗"。马士英、阮大铖在南京拥立福王,钱谦益依附之,为礼部尚书;后降清,为礼部侍郎。降清后又有反清之举。钱谦益是个矛盾的人物,本以"清流"自居,却谄事阉党、降清失节。这种进退维谷、反复无常的尴尬状态,不仅给自己带来心中的苦涩,而且既为明遗民所斥,又为清皇帝所厌。进入"贰臣"行列,也就是必然的了。而这些的见证者,就是如今还挺立在三丈浦上的弘济桥。

2012 年 12 月,弘济桥"升格"为江苏省文物保护单位,尚未立碑。

星级指数：☆☆

古镇千年系两端——鹿苑方桥

在鹿苑古镇的西面，有一个滩里村，滩里村旁，黄泗浦缓缓北去。

有河必有桥，滩里村南，有一座用花岗岩建造的东西向的单孔梁式古石桥——方桥，跨越黄泗浦，连通旧时鹿苑古镇和庆安古镇之间的大路。桥始建年代不详，只知重建于清康熙十六年(1677)。

关于这座桥，有两个传说颇有情趣。一个传说是桥面正中原来有一只玉蟹，后来，一个觅宝的江西人发现此为宝贝，就想方设法将之凿去，现在桥面上仍留有蟹状印痕。另一个传说是方桥上有一只金鸡，凡人看不见。自从有了这只金鸡后，方圆几里的水稻收成无几，据说稻谷都被金鸡啄掉了，农民们只能年年怨声载道。但自从滩里村建了张家港第一座天主教堂后，这只金鸡就被镇住，农民的稻田恢复了收成。我们不必去考证这两个传说的真伪，但不难发现，第一传说表现了张家港人对自己家乡的热爱，认为家乡处处都是宝；第二个传说则表现了张家港对五谷丰登的期盼。

带着一份好奇和隐隐的期待,我们在邹永德老先生的陪同下,从鹿苑古镇出发,于村间小道迤逦西南行,穿过一片小树林,终于见到了这座古桥。桥长20余米,高近4米,中孔跨度8米,桥坡无石级。两端采用九层青石桥墩,桥面用两条巨型花岗石飞架而成。据说桥按"正子午"方向修建,也就是说桥孔正对南北。据了解,具有此特点的桥,在国内尚不多见。

桥梁外侧当中,均刻有"重建方桥"四字,两端为缠枝状浮雕。据记载,桥墩北侧分别嵌有"重建方桥碑记"和"重建方桥助银人员碑",但我们未曾找到。

桥西堍南端,竖有文物保护标志碑,上书"张家港市文物保护单位 方桥 一九九八年十月二十二日公布 张家港市人民政府立"。西堍北端,是一个农田用水的车口,砌筑车口的石块中,有好几块古朴的青石,估计为旧桥的残存。车口边,竖着一根雕有古朴卷云状花纹的已经有些风化的石柱。

邹永德先生指着西面告诉我们,那儿曾经有一个古镇,相传始建于西晋,到东晋时改称为"石闼市"。镇上街市兴盛,一派繁华。南宋建炎三年(1129),金兵南侵,朝廷派大将韩世忠出征。相传韩世忠曾经在石闼命令将士们用衣服拎土筑起30多米高的土山,故称其为"服拎山"。后韩世忠大战金兵凯旋回到石闼镇,在东岳殿庆贺胜利,恰逢其母六十大寿,百姓为纪念这位抗金英雄,把"石闼市"改为"庆韩镇"。又因为吴方言中"韩""安"谐音,"庆韩镇"被叫成了"庆安镇"。而今,服拎山早已没了"山"的样子,一切都只能在追忆中再现。

如今的方桥处于一种甚为尴尬的处境,桥的四周是一片片农田,通往古桥的唯一道路是一条羊肠小道,如果雨天探访,那份泥泞可想而知。桥下的黄泗浦早已失去通航的功能,而连通两个古镇的功能也早已结束,只能孤零零地站在那儿,栉风沐雨,因"被保护"而苟延残喘。桥面上铺着一层钢筋水泥保护层,显得不伦不类,更让走在桥面上的笔者恍然觉得仅仅是站在一条极普通的水泥板上,心头一阵黯然。抬头向远处张望,新建的锡通高速公路就在方桥西端的100余米处,看现代化的公路设施蒸蒸日上,而脚下的古桥却在此寂寞度日,甚感悲凉。于是,和同行者猜测那个"蟹"的印记可能在哪个方位,然而却更为可悲地发现,桥北端石梁已经断裂下沉,与桥面的那层钢筋水泥脱离了零距离接触的亲密。

方桥就如一根扁担,一端挑着鹿苑古镇,一端挑着庆安古镇,如今,扁担断裂了,被绑上了一条木棍勉强维持;扁担西头的庆安早就没有了古镇的踪影;而扁担东头的鹿苑如今已并给了塘桥,或许永远不再存在。世事沧桑,人何以堪!或许只有古老而得到保护的方桥,还能永远记住这两个千年古镇。

星级指数：☆☆

碧水何离旱地桥——塘桥萧家桥

在张家港境内，有一条纵向的河流三丈浦，南起凤凰镇河阳桥，北接四干河，与 204 国道基本平行，著名的弘济桥就跨在这条河流经鹿苑镇的地方。在塘桥镇南约 2 公里的李王村内，也有一座古桥横跨这条三丈浦，它就是萧家桥，也就是说，萧家桥在弘济桥的"上游"。萧家桥建于明万历二十四年（1596），至今保留比较完整，为张家港市现存的最古老的桥梁。属张家港市级文物保护单位。

想着弘济桥下多年未曾移位的那条驳船，笔者总是忍不住期待萧家桥能否让人在阳光下尽享江南水乡的韵致。于是，找了几位当地的朋友，从塘桥镇驱车出发，一路向南。可喜的是，不到五分钟，就看到了萧家桥的身影；可惜的是,比萧家桥更早映入眼帘的是一道"圈地"的围墙,昔日与流水相伴的萧家桥居然被困在围墙之南。

带着随之而来的遗憾,笔者一行在桥旁的一条水泥通道前下车,边看着一片片种植整齐的菜地,边朝着不远处的萧家桥靠近。桥东西走向,全长20余米,高近5米,宽约3米,跨径近9米。西台阶近30级,东台阶由于人为的原因已经没有了。文物保护标志碑立于桥西堍南侧,面向西,上曰:"张家港市文物保护单位 萧家桥 张家港市人民政府立 一九九八年十月二十二日公布",文物标志碑的反面,即东向镌有有关该桥的简单介绍,证实该桥为里人辽海道监军(又称辽海道兵备)萧应宫所建,故名。

关于萧应宫为什么造这座桥,塘桥一带流传着一个有趣的故事。

萧应宫为塘桥人,万历初进士,文武全才,无论是抗击倭寇,防守关隘,还是监军朝鲜都立下了汗马功劳,颇得朝野赞赏,人称"萧兵备"。苏州一府历来为进士的高产之地,比萧应宫早几年从塘桥考取进士当京官的还有一个钱岱,官至御史。某年,为造福桑梓,钱岱造了一座河阳桥,并得意洋洋地传言,萧应宫回家乡,必须从我造的河阳桥下经过。萧应宫听到后很不愉快,立即筹集经费,召集民工,在此处造了一座萧家桥,也放出话来,说是钱岱回家乡,船必须从我造的萧家桥下经过。钱岱得知后,硬是组织民工另开了一条运河,绕开三丈浦回家。我们不必考证这个故事的真伪,也不必考辨在这场官场的明争暗斗中孰是孰非;我们关心的是,不管出于什么目的,萧应宫造下这座萧家桥,最为得益的是三丈浦两岸的百姓,他们往来于两岸之间,再也不必为风急浪高不能摆渡而发愁了。萧应宫万历年间(1573—1620)有重修常熟方塔的义举,乡间的百姓对他充满着感激之情。

桥西有一座关帝庙,黄墙黛瓦,门向西,锁着。庙东(即桥西堍)后墙脚有一个供人烧香的砖砌的圆圈,南端开口,看样子香火很旺。香灰堆积在文物保护标志碑的东侧,已经积成一座颇具规模的"小山"。一刮风,定是漫天灰雾。

萧家桥与鹿苑的方桥一样,也有内藏玉蟹被江西觅宝人取走的传说。

桥东斜坡上,不知为何堆砌着花岗石,水泥嵌缝,从侧面看,大致成一个直角三角形。斜边是与东端桥面的接触部,致使没有了台阶;上面的直角边几乎与桥拱圈下部处于一个平面;东边的直角边大致垂直于地面,也就是说,桥东已经成了"悬崖",无法登上桥面。看样子,这些石块堆砌已久,石缝中长出的构树,最大的直径早就超过了人腰。但是,从桥东到桥西并非难事,因为桥下根本没有水,直接从"河底"走过来就是。萧家桥下原来应该是滔滔的三丈浦,但由于村镇建设的需要,此段三丈浦改道,萧家桥就成了正儿八经的"旱桥"

了,无怪乎先前从远处看它不怎么像"桥"。

桥有四条长系石,当中两条为青石,两端两条为花岗石。

就笔者所见,只有这座桥,能够钻到桥底仔细观察拱圈,探究桥洞中的秘密。拱圈为纵联结构:6块青石纵向排列,共有9节,节与节之间基本对缝,两端第一第二之间与第二第三之间夹有横向的石条。桥洞内,堆积着一些农民暂存的柴草。可是,当笔者写下这些观察所得时,没有丝毫的满足和惬意,因为今天的所知,是建立在萧家桥丧失曾经的交通功能,并正逐步被人们所淡忘的基础上的,"知"又有何用?一如年幼时,我们不懂得欣赏油菜花的金黄一片有多么美,可那时的我们是幸福的,快乐的;而当我们懂得了欣赏油菜花时,却发现年岁渐长,早已和人生的春天相去甚远,那份感受该是形似的吧?

从桥洞下来到桥南,可看见桥梁外侧镌有"萧家桥"三个大字。就在桥南东边长系石的内侧,青石砌就的金刚墙上嵌有一条花岗石,靠近桥面,上面用水泥浮雕着几个字:"一九六□年六月一日",虽然一个字已经脱落,但实指上个世纪60年代是毫无疑义的。看样子,这就是东边那个"三角形"堆砌的日期,因为那时的领导大多不懂得文物保护,更不懂文物的景观功能。

贴近桥南20来米,是一道围墙,墙外,一座现代化的高楼正在拔地而起,工人们正在紧张地工作。不知道也不想知道这是一座什么楼,但看着这座大楼,心底升起一丝悲凉,萧家桥仅存的景观功能将丧失殆尽。也许,现代化建设与文物保护之间本身就是一对很难调和的矛盾!坐在原路返回的车上,心中早已没了来时的兴致。

星级指数：☆☆

巍然耸立亦称奇——元和塘永济桥

商末(公元前11世纪)周太王古公亶父之子泰伯、仲雍让国南来,创立勾吴古国。仲雍,即虞仲,死后葬于常熟,所葬之山即称虞山,而常熟之简称"虞"也由此而来。常熟东邻太仓、上海;南联昆山、苏州;西接无锡、江阴;北濒长江黄金水道,与南通市隔江相望;西北境与张家港接壤。

常熟古城,盘桓在广袤的江南水乡,悠悠几千年而不衰。为这座古城生辉的,还有一座座古朴的桥梁。如今,这些桥梁的通行功能已基本完成,但它们的文物历史功能和观赏功能却永远渗入了常熟古城文化之中。

近二三十年常熟之所以出名,很大程度上因了城南的招商城。从招商城出发,沿着招商西路西行,不远就是一座东西走向的钢筋水泥的元和塘桥。桥下的元和塘是昔日常熟的水路要道,是进入南门商埠的必经之路,向南可直达苏州齐门,它见证了常熟古城以往的商业繁荣。想当年,此处百舸争流、喧闹繁忙;而如今波澜不惊,寂寂无声。就在元和塘桥北面300来米处,一座永济桥巍然耸立,伴随着远处的塔影。远远望去,此桥向上拱起似彩虹的身段,桥身石缝中蓬勃生长的灌木,在浑黄的河水映衬下尤其显眼。能在周围林立的高楼和拆迁废墟中峭然挺立,未曾倾圮,未曾"被拆迁",其本身就是奇迹。

沿元和塘桥西堍的四丈湾北行,临街是元和塘的河水,明清时的水运航道,仓库和专用码头沿河而设,尽显着昔日元和塘畔的繁华。面粉厂的码头是当时规模较大的码头,如今,早就没有了担面粉的号子声和当年的龙头企业国营棉纺厂嘈杂的织机声。虽然岸边依旧停靠着三三两两的船舶,但是偶尔的犬吠反衬出了今日水运的落魄。

行走五六分钟,就到了永济桥头。桥西堍北侧,就是文物保护标志碑,上面写着"常熟市文物保护单位　永济桥　常熟市人民政府一九九一年十月立",碑反面所镌文字明白地告诉我们,永济桥,始建于清康熙四十六年(1707),成于康熙五十四年(1715)。但是,清乾隆年间言如泗的《常昭合志》却载:"永济桥,康熙五十九年建,知县陈守创撰记。"另,《新建永济桥记》曰:"督粮道马公捐俸为创,里民汪晋卿等捐资成之。工始于康熙四十六年,成于五十九年。"但不管怎样,永济桥已经在此处挺立了近300年!据说,此桥从来就没有大修过。在冥冥的历史长河中,来来往往的漕运舟橹没能将它撞损撞毁,岂不就是一个奇迹。或许,得助于桥南明柱上所镌"愿天常生好人,愿人常行好事"一语的荫庇吧!对如此简单的劝诫,有些人就是不明白,有些人即便明白了也不愿意这样做。

永济桥为三孔石拱桥,主体为花岗石结构,间有少量青石,或许,此地元明时曾有过一座青石桥,尚有待于有识之士的考证。拱圈纵联分节并列式砌置,中孔11节,小孔7节。桥长43.8米,中宽4.5米,中孔矢高6.4米,为常熟古城区内最长的石拱桥。

两侧桥眉镌有"永济桥"三字。北侧明柱联为"风调雨顺,国泰民安"。

桥面有侧立花岗石坐栏,没有望柱。桥上驻足,可远眺虞山,近瞰闹市。桥顶的那块方形龙门石,雕刻着甚为粗糙的二龙戏珠图。

据说,当时某个捐款修桥人,耗尽家资,几近破产,但心愿不变,"举家食粥酒常赊",过着清贫的日子。这,也是一种奇迹吧!只是,社会发展到了今天,又有几人能有如此操守,又有几人愿意如此操守!

星级指数：☆☆

先声夺得头条号——山前塘甸桥

由于城西是虞山，常熟环城河只有北、南、东三面。南环城河绕到西门，就沿着虞山脚下一直向西通往尚湖了，常熟人习惯把这段河道叫作山前塘。

甸桥，即头条桥，就在阜成门外的西门湾。从西门湾开始，沿河向西的临河小街就是山前街，这条山前街，相比苏州的山塘街而言，少了一份喧嚣和铜臭，多了一份宁馨和清幽。明弘治年间(1488—1505)桑瑜《常熟县志》称之为"田桥"。清乾隆年间(1736—1795)，言如泗《常昭合志》改称为"殿桥"，因为就出阜成门西向而言，此乃为"头"条桥；而就从西郊进城而言，又是"殿"在最后的一座桥。民国八年(1919)，改称"甸桥"，因桥西通大小湖甸村而得名。

这是一座单孔石拱桥，主体为花岗石结构，间有少量青石，桥面全为花岗石砌筑。桥长 34 米,宽 3.16 米,矢高 5.60 米。侧石为栏杆,四条长系石,两侧明柱均镌"南无阿弥陀佛"佛号。

1991 年 10 月,常熟市人民政府立碑,公布该桥为市文物保护单位。文物保护标志碑就在北埠西侧,正面向北。

在历代文人评选"虞山十八景"的过程中,"殿桥落照"一度入选,也正因为甸桥所处位置特殊并风景优美,故深受文人墨客的关注。

清·吴蔚光有《三桥春游曲》诗:"秋报门西是殿桥,碧罗春水划双桡。宛将金剪裁为带,分束吴娘一搦腰。""三桥",即常熟山前塘上甸桥(俗称"头条桥")、程家桥(俗称"二条桥")和拂水桥(俗称"三条桥"),当年,每到农历三月三上巳节,有沿山前塘至虞山藏海寺的拜香活动,游人如织。"秋报门",即阜成门;"殿桥",即我们的主角甸桥;"桡",船桨。前两句,描述了甸桥的位置,并表现了在碧水中荡桨的诗意;后两句,巧妙地运用比喻和拟人的手法,描述了甸桥架在山前塘上,就如一条绸带,束住美女的纤腰。

清末民初徐枕亚有《虞山福地》诗:"山色湖光久寂寥,夕阳影里话前朝。要知风景天然好,吾爱三桥胜六桥。""虞山福地",原常熟县城西门内虞山山麓至道观遗址下临街的牌楼门额,也泛指常熟胜景;"六桥",指杭州西湖苏堤上映波、锁澜、望山、压堤、东浦、跨虹六座石桥,"六桥烟柳"为"钱塘八景"之一。在作者的笔下,山前塘上三桥的风光竟然胜过了杭州西湖苏堤上的六桥,在苏杭争宠中,三桥尤其是甸桥赢得了特别的恩宠。

说甸桥,不得不说到阜成门,阜成门俗称西门,明嘉靖年间,倭寇骚扰常熟,为巩固城防,知县王鈇重修城墙,从虞山顶筑墙而下,建此城门,易名为"阜成门"。按字面理解,"阜"是"土山"的意思,"阜成门"就是"因山而筑的城门"。"成"据说取成功之意,有了这个门,百姓安居乐业,这难道不是一种成功吗?

站在甸桥上,可观望东面不远处的"水关",即水闸,该水闸控制着常熟城内的水位,功用颇大;实际上也是一座"水城门",直通内河。

星级指数：☆☆

凌波特立二条桥——山前塘程家桥

　　程家桥，在甸桥之西一公里左右，也跨山前塘。坐117路或125路公交车沿虞山南麓而行，在"救管站"车站下车，向南穿过一条村间小路就可到达。

　　如今的山前塘，在修葺一新的堤岸映衬下，更显俊朗飘逸。站在200米开外的河堤上，程家桥独特的身姿便映入眼帘。整座桥跨度较大，气势甚壮，在两侧低矮的平房间显得甚为突兀。桥上立有数十根桥柱，桥柱间连着索状物，这就是桥栏。而桥两侧石缝间长出的灌木郁郁葱葱，从金刚墙，从桥栏的间隙中伸向四处，就如给桥披上了一件嫩绿色的新衣，颇显勃勃生机。

　　据清乾隆年间(1736—1795)言如泗《常昭合志》载，因桥畔原有程尚书宗祠墓，故名。然而，笔者孤陋寡闻，查不到这个"程尚书"为何许人也。程家桥是山前塘由西向东第二座古石桥，故俗名"二条桥"。桥始建无考，清·嘉庆二十二年(1817),里人吴峻基、周明教等曾修,咸丰年间(1851—1861)又修。

今桥南北走向,拱形单孔,青石夹花岗石砌就,拱圈纵联分节并列砌置。长31.8米,中宽3.3米,矢高7.2米,两侧明柱有联,东向为"南无阿弥陀佛",西向为"愿天常生好人,愿人常行好事"。1982年公布为常熟县文物保护单位。文物保护标志碑就在桥北堍西侧,面向北,上面写着"常熟市文物保护单位　程家桥　常熟市人民政府　一九九一年十月立"。

登上桥坡,才发现那些桥柱都是水泥柱,先前美好的感觉消退了八分。从石缝中长出的,是一些构树、榆树和枸杞,有的根已经很粗,挤得石缝变形,很可能影响到桥的安全。两边桥石上,留有一些方孔,估计为当年木桥栏的遗留。修旧而不如旧,也是一种悲剧。这时候,觉得宁可桥顶没有栏杆,倒还显一份原始的古朴。

两端桥坡,各有六只巨大的"铁搭",将桥边和桥石阶紧密地联系在一起,就如木渎的永安桥。

程家桥畔,是古代文人游春泊舟的地方,当时非常热闹。清·毛琛有诗:"留守台池迹未堙,二桥垂柳系船频。游人莫厌连宵雨,正好田家作夜春。""留守台池",或作当年豪华讲;"堙",堵塞;面对着别人厌烦的绵绵春雨,诗人却另有一番感触,"醉翁之意不在酒,在乎山水之间也"。

旧时,程家桥一带有许多豆腐干作坊,所制豆腐干花色繁多,有荤有素,荤的有野鸡腐干、火腿腐干、虾米腐干等等,制法精工,滋味鲜美。

在程家桥西面不远处,有王石谷墓,为省级文物保护单位。王翚,字石谷,1632—1717,江苏常熟人,号耕烟散人、剑门樵客、乌目山人。清初著名山水画家,虞山画派创始人。其画独树一帜,与王鉴、王时敏、王原祁合称"四王",是"四王"中技法比较全面,成就较为突出的一位。作为摹古而创新的集大成者,周亮工赞他是"百年以来第一人",吴伟业称"画有南北宗,至石谷而合焉"。其康熙《南巡图》及《长江万里图》,为清代杰出的艺术作品。虞山南路有颇为显眼的指示标志,墓前碑石刻"清画圣王石谷先生墓",由翁同龢题字;墓后碑石刻"石谷公之墓",为王石谷曾孙王玖所题。

常　熟　163

星级指数：☆☆

是非功过后人评——山前塘拂水桥

拂水桥也叫"三条桥"，在程家桥西面约一公里处，也是南北跨山前塘。

明万历年间(1573—1620)姚宗仪《常熟县私志》载：桥"名福庆，俗呼三条桥"，由于站在桥顶，能望见虞山剑门拂水岩，因此三条桥也叫拂水桥。坐117路或125路公交车沿虞山南麓而行，在"玻璃钢厂"车站下车，向南沿一条村间拖拉机路前行，就可到达拂水桥北堍。

从远处看，拂水桥显然新整修过，所有的桥栏石焕然一新，且衔接严密，每侧的八根望柱颇有精神地挺立着，但总给人不甚协调的感觉。

文物保护标志碑就在桥北堍西侧，面向北，上面写着"常熟市文物保护单位　拂水桥　常熟市人民政府　一九九一年十月立"。

桥长31米，宽3.80米，矢高4.60米。桥金刚墙下半部以青石为主，而上半部桥身主要为花岗石砌就。考石质及形制，当始建于明代，重建于清代中期。东西两侧桥眉石都有三个凸出的圆形，镌着"福庆桥"三个阳文大字。

桥有四条长系石，南北长系石下明柱原有联，但已经被人凿去，不知是因了民间的迷信，还是因了更大的迷信——文革中的"破四旧"。

桥东侧，对称地嵌着两块青石，其位置在长系石内侧，紧顶桥坡。南端的那块上，镌着"大清嘉庆十二年九月本邑世德堂（另有两堂无法辨识）蒋重建"，这是前文推断其重建于清代中期的佐证；北端的那块上，镌着"公元二零零三年八月一日重修　十月三十日竣工　常熟市文物管理委员会记"，此乃修旧不如旧的那次。

拂水桥南堍西侧，有一条纵向的河流与山前塘成丁字交错，通向南方，水面逐渐变阔，直通尚湖。这条河就是著名的拂水港。拂水港俗称烧香浜，旧时香客从拂水桥弃舟，上拂水岩至祖师山。常熟风俗，三月三赶上巳节庙会，五月赶大集看宝岩杨梅，都要顺便游山前塘三桥。

桥南是一片油菜，如今已经结荚，想半个月前的一片金黄，该是何等诗意！虞山十八景之一的"湖甸烟雨"就以那片水面为主。山前塘三桥中，头条桥周围尚为城市格调，三条桥就是完全的农村风味了，而二条桥间于两者之间。据说，著名画家钱松嵒的国画《常熟田》，描绘的就是这片夹于虞山尚湖之间区域的美景。

拂水桥向西数百米，就是江苏省文物保护单位王鈇墓。这个王鈇，就是修筑阜成门的那个常熟知县。嘉靖三十二年（1553），倭寇入侵常熟，王鈇率兵迎击，大败之。次年，再败入侵之寇。嘉靖三十四年（1555）五月，当时王鈇率兵勇乘船在尚湖附近追击一艘倭船，贼寇见势不妙钻入一小港，并在两岸设埋伏，王县令中计后下船奋勇抵抗，双腿陷于污泥，身中数枪战死。临终高呼"杀敌"。邑人请求留葬于虞山西麓。明代常熟布衣诗人桑孝光有《王忠臣鈇墓》诗："眼见横戈靖海洋，仓皇一夕具金汤。乘城顿息千家哭，追寇宁辞七尺僵。泪堕残碑同岘首，骨留荒冢亦桐乡。忠魂寂寞凭谁吊，凄断悲风撼白杨。""仓皇一夕具金汤"，常熟县城城垣在明代中叶失修坍圮，嘉靖三十二年王鈇征发民夫筑城抗倭，于是年六月动工，为时五月余，筑成新城；耗时虽短，却固若金汤。"岘首"，西晋太傅羊祜曾都督荆襄，殁后襄阳百姓在城外岘山建庙立碑；往来人读碑无不垂泪，名曰"堕泪碑"。尾联是全诗的高潮，诗人怀念忠臣，为忠臣坟茔的荒芜伤心不已。

站在拂水桥上，念滔滔岁月，大浪淘沙。功过是非，自有分说；忠臣义士，人所敬仰。

星级指数：☆☆

聚来万福入琴川——福山塘聚福桥

在常熟的北门外，有一条福山塘纵贯南北，其南端为菱塘堰与鸭潭湾的交接处，与古城内南北向的琴川运河相接。其北端直通长江。就这样，长江水通过福山塘，源源不断地注入常熟古城，滋润着虞山下的百姓，浸润着虞山畔的文明。

聚福桥位于常熟虞山镇水北门外，跨福山塘南口。实际上，就在当今新建的李闸小区南区14幢西窗口下。想当年，各种常熟百姓需要的物品从长江沿着福山塘源源而来，常熟富饶的物产又沿着福山塘源源北去。而这一切的见证，就是聚福桥。

聚福桥始建于明代，原为木结构，俗称北高木桥。清康熙四十二年(1703)

修葺,乾隆三十七年(1772)重建,易今名。西端南侧金刚墙上嵌着一块青石,为乾隆间所镌建桥碑记,上曰:"前朝创建是桥,名曰'高木桥',康熙四十二年常熟县令会稽陶公讳澴重建石堍木面,题名'福履桥'。至雍正十三年,里中众姓捐修。至乾隆三十三年秋坍颓。乾隆三十七年重造,改为圈桥,易名'聚福桥'。"桥名"聚福",或许与福山塘有关吧。

聚福桥为单孔石拱桥,花岗石砌筑,拱圈纵联分节并列砌置。桥长28米,宽2.8米,矢高5.5米。桥有四条长系石。青砖桥栏,上覆抹角石条,每侧六根花岗石望柱,将桥栏分为五个部分,加上两端的抱鼓石,姿态古朴。

文物保护标志碑在桥西堍南侧,正面向西,上书"常熟市文物保护单位 聚福桥 常熟市人民政府 一九九九年六月九日公布"。

两侧桥眉有三个凹圆圈,圈内阳文"聚福桥"三个大字。两侧明柱镌有联,北曰"商楫往来皆倍利,农耕万物永丰登";南曰"四海清宁庆大有,万方和泰乐升平"。南北两联有着明显的因果关系。北联中,虽然说"万物"与"往来"无法对仗,但其含义中的"聚福",明眼人一看便知;至于南联,既表现了乾隆盛世常熟城乡一派繁荣景象,又表达了普通百姓的一份心愿,求"清宁",求"和泰"。——只有"清宁"与"和泰",普通百姓才有"聚福"的可能。

然而,聚福桥的现状却难以"聚福"。桥西堍南侧河边有铁栏杆,栏杆与西桥堍的夹角内,居民们砌着洗衣台,堆着红砖;东堍南侧为瓦砾堆,不知被拆除的是违章建筑还是民房,瓦砾旁砌着一个圆圈,里面是香烛的灰烬;东堍北侧有一个横放着的碑座,也有香烛熏过的痕迹。从东堍的现状来看,过去此处可能有个小庙。

站在聚福桥上北望,不远处就是枫林路桥,常熟市文化局就在该处,不知文化局的有关领导是否关注过近在咫尺的这座古桥,是否考虑过让这座古桥继续为常熟人民"聚福",以使名实相副。

星级指数：☆☆

顺应民心为壮举——福山塘顺民桥

在聚福桥北约一公里处，即北门外李闸村与张坝村交界处，另有一条古桥东西横跨在福山塘上，这就是顺民桥。顺民桥大致和李闸路东侧同样东西走向的闽江西路处于同一"纬度"。其西堍，就是与福山塘平行的南沙路。

2000年《常熟市志》载，因长江大潮长期冲刷，顺民桥几经兴废。现存者系清乾隆三十七年（1772）上相庙哑僧实明募建，桥边有石刻题记两处，东堍为"大清乾隆岁次壬辰哑僧实明募建"，西堍为"壬辰年重建造，哑僧实明募建"。

桥为单孔拱桥，主体青石砌筑，略间几块花岗石。拱圈为纵联分节并列式，券板每节并列8块，共9节。桥长26.3米，宽3.6米，矢高5.8米。桥堍宽5.2米，两堍各设踏步21级。四条长系石，中两条为青石，两侧两条为花岗石。

明柱上原有联,但都已严重漫漶,根本无法辨认。据说50年代末全面疏浚福山塘时,民工发现桥拱的下部和上面的石拱完全一样,也是一个石砌半圆,和桥拱组成一个整圆,这样可以达到让桥坚固无比的功效。就如甪直古镇的东美桥。1982年11月17日,桥被公布为市文物保护单位。

清乾隆年间(1736—1795)言如泗《常昭合志》如此记载,顺民桥,弘治间建,弘治十一年学士李杰居此……也就是说,始建至今已经500余年。

住在桥东李闸村的村民,一向称之为"李家桥",从不承认该桥的"顺民"之名;这是因为和住在此处的名人李杰关系密切。

传说顺民桥初建打桩时,碰上了地层中的流沙,木桩今天打下,明天就浮起来,久久不能完工。一天早晨,李家的婢女过桥买菜,不自量力,拿起榔头,敲击了一下木桩。那木桩竟然一下子钉住了,一动不动。这婢女怎么有如此能耐?原来她怀上了一个孩子,这孩子是天上文曲星下凡。凡是怀上文曲星孩子的妇女都有非凡的神力。后来,孩子生下来,名叫李杰,科举得中,当了尚书。故事似乎很荒诞,且与桥始造于弘治年间也对不上号,经不起推敲;但在科学不发达,生产力低下的条件下,家乡出了一个名人,人们总要给他抹上一层神秘的色彩,也就不足为怪了。

也有人认为,造这座桥的发起者,就是这个李杰。李杰字世贤,号雪樵,生于1443年。成化年间(1465—1487)进士,选庶吉士、编修,历官侍读学士;弘治皇帝时候做宫廷侍读;正德皇帝登基后,他官居礼部尚书。因为不肯依附太监刘瑾,被迫告老还乡。他久居李家桥东,如今,福山塘东与之平行的李闸路的起名就与李杰有关。李杰发起募集,造了这座桥,亲笔题名"顺民桥",刻在桥的两面。我们不必去查证此故事的真伪,只需要明白,造桥修路历来是顺应民心的义举。据说桥拱中间,曾嵌有李杰募助的一颗夜明珠,人们称它是镇风国宝。后来被觅宝的江西人发现,偷偷取走了。

有人根据日本侵华时的"良民证",认为"顺民"带有殖民地被迫服从的色彩;实际上,之所以称为"顺民桥",与桥北当时的官仓"顺民仓"有关,北宋治平二年(1065),常熟知县向宗旦曾建立顺民仓。"顺民"者,顺应民心也。

如今的顺民桥,显然整修不久,石缝中大的杂树杂草已经铲除,惟剩下一丛蕨类植物,尚在展示着它的葱茏。桥东南,一个新建的小区正在紧张地施工;而桥东北,竟然是居民堆积垃圾的场所,显得很不协调。文物标志碑就在桥的西堍南侧,上面镌着红字:"常熟市文物保护单位 顺民桥 常熟市人民政府一九九一年十月立"。

星级指数：☆☆

双桥拂水白虹飞——拂水岩香花桥、长寿桥

　　从拂水桥西王鈇墓出发，沿霸王鞭逶迤而上，就能到达虞山的西岭锦峰，锦峰最南坡，就是拂水岩。每逢雨后，山涧水泻成飞瀑，一旦南风起，瀑水倒卷而起，如珠玉飞溅，凌空飘洒。即使晴日，仍有细雨蒙面之感，阳光下常能现一道彩虹，故称"拂水晴岩"。前人游此景题诗甚多，往往仅寥寥数语，就道出此地景象之雄奇。

　　如果说拂水晴岩是一幅飘逸的风景画，那么，其点睛之笔就是香花桥和长寿桥。

　　民国《藏海寺志》载："香花桥，光绪辛卯三月寺主道机募建。"香花桥为单孔石拱桥，花岗石砌筑，背倚藏海寺，南北走向，纵联分节并列式砌置。中宽3.25米，长8.5米，矢高1.6米，两端设踏步16级。此桥造型优美灵动，小巧玲珑，遗憾的是，如今香花桥的两侧，被围上了铁管栏杆，严重地影响了画面。据说是为了保护古桥。

桥明柱楹联两副，镌联对仗工巧。东联曰："弓影腾空，流通万壑；花名独表，香透重门。""弓影"，桥弯弯如弓。下联中，还将桥名"香花"暗藏于联中，可谓不露痕迹，尽得风流。

西联曰："雁齿横排，云烟出没；虹腰高卧，泉石奔腾"。"雁齿"，桥阶；虹腰，桥背。此联在宏观相对的基础上微观相对；如上联内部以"云烟出没"对"雁齿横排"，下联中以"泉石奔腾"对"虹腰高卧"。另外，联中无"水"，却处处有水，因为水花飞溅而致使"云烟出没"，因为水流湍急而致使"泉石奔腾"，可谓不着一字，其义自现。

香花桥1982年11月17日公布为市文物保护单位。桥东南竖着文物保护标志碑，但碑阴面的文字却犯了两个低级错误，上曰："香花桥，旧为报园禅院前石桥，单孔拱形，始建于明，清光绪间重建。"此处的"报园禅院"，实应为"报国院"，首先，将"国"误作"园"；其次，报国院自始建至并入藏海寺一直是道院，不可能是"禅院"。在以文化底蕴著称的常熟，一块文保标志碑上犯如此低级错误，实在令人费解。

虞山五大寺院中的报国院，是唯一的道教场所，在香花桥西堍北侧。报国院始建于明代正德年间，原称真武庙。庙内供奉着真武大帝。明嘉靖间(1522—1566)，吏部尚书、武英殿大学士邑人严讷，不敢将明世宗所赐真武像及泥金彩绘斗姥藏于私家，特在真武庙基建院供奉，敕赐"报国院"额。民间称真武帝君为"真武祖师"，爱神及山，真武庙所在的山头，即虞山的西岭锦峰，也被民间称为"祖师山"，一直流传至今。后报国院逐渐衰败，虽经顺治间严讷之孙严栻、康熙间严栻之孙严虞惇及乾隆间严有禧屡为修葺，但已不复旧观。由于与藏海寺仅一墙之隔，清咸丰后即并入隔壁藏海寺，统一管理。这种来自西域之佛和出自本土之神的和谐相处、佛道合一的局面，在江南并不罕见。

正对着香花桥北堍的是藏海寺，即前文所说的"拂水禅院"，初名称"拂水东庵"，清初顺治时(1644—1661)更为今名。咸丰间(1851—1861)毁于战火，至同治间(1862—1874)渐有恢复。文革中尽毁。1992年至1997年，常熟佛教协会重建该寺，历时五年。新建的大雄宝殿、大悲殿，金碧辉煌；新辟的东园，池廊花木，引人入胜。在寺外的香花桥的映衬下，藏海寺更显雄奇壮美。

清·庞鸿文《常昭合志稿》载："拂水岩上有拂水禅院，门外有石桥，跨山涧。"这座石桥就是长寿桥。长寿桥就在香花桥南堍西侧拂水岩上，与香花桥成直角相交。长寿桥架于两崖间，控拂水涧之泉流。严讷在建真武

院(即报国院)同时建此桥。崇祯年间(1628—1644)龚立本《常熟县志》载："岩临山阿，两崖中豁，有长寿桥跨之。"传明万历三十四年(1606)，一向自负的松江文人范文若和常熟许士柔、孙朝肃，华亭冯明玠，昆山王焕如等几个朋友同游虞山拂水岩，正值东南风起，涧水如万斛珍珠，纵空飘洒。范文若行至长寿桥上，对飞瀑作揖，说："始觉吾文负于此"。于是，这些文人结成"拂水山房文社"。桥上结社，传为佳话。民国《藏海寺志》载，光绪癸巳年(1893)，藏海寺主道机重修此桥。据说，当年的桥东西走向，墩基为青石，桥面由三条花岗石并列架成，净跨 4 米，面宽 1.5 米，高 4.9 米，全长 15 米，桥面石条南侧镌"长寿桥"额，旁镌小字"明严文靖公建，光绪癸巳重建"。1982 年，长寿桥与香花桥同时公布为常熟市文物保护单位。但如今，出现在我们面前的却是另一番景象，桥还是梁式桥，桥墩为花岗石砌就，桥梁桥面却为钢筋水泥结构，桥栏与拂水岩悬崖边的其他栏杆一样，都是镂空花岗石。唯有桥下之拂水涧，仍能飞珠溅玉。现文保标志碑已撤走，仅桥东有石镌"长寿桥"三字。

拂水岩上的长寿桥和香花桥，称"拂水双桥"。

星级指数：☆☆☆

书声梵呗韵西东——唐市北新桥

唐市镇位于常熟古城东南约 16 公里处，明中叶渐成集市。镇外湖泊环绕，镇区河流纵横。小桥流水，石板街巷，粉墙黛瓦，为江南有名的水乡大镇，素有"金唐市"之称。而今，唐市归并入"沙家浜"镇，且是沙家浜镇政府所在地。提起常熟，不知有多少人会想到"沙家浜"，但是又有多少人知道常熟本无沙家浜镇呢？因了现代京剧《沙家浜》，现在的沙家浜镇是将唐市西面不远处的横泾古镇改名而成的。或许，这就是大浪淘沙，以现代文明替代传统文化吧。

有一条南北向的河流纵切唐市古镇，这就是尤泾——连通常熟、昆山的主航道。北新桥，就在镇北东西跨于尤泾之上。桥于清乾隆十五年(1750)始建，为木桥，名为永安桥；乾隆五十五年(1790)易木为石；嘉庆五年(1800)，更名万丰桥;道光十八年(1838)再度重建,或许是因为坐落于古镇的北端,又为新造,故被称为"北新桥"。2004年6月,沙家浜镇政府再度修复。

沿着中环路东行,在唐市中学之东,就能看到架在尤泾上的新造的南新桥。在桥的东堍,是一条闻名遐迩的石板古街。石板街为明代所筑,约400米,据说旧时十分热闹,店铺鳞次栉比,各行各业都有,而现在行人稀少,一些房屋门窗关闭,颇见冷落。行走在这样的一份寂静中,一丝憾意油然而生:难道繁华注定只能是曾经拥有,渐趋没落才是最终的注脚?但转念一想,这样的寂静,不也是人生的一种境界,何况石板古街与街西那条与街平行的默默流淌着的尤泾,依然回荡着历史的跫然脚步。

走出石板街北口,河面开阔起来,突兀于眼前的就是三孔的北新桥。遗憾的是,桥北,一座烟囱矗立着,干扰了桥的宁静;而南北各两个红白相间三角形的防撞水泥墩,显得不伦不类,就如宝带桥边的灯塔,破坏了桥的整体美感。站在桥边,眼前出现了大煞风景的一幕:一壁厢一条清洁船在打捞水面的垃圾、杂草,一壁厢一位民工正在将满车的建筑垃圾倾入河中。

据说桥身为青石基础,但我们所见到的却全部是花岗石结构,桥通长51米,高7米,宽3.5米;中孔高5.9米,左右小孔高3.8米;中孔跨径12米,小孔跨径8米。

桥两侧栏杆为青砖砌就,两端抱鼓石,两侧各间以六根望柱。上覆抹角石条,但这些石条特别粗糙,或许藉此显示桥的古老。两侧栏杆下拱圈上,都镌有"万丰桥"三字。

桥为分节纵联并列式结构。据史书记载,桥栏拱板上有"信士刘福观、张氏、陆丹明、彭钱氏、瞿永南、陶管成等助金建造之"题记,但我们无法看到。

桥西堍南侧为文物标志碑,面向西,上曰"常熟市文物保护单位　北新桥　常熟市人民政府　一九九一年十月立"。2011年12月19日,北新桥"升格"为江苏省文物保护单位,但尚未立碑。

桥西北堍也有碑,面也向西,上曰"公元2004年6月修复　万丰桥　沙家浜镇人民政府"。碑北堆有乱石,石堆中有望柱状者,应是该年重修时更换下来的遗物。

桥有联,北侧因水面突然开阔,无法辨认。南侧两联已漫漶,但费尽心思,尚能依稀辨出。

副联为篆体:"尤泾永饮,金澜锁;喜水长瞻,玉练昭。"其中"饮""喜""澜"三字难以辨认,经揣测而来,或许有误。"金澜",应指阳光下金色的波澜;"锁",形象地写出了桥如锁钥,镇住水流;"玉练",如白色绸缎般的河水;"昭",

显示。

主联为楷体:"紫竹近茂林,功并德航归慧力;青藜遥耸阁,名题彩笔待奇才。""紫竹",出于南海普陀山,相传观世音菩萨就住在紫竹林;"茂林",明末苏州西园寺高僧;"德航",或指有德之航行;"慧力",佛教语,五力之一,意思是观悟了苦、集、灭、道四谛,达到解脱之力。显然,上联与"佛"密切相关。"青藜",借指苦读之事,也借指读书人;"耸阁",耸立之高阁;"名题",题名,或指金榜题名;"彩笔",用江淹的典故,江淹少时,曾梦人授以五色笔,从此文思大进。后人因以"彩笔"指词藻富丽的文笔。显然,下联与"儒"密切相关。北新桥的周围,确实也如桥联所指,与"佛"与"儒"密切相关。

桥南石板街上,有一座坐东朝西的"福民禅寺"。据"互动百科",寺初建于明万历间;清康熙间,倪氏重建,赵汝揆撰记;乾隆间,僧性礼重修;嘉庆间里人重修;咸丰年间被毁。2001年5月,经常熟市人民政府批准设立佛教活动点,并选址繁荣街1号周神庙旧址重建福民禅寺,2002年2月3日,大雄宝殿奠基,此后又建天王殿、观音殿、周神殿等。2003年12月22日大殿开光,并由常熟市佛教协会会长妙生题名为"福民禅寺"。如今寺内,香烟缭绕,梵呗声声,善男信女祈求着我佛降福于民。

但凡是江南富庶之地,必是文人辈出之所。据记载,仅明清两朝,小小的唐市就出了进士10名、举人近30名,可见文风昌盛。石板街上,有明儒杨彝的故居和墓园。杨彝(1583—1661),字子常,号谷园,明末常熟人。自幼好学,夏天为避蚊虫,把两只脚放在巨瓮内苦读的就是他。与太仓顾麟士(梦麟)齐名,人称"杨顾";后来创办"应社",世谓"唐市学派"。明亡后,杜门谢客,一意著述。与顾炎武过从甚密,顾炎武赠杨彝诗中有"耆德推龙首,交游奖凤雏"句,将之比作诸葛亮与庞统;评价可谓高矣。

北新桥北,尤泾突然开阔,水天一色间,似乎看见顾炎武驾舟北去,云游四方,而杨彝、顾梦麟等挥手致意,目送孤帆远影至碧空深处……

星级指数: ☆☆☆☆

犹忆海门第一桥——城厢周泾桥

太仓地处我国的东海之滨,扬子江口。相传春秋战国时期的吴王和楚国春申君,在此屯粮置仓,供应朝廷,这也许就是太仓地名的由来。奠定太仓为"东南之富域""天下之良港"这一基石的,当属元代。由于北方遭战争创伤,田园荒芜,致使大都粮食紧张,海盗出身受招安的朱清、张瑄"奏议海运漕粮";另外,政府也鼓励中外商人海运通商。所以,两度疏浚刘家港,沟通了太湖流域和长江流域以及南北沿海的航运关系,使刘家港成为了"漕运万艘,行商千舶,高樯大桅,集如林木","四方谓之天下第一码头"的东南大港。

自从刘家港成为海运始发港和重要外贸港口后,太仓日益繁荣,甚至州治也一度从昆山移到太仓。为便利商旅的南北往来,在太仓城内开凿致和塘,并在致和塘上造起了多座桥梁。

从苏州东北角的娄门开始,有一条运河"昆山塘"流经昆山、太仓,从浏河口出海,这条运河多年来一直承担着漕运的任务。宋至和二年(1055),对这条运河大规模修治疏浚,筑堤成塘,依年号改名"至和塘",明弘治年间改称"娄江"。习惯上,苏州人将苏州到昆山的一段称为"苏州塘""昆山塘",也称"西娄江";将昆山至太仓一段称为"太仓塘",也称"东娄江";而太仓到入江口一段,就称为"浏河"。而"致和塘"是东西横穿太仓古城的一段支流的名称,两者不能混淆。目前,还有三座元代石拱桥坐落在致和塘上,其中最为引人注目的是周泾桥,周泾桥形制与西边的州桥基本相同,但建桥时间略晚,与州桥堪称姐妹。

周泾桥又称"南周泾桥",位于太平南路和新华东路交叉口东侧,跨致和塘。即使是严冬,远看周泾桥,也是藤蔓缠绕,郁郁葱葱,古意盎然。桥建于元至顺元年(1330),为三孔石拱桥,长17.26米,宽4.58米,高5.18米,桥身概用青石建成。桥栏新修过,但元代痕迹明显,东侧桥栏,还保存着多块旧栏板,虽缺边少角,残损颇多,但明显地表示着桥的600多岁的年龄。桥面两侧为青石,应是旧物,中间弹石路面,坑坑洼洼,破损不堪;桥面中央是一块3米长的千斤石,刻有图案。据相关记载,桥身还有"海门第一桥"等字样以及"乳钉"装饰带,但由于缠绕的枝藤过于茂密,无法辨认。

周泾桥之所以引人瞩目,是因为它俗称"海门第一桥",周泾桥在太仓古城的最东面,离出海口最近。600多年前,周泾桥畔热闹异常,至元二十九年(1292)建有天妃宫,海道万户朱旭建。随着海运规模的扩展,天妃宫香火日益鼎盛,据说,天妃宫募集了善男信女的捐款,建造了这座周泾桥。另外,还建有路漕宫。周泾桥在元代既是漕船入海的门户,又是返航归来见到的第一座三孔石拱桥,因此被称为"海门第一桥"。

周泾桥之所以引人瞩目,也因为桥身石雕别具一格,无论是券石上的田田荷叶、飘逸云纹,还是栏板石上屈曲盘绕的缠枝莲、追逐腾越的奇禽怪兽,都是技法谙熟,且不乏当年游牧民族的剽悍粗犷。为不可多得的石刻佳品,也是研究我国古代桥梁建筑的重要的物证。

周泾桥之所以引人瞩目,还因为哺育了娄东俊杰,吸引了天下无数英才在这里汇集。其中最为引人关注的是陆世仪。陆世仪(1611—1672),字道威,号刚斋,又号桴亭,别署"眉史氏",江苏太仓人,明末清初著名的理学家、文学家,文武双全,被誉为"江南大儒"。陆世仪经历了明亡清兴"天崩地裂"的改朝换代,明亡后,归隐乡里,在海门第一桥南"凿池十亩,筑亭其中",建"桴亭书院",专心读书、著述、讲学。他一生为学不立门户,志存经世,天文、地理、河渠、兵法、封建、井田等无所不通。其理学以"经世"为特色,这既是对晚明理学空疏学风的批判,也适应明清之际社会变革的需要。著有《思辨录》《复社纪略》及诗文杂著等40余种100余卷。顾炎武读《思辨录》后大为折服,认为陆世仪是真正的大儒。如今,在周泾桥畔的太平路西,立有"陆世仪先生读书处"的石刻标记。茵茵绿草,殷殷希冀,如若我们的社会多一些像陆世仪这样的潜心读书人,那就是时代的大幸,民族的大幸。

古代的饕餮之徒也对周泾桥情有独钟,因为从这儿可以等待捕捉"长江四鲜"的渔船返航。"四鲜"中,长江银鱼形细长,身透明,长近10公分,细骨无鳞,其味极其鲜美;刀鱼,个大者一尺,细腻鲜嫩,入口即化;鮰鱼,俗称"白戟",长达一米以上,肉肥美,清炖红烧皆宜;鲥鱼,味极鲜,为长江鱼类中的极品。可惜近年这些鱼越来越少,鲥鱼已濒临绝迹。

如今,在周泾桥的西面,新造了一座"太安桥",跨致和塘,连接太平路。"太平",太仓要"平";"太安",太仓应"安"。"平安",就是太仓百姓的向往。

如今,周泾桥畔,高楼林立,车水马龙,一派繁华景象。但茫茫乾坤,悠悠岁月,周泾桥一直安安静静地横跨在河流之上,如同一位慈祥的长者。

站在周泾桥上,眼前浮现的是当年船桅林立、海螺齐鸣的景象,顿生"西北望,射天狼"的豪情。

星级指数：☆☆☆☆

阅尽人间悲喜剧——城厢州桥

周泾桥往西，沿新华东路过王锡爵故居，在新华书店的南端就可见到州桥。州桥也称"安福桥"，主体由青石构成。

元代的太仓海运发达、经济繁荣，境内运河交织、古桥林立。在致和塘仅存的三座元代古石桥中，州桥的历史最为悠久，建于元天历二年(1329)。州桥乃三孔石拱桥，南北两孔淤塞年代久远，很长时间内为"单孔石桥"，近年来整修河道，挖出了南北两孔，现复为三孔石桥。桥长约16米；中孔高4米余，跨径8米左右。

放眼望去，最引人注目的是桥栏，浮雕着卷草图案，并刻有"大元天历二年"等字样,"新感"颇为强烈。

　　桥面甚是特殊,分为三个部分:当中为20来阶的石级;两边铺着石板,靠中间的一排是整齐的花岗石石条,显然是新增添的;而靠栏杆的一排是陈旧的青石,尽管铺得很整齐,但大小不一的青石块缺角少边,伤痕累累,似乎在诉说着古桥的沧桑。

　　正中千斤石没有雕刻,只有一个大圆圈,圈内圈外凿着防滑沟槽,古朴苍劲。

　　从侧面看,州桥的桥栏下,有一层"乳钉"装饰带,组合成一个个扁扁的菱形,尖角对着尖角。据说,这种装饰在国内相关专业书籍中,尚无确切名称。就此,州桥已经显示了太仓古桥的特立独行。

　　桥南堍立着一块石碑,上面刻着"全国重点文物保护单位　太仓石拱桥(州桥)　国务院二○○六年公布　太仓市人民政府二○○六年立"。

　　既然是州桥,那么,这座桥是何"州"之"桥"呢?史书记载,元贞元年(1295)昆山以县升州,延祐元年(1314)州治移太仓城;明弘治十年(1497),当时政府割昆山、常熟、嘉定三县地建太仓州;清雍正二年(1724)升格为直隶州。可见,太仓确实有过担任"州"的历史,也就是说,太仓人曾经有过成为"州民"的荣幸。就在州桥的北端,有一条"府南街",两百来米长,向北到底就是市政府大院——过去曾是州衙、县衙。州桥,就是太仓州州衙南面的桥。

　　如今,州桥作为"桥"的功能正在淡化,因为在它的西面,是一座钢筋水泥的"新州桥",行人、车辆都在桥上往来。但作为被保护的"文物"功能,州桥屹立在绿树丛中,似新桥的长者,日夜呵护着新桥;又似历史的镜子,折射着曾经的风雨。

　　州桥北堍向东100余米,有一座四柱三间的气派的石牌坊,南面镌着"两世鼎甲",北面镌着"四代一品"。牌坊面对着王锡爵故居。王锡爵(1534—1610)参加嘉靖四十一年(1562)壬戌科会试,殿试一甲第二名(榜眼);

他的儿子王衡参加万历二十九年（1601）会试，也获一甲第二名（榜眼），这就是"两世鼎甲"；"四代一品"系指王锡爵与儿子王衡、孙子王时敏、曾孙王掞均为朝廷一品大员。这个见证者就是州桥，是州桥的水土孕育着他们走向成功。

关于王锡爵的出身，传言颇多。一说他明嘉靖十三年生于太仓，出生时群雀万数飞集王家院宅，因古时"雀""爵"通假，遂起名"锡爵"。一说其父海外经商遇飓风翻船，被岛上土人救活，与土人女子结合生下王锡爵，后带孩子返回却未带回该女；笔者当年插队务农时，生产队长曾说起1958年开挖新浏河的往事，亲见开掘到王锡爵父亲的坟，三口棺材中，正中为王父，一侧为正室夫人，另一侧为皮草扎成的土人状的假人。我们的时代，早就不是高呼"老子英雄儿好汉，老子反动儿混蛋"的时代；我们关心的是，王锡爵未当大官时当面斥责权倾朝野、炙手可热的张居正"贪权不孝"；掌权后为避嫌疑，竟然不许儿子参加会试（其子王衡在他去位后才考取榜眼）。《明史》称之为"性刚负气"；如此刚直不阿，廉洁自律，如此人品，岂不是州桥的骄傲！

明朝万历八年（1580）的九月九日，秋高气爽。太仓城内，大街小巷，人潮如涌，万头攒动，争着观看一位神仙道士蝉蜕飞升。令人惊讶的是，这位"神仙"就是王锡爵的千金小姐。这场闹剧吸引了十万人员到太仓街头，甚至不乏王世贞等文坛领袖人物。无法查询这场闹剧是否发生在州桥之畔，但成千上万的人涌过这座位于市中心的州桥，应该没有疑问。这种虚无缥缈的神话之所以存在，就在于它能满足某些人的某些需要；联想到现在的一些所谓"神仙"，真让人哭笑不得。这应该算是州桥的悲剧吧！更应该是王锡爵的悲哀！

星级指数：☆☆☆☆

西门锁钥壮山河——城厢皋桥

致和塘是太仓古城的母亲河,沿岸百业兴旺,商肆林立,2006年,国务院公布太仓五座元代石拱桥为全国重点文物保护单位,其中,皋桥、州桥和周泾桥都跨于致和塘上。

皋桥本名"兴福桥",可能是单孔关系,显得较高,故俗称"高桥"。古汉语中"皋""高"相通,一些文人为显示自己的雅趣,就把"高桥"写作"皋桥"。

皋桥位于城厢镇西门,是横跨致和塘的最西的一座"国字号"古桥。初建于元朝元统二年(1334),为单孔石拱桥,桥长5米左右,高4米余。

桥南堍东侧立着一块石碑，上刻着"全国重点文物保护单位　太仓石拱桥（皋桥）　国务院二〇〇六年公布　太仓市人民政府二〇〇六年立"。桥栏显然是新补上去的，雕有各种花卉图案，修旧也能如旧；8个望柱顶端为梨状，也雕有花纹。桥面两侧为青石，显示着古典的遗韵；当中为弹石路面，千斤石被弹石路面覆盖。桥身主体为青石，略间有花岗石块。拱圈全部为青石，券脸露明部分抹角，外形柔和、流畅。桥两端之宽略大于桥中宽，用以增加横向稳定，桥身上部采用长系石拉固，长系石两端也雕有花卉图案，美观而大方。

在过去的数百年中，皋桥承担着"桥"的职责，不知多少人通过它跨越致和塘；同时，皋桥也记下了太仓农民在第一次鸦片战争中抗击侵略者的英勇事迹。英军攻破镇江后，大肆抢掠，弄得镇江城内"无市不空，无家不破"，繁华的城市变成了一片瓦砾。江南的老百姓忍无可忍，自发组织起来保卫家乡，抗击侵略。就在皋桥边，演出过一曲气壮山河的乐章：当地农民引诱英军士兵登岸，"手拈锄耰，击杀者无数"。吓得英军落荒而逃，不敢再提在此处登岸。

桥北，就是太仓古城内最热闹的新华街。离皋桥东端100来米的街北，坐落着一座老宅。粉墙黛瓦，深宅大院，给人肃穆庄重之感。大门的匾额上刻着当代著名书法家赵朴初先生的题字："张溥故居"。张溥（1602—1641），字天如，号西铭，太仓人，明代著名文学家，社会活动家。他自幼刻苦自励，勤奋好学，每次读书一定要先亲手抄一遍，抄后读过即焚去，然后再抄、再读、再焚，至七次始罢。由于他的刻苦用功，后来终于成为一个大学问家。张溥一生投身于反对阉党、宦官腐朽势力的斗争，这种精神在他所写的《五人墓碑记》中得到了充分的体现。这篇脍炙人口的散文文笔酣畅，气势磅礴，几百年来深为后人称颂；这块著名的碑石至今还屹立在苏州虎丘山麓山塘街上，本书金阊区山塘河板块青山桥篇有专门介绍。张溥在历史上更为巨大的贡献是组织了文人进步社团——复社。崇祯初，张溥和同邑张采集郡中名士，相与兴复古学，联络江浙诸省文人，建立复社。复社是继东林党之后的一个有巨大影响的进步社团，也是我国古代史上规模最大、影响最深远的文人社团。

如今，皋桥作为"桥"的功能正在逐步消失，但作为历史的见证者，它的功能正在不断加强：它一定记得，作为"六国码头"的太仓昔日的繁华；它一定记得，张溥在它的身旁高声诵读《四书五经》，和张采高谈阔论，滔滔不绝；它一定记得，太仓无数的平头百姓在它身旁演绎的一系列可歌可泣的故事……

星级指数：☆☆☆☆

昨时画卷忆辉煌——南郊井亭桥

太仓，由于在娄江的东头，故亦名娄东，以悠久的历史、繁荣的经济和璀璨的文化，在素称"人间天堂"的江南享有"金太仓"的美誉。至今太仓还保存着国内少有的元桥群。2006年，国务院公布太仓五座元代石拱桥为全国重点文物保护单位，井亭桥名列其中，它位于南郊新丰镇。

井亭桥又名"众安桥"，建于元朝元统二年(1334)，志载有石刻碑记。

为探访井亭桥，我们从太仓城厢出发，沿204国道驱车南行，直到苏沪交接处的收费站北侧左拐向东，沿着一座大型公墓"息园"西墙外的道路南行，终于找到井亭桥的踪影。

桥横跨在新丰村一条东西向的张冈河上，但我们无法找到记载桥始造年代的石碑。桥为三孔石拱桥，长十六七米，桥面阔3米余。两端桥堍前，设有禁止汽车通行的路障。桥身基本用青石砌就，拱券分节并列砌置，券脸露明部分下沿抹角，在刚中体现出一份柔美。桥身青藤缠绕，枝枝蔓蔓，古意盎然。素有雅兴的好友不禁抑扬顿挫起来："江南好，风景旧曾谙。日出江花红胜火，春来江水绿如蓝。能不忆江南。"的确，瑞雪初霁，风和日丽，一座拱桥安详地静卧在河面之上，就如一首意境唯美的诗词；又如昨日之画卷，流溢着曾经演绎的几多生动与绮丽。

井亭桥的桥面两边为青石，外侧有方孔，应是过去安置桥栏所用，当年的栏杆却不知去了何处；罕见的是，从侧面看，这些青石的外侧上沿都有 4 公分左右的外凸，不知为了何用。桥面中间为花岗石石板，显然是后补的。

桥北有两块牌子，一块是保护盐铁塘两岸风貌的告示；另一块为文物标志碑"全国重点文物保护单位　太仓石拱桥（井亭桥）　国务院二〇〇六年公布　太仓市人民政府二〇〇六年立"。桥南，已是村子的尽头，东侧为竹林簇拥下的民居，西侧就是一个电灌站。再向南，就是上海嘉定区了。

既然是"井亭桥"，那么，"井"与"亭"在何处呢？我们遍寻未见，大概已在历史的进程中湮没了，不由触景生情起来：在并不遥远的元代，井亭桥曾有过辉煌，而今，只剩下一湾并不清澈的水流为伴，还有多少人了解它过去的辉煌并愿意走进它的历史呢？

桥北近百米处，路西就是著名的南广教寺，一向香火旺盛。南广教寺初建于宋绍兴二年(1132)，距今 800 多年。元至正年间(1341—1368)重修，赐额"南广寿院"，明洪武中(1368—1398)，定名"南广教寺"。据说，在明代有"东南第一名园"之称的弇山园，王世贞死后不久就荒芜，大部分建筑木料捐施给南广教寺盖天王殿之用。清顺治十四年(1657)，南广教寺又大修。民国期间，尚有僧侣三四人。解放后改做仓库，文化大革命中被拆除。1993 年批准重建，占地面积 97 亩，主要有山门殿、金刚宝殿、观音殿、地藏殿、法堂、方丈楼等建筑，并筑有普同塔一座。

与众不同的是，寺院门前有两对甚为肥胖的石狮子。山门有一联："贪恋五欲且往他处去，觉无四相请进斯门来"；门内，香烟缭绕，梵呗阵阵。

从始建年代来看，应该是寺早于桥，是否因寺而有桥，笔者不得而知。但我们可以想象的是，一旦有重要的佛事活动，各处虔诚的善男信女或泊舟于井亭桥下，登岸而来；或直接骑着马、坐着马车，甚至徒步，从南边络绎跨过井亭桥。当然，也有坐在亭子里，汲井水洗手擦脸，希望在菩萨前保持清洁，从而显示虔诚者。

星级指数：☆☆☆☆

纵能高歌奈若何——南郊金鸡桥

2006年，国务院公布太仓五座元代石拱桥为全国重点文物保护单位，其中，位于南郊新丰镇的金鸡桥就名列其中。

长江口南岸在长期泥沙淤积波浪冲击的作用下，自常熟福山起，经太仓、嘉定方泰、上海马桥、奉贤新寺，直至金山漕泾一线及其以东，形成数条西北—东南走向的沙堤，俗称"冈身"。金鸡桥就坐落在这样的古冈身旁。据说金鸡桥桥面千斤石中央有鸡形浮雕，故得"金鸡"之名。毛泽东的《浣溪沙·和柳亚子先生》是孩提时就背熟的，对其中"一唱雄鸡天下白"的印象尤为深刻；所以，走上金鸡桥的渴望也就更为迫切。

从井亭桥沿着一座大型公墓"息园"西墙外的道路北行,过南广教寺,400来米外,就找到了金鸡桥的踪迹。

然而,出现在我们面前的金鸡桥却是如此的凄凉!

一条东西向的小河朱里泾横在我们的面前,说"横",是现实状况,因为我们一路向北,而这条小河却东西走向;但更是因为这条小河已经没有了生气,河水浑浊不堪,两岸野草丛生,河道被各种垃圾与水生植物填塞了一大半,简直无法辨认河水通向何处。金鸡桥就孤零零地跨在这条河上。桥四周为农田,凌乱地种着三麦、蚕豆、油菜;桥西北,有一个村落,炊烟依稀,偶尔传来几声犬吠鸡啼,给这座古桥增添了些许生气。

桥始建于元朝至治二年(1322),为单孔石拱桥,长8米,宽近4米,拱高2.5米左右,跨径5米余。主体为青石结构。800来年,风吹日晒,雨打雪压,已满目疮痍。桥两端宽度大于中央宽度,用以增加横向稳定性;桥身上有两条长系石镇锁;在券石、桥面板外侧、桥耳等部分,尚能分辨出昔日的石雕装饰。

桥孔拱券由五段券石错缝砌成,每段三至四块弧状青石平行,券石外侧抹角,刚中透柔,很有艺术性,感觉上也很坚固。但桥体其他部位,却令人失望。桥身金刚墙,似乎由凌乱的青石胡乱砌成,估计倒塌后找来石匠随意堆砌了一下。桥面西外侧为青石,整体尚完整。与井亭桥一样,从侧面看,这些青石的外侧上沿都有4公分左右的外凸,不知起何作用;东侧因原构件大部分损坏,用石较为杂乱,有破碎的青石,也有花岗石,当是重修时增添。桥面中间是乱七八糟的石块,杂乱无章地砌着。金鸡桥没有栏杆,也未见如井亭桥上安置桥栏的方孔。由于雪后初霁,桥面上布满泥浆,无法找到那块雕有雄鸡高歌的青石。也许,即使找到了,看着古桥凄凉的现状,这只金鸡也不愿高歌了;纵然还能高歌一曲,也难以唤醒这座古桥的活力。"还是没找到的好,可以留下一些悬念,留下一些美好的想象。"这样想着的时候,笔者情不自禁走下了桥。

1995年4月19日,此桥被公布为江苏省文物保护单位。如今上升为"国保"了,文物保护标志碑就立在桥南塊西侧,上刻着"全国重点文物保护单位 太仓石拱桥(金鸡桥) 国务院二〇〇六年公布 太仓市人民政府二〇〇六年立"。

金鸡桥和井亭桥在一条南北向的直线上,元代,这儿应是太仓通向上海西部(当时应属苏州)各镇的通衢。想当年是何等的繁华,而今,只有这两座因被保护而苟延残喘的古桥,躺在田野里向后人诉说昔日的风流了。

星级指数：☆☆

半入民居夜半钟——沙溪庵桥

沙溪是太仓属下的一个千年古镇，为太仓三大建制镇之一（另两个是城厢镇和浏河镇）。位于太仓市中部偏西204国道东部，距太仓城厢镇18公里。早在宋、元时，沙溪已初步成为集镇。明代中叶，娄江淤塞，七浦塘成了苏州到崇明等地的主航道，"官民船舶，来往穿梭，商贾云集，为县境第一闹市"。在这种情况下，明清两代，达官贵人、商贾平民纷纷沿着七浦塘两岸建造府第，营构居室，逐渐形成蜿蜒数里的集市。"镇地延袤可数里，多富家巨室，其缙绅学士几当一州之半，为士好文章，习仪观，济济相望。"至民国年间，仍为巨镇，俗称"东南十八乡，沙溪第一乡。"

从南端进入中国历史文化名镇沙溪，沿白云路北行，但找不到古镇沙溪的

影子;猛然来到一座"地灵"牌楼前,两侧的楹联道出了沙溪古镇的概貌:"沙里淘金,金耀千年名镇;溪中流彩,彩溢三里古街。"转弯穿过牌楼,沿着一条刻意仿古的东市街缓缓东行,终于有了一点昔日的感觉,但总觉得有些悲凉。街似乎很古,粉墙黛瓦,路上,偶有游人经过,但两边的仿古商店,却店门半掩;路边,几组表示昔日风情的铜铸雕塑企图告诉路人,这是一条老街;但是,"磨刀人"手中的铜刀早已不知去向,或许舞动在某个顽童手中,或许静卧在废品收购站的仓库。与甪直、同里、乌镇、西塘等古镇的兴旺相比,此处是何等的萧条! 总有"画虎不成"的感觉。

　　伴着无时不在的黯淡,步行数分钟,到达沙溪镇物业管理有限公司门前。抬头右望,只见路南面东市街88号与90号之间有一条窄窄的短巷,巷内是一弯拱门,门下为石础,上为砖木结构,门已不存在,地下仍留有关门时所用支架的印痕。拱门内还是一条窄窄的短巷,两边山墙笔直,墙面斑驳。拱门内外的两段小巷相加只不过10余米。

　　出门洞,拾阶而上,蓦然发现,竟然登上了一座高高的石拱桥,这便是庵桥。

　　桥下,便是东流而去的七浦塘。七浦塘又名七浦、七鸦浦、七丫河,是阳澄湖地区五大主要泄洪水道之一,与其它通江河道一起担负着阳澄湖地区的引排任务,古有"七浦畅,阳澄水位降"之说。据同治《苏州府志》记,宋景祐二年(1035)苏州知府范仲淹督浚七丫河。然而,当地的老百姓却愿意把"七浦"称作"戚浦",说是戚继光在此抗倭时所疏浚,七浦塘与浏河接通,将士从水路将来犯之敌打得落花流水。站在庵桥上看七浦塘,看古镇老街的背面,会感到一种从未有过的宁馨,令人恍然明白,沙溪的魅力不在车水马龙的白云路,不在刻意仿古的东市街,而全在灯火阑珊处。流淌了上千年的七浦塘水早已没有了脾气,与古镇为伴多年而变得温情脉脉。两岸的枕河人家,大多都有伸入河中的河埠头,淘米洗菜、浣衣涮物、汲水拖地都在河中,遗憾的是,没有橹声,见不到"家家门外泊舟舨"的境况;不过,转念一想,如此的安宁,岂不是胜过甪直、同里、乌镇、西塘等沾满铜臭的喧嚣几倍!

　　跨过这座长15.3米、宽2米的单孔拱形石桥,来到七浦塘的南岸,南岸东侧竖着一块石碑,上书"太仓市文物保护单位　庵桥　太仓市人民政府一九八

一年公布　二〇〇六年立"。这时候被突然发现的一个奇迹惊呆了：北端，这座桥的桥身三分之一竟然嵌入北岸民居之中。刚才穿过的桥北堍的那个门洞特别显眼，门洞外侧是骑跨山墙的过街楼，门洞内侧就是桥阶。古时门洞装有木桥门，一到天黑便关闭大门，据说更夫住在小巷的楼上，有人喊门，他居高临下仔细审视后才会开门放行。如此，既通畅了南北，又减轻了民居对桥身的压力；必要时，又可关闭桥门，具备防盗功能。如此构造，在江南古桥中颇为罕见，有了这个最具特色的桥门洞，七浦塘就成了护镇河，堪为一绝。

庵桥始建于宋代，开凿七浦塘后，就建了这桥，当时为木桥。清康熙四十四年(1705)，由当地居民捐资改建成石桥，一度曾名为"聚福桥"。清光绪十年(1884)重新整修，如今桥栏外侧还镌着"光绪拾年九月重修"8个大字。目前，桥身略向东倾，但基本保持清代古桥的风貌，石阶因行人行走而显光滑，桥身拱圈基本维持原状，上面刻有八卦、莲花图案及表示安庆吉祥的文字。让笔者印象最为深刻的是，桥拱又高又弯，与水中倒影相连，形成了一个大大的圆环，这样的弧度在江南石拱桥中并不多见，古时七浦塘河上舟来楫往，这么高的桥洞，即使是大型船只也能通过。

据说，当年建桥者特意将石榴种子植入石缝，让石榴树生长繁茂——讨个好彩头，望该桥能"流"（"榴"）传千古。

桥有楹联，南端东侧外露，但已漫漶无法辨认，至于北端的联，则被砌进了民居。由此可见，是民居建在了桥堍上，包围了桥堍，而不是桥嵌进了民居中间。按照现在的说法，这两边的民居就是"违章建筑"。

称为"庵桥"，是因为桥北的门洞对准原长寿庵山门，今天沙溪镇物业管理有限公司就是长寿庵旧址。在桥东龙门石上，镌有几个大字，依稀尚能辨出"长寿"两字。长寿庵，又名为"灵宝长寿寺"，元至元六年(1340)建于沙溪东头涂松，明嘉靖年间(1522—1566)移建于沙溪东市街，大雄宝殿内塑有迦叶、释迦和弥勒三尊镀金佛像。民间习惯称其为"长寿寺"，当时声名远播。解放初期，寺庙还在，后来拆建改为沙溪人民医院，现为沙溪镇物业管理有限公司。沙溪古八景中的"长寿钟声"即在此地。

星级指数：☆☆

河棚间下梦当年——沙溪义兴桥

沙溪古镇的文化特色之一是完好地保存着三座明清时期的古石桥，除庵桥外，还有新桥和义兴桥。

我们沿着东市街，从庵桥缓缓步行向东，数分钟后，来到了坐落于沙溪古镇东市街高真堂南端的义兴桥。义兴桥始建于明代，也横跨老七浦塘。桥长15米，为单孔拱形石桥。桥明柱镌有字，西侧南端为"南无阿弥陀佛"，其他的无法辨认。该桥初建于明嘉靖三年(1524)。明代沙溪镇上有一位名叫曾彪的殷实富户，为富而仁，急公好义，他认为修桥筑路乃是造福天下苍生的善举；因此积极响应当时知州刘世龙的倡议，在沙溪造起了三座桥梁，分别是永安桥、狮子桥和这座义兴桥。其余两座桥都已经废圮了,只有这座义兴桥保留至今。曾彪造了这三座桥,大大方便了民众的出行,知州刘世龙为表彰曾彪好义,将义兴桥改名为曾家桥以示表彰,且沿用至今。

据记载,义兴桥初建时是石块木桥,清康熙年间(1662—1722)改建为石拱桥。桥体至今保持清朝原样,只是南塌拱圈略有下沉,外侧石板凹凸不齐。义兴桥是沙溪镇上有历史年代记载的现存最古老的一座桥。现为太仓市级文物保护单位。在桥南塌东头,面向南竖着文物标志碑:"太仓市文物保护单位 义兴桥 太仓市人民政府一九八一年公布 二〇〇六年立"。

沙溪七浦塘两岸的民居,大都建有河棚间。河棚间的主要特点是精细小巧,挑河而建,面积不大,由于沿河地形的差别,造成了河棚形式的多样性,有吊脚楼式的,有石头实砌的。河棚间均以木柱或石柱为支撑,出挑在河面上而建,既扩大了居民生活空间,又减小了七浦河潮水对房屋的巨大冲击力,远远看去像阁楼、似水榭,轻盈灵秀,形成了独特的沙溪河棚建筑艺术风格。河棚的形成是为了满足古人通舟、取水、洗涤或乘凉观景的生活需要,因此在河棚间内又都设置了河埠头。棚下有可供停靠的船坞,面积虽小却发挥了极大的作用,河棚的窗户有半窗、落地长窗,配有栏杆或美人靠,窗格有方格形、冰裂形、几何拼图形等等,美观大方,花形多样。

登上义兴桥,向西望,是七浦塘的枕河人家,庵桥就在不远处;向东望,是架在七浦塘上的连通姚泾中路和姚泾北路的一座新建的廊桥,车水马龙,人流滚滚——但不知将遗下如何的"梦"!

义兴桥的南塌西端,建有一个小小的临河公园。虽只是几个仿古的亭阁,点缀着常青的花木,但别具一格,和这座古桥相依在一起,显得甚为协调。

站在亭子里,透过义兴桥的桥洞向东看,可以欣赏人家枕河的江南水乡特色,尤其是那一排水榭般的河棚间建筑,占天不占地,把我们的思绪带到了古代。冬日的阳光照得人暖洋洋的,恍惚间,仿佛一条装满鱼腥虾蟹的小船摇过,一位大嫂打开窗扇,吊下一只竹篮,篮中放有钞票,渔家收下钱,将鲜鱼放进竹篮。竹篮徐徐上升,最后窗扇一关……忽然间大雨倾盆,渔船立即泊入"水榭"下躲雨……幻觉终究存在于恍惚之间,这种景象早就褪入了童年时的回忆。当然,如果现在谁家想建造这种河棚间,就得层层审批,然后"不知后事如何";不然就是违章建筑,够城管们忙一阵子了。

桥南亭西,有一座"江南民间现代诗歌馆",不知属何部门所管,为何不搞一个"江南民间诗歌馆"呢?我们更希望沙溪保留一份古韵——物质的,或者非物质的。

星级指数：☆☆☆

三折虹腰地脉长——玉山玉龙桥

昆山处上海与苏州之间。北至东北与常熟、太仓两市相连，南至东南与上海嘉定、青浦两区接壤，西与吴江、苏州交界。气候温和湿润，四季分明，光照充足，雨量充沛。新石器时期，昆山地域已有人类活动。夏、商时期，地属扬州。周时地称娄邑，属吴国。吴王寿梦曾在这里豢鹿狩猎，故又名鹿城。昆山境内河道纵横密布，桥梁颇多。玉龙桥是昆山市体量最大的一座古石拱桥，也是故事最多，被赋予较多神秘色彩的一座桥梁。

玉龙桥，又名玉虹桥，在昆山东门外，跨至和塘，南北向。

据说这座桥始建于南朝梁大通年间(527—529)，但无法考证。笔者所知，玉龙桥明代中叶始建，清顺治五年圮(1648)，顺治十二年(1655)里人周思、卢荣增修,光绪十五年(1889)再度重建。

顾鼎臣(1473—1540),昆山人,明弘治十八年(1505)状元,官至武英殿大学士。他历经明弘治、正德、嘉靖三朝,号称"三朝元老"。曾因嘉靖皇帝出巡,留守京城代朝三月。在昆山老人的记忆中,玉龙桥和顾鼎臣关系密切。传说造桥打桩时,无论民工如何努力,就是打不下去。这时走来一个大户人家的丫鬟,出于好玩,只轻轻一下,桥桩就乖乖地钻了下去。这时有人预言,这户人家定要出大人物。原来这丫鬟不是别人,就是顾鼎臣的母亲,当时怀有身孕。

明末清初的高僧戒显和尚在《现果随录》卷三中记述了这么一桩奇闻。明末一汪姓徽商,在昆山地方大户王氏的对门开了一家店铺。他礼佛持斋三年,准备到普陀山进香。那年元旦启程上路,到东门外玉龙桥上船,忽然他家商店的旁边起火,有人紧急追到桥头向他报告,敦促他回家。汪君说,我已经斋戒三年要赴南海朝礼观音菩萨,岂能够以一间店面就要我改变心意呢?我不回去。于是就搭船离去。等到他进香完毕回到昆山,见到四周的店面及对门豪贵之家的王氏大门,全都被烧得一干二净,只有他的店面楼房得以独存。当然,我们无法考证这个发生在玉龙桥畔的故事的前因后果,只知佛家所谓的"心诚则灵",在汪氏商人的身上得到了验证。

历史的脚步踟蹰前行,历经风雨的玉龙桥见证了昆山历代的沧桑。生活在桥边的人,在与玉龙桥的相依相伴中,送走旧时代,迎来新岁月。这里的许多老人,都坚信夏天玉龙桥上没有蚊子,他们不喜欢"孵"空调,宁愿在桥上乘凉,特别痛快。

我们从昆山县后街驱车东行,跨东环城河,接同丰西路继续向东,通过路北侧的玉龙新村进入娄邑小区,眼前突然出现一座高大的三孔石桥,尽管四围都是高楼,但桥还是显得特别瞩目,这就是玉龙桥。如果说娄邑小区的整个布局体现着现代文明的气息,那么,玉龙桥身上展示的就是历史的沧桑。桥由花岗石砌就,拱券作纵联分节并列式砌筑。宽4.2米,长34.3米,高约7.1米。中孔跨径约11.5米,两边次孔跨径各约7.1米。桥面中央雕八卦风火图案,中孔顶部雕二龙戏珠纹,16根望柱均雕有纹饰。共砌石阶72级,两堍均有东西向石阶引桥。1991年,桥被公布为昆山市第一批文物保护单位,如今,文物保护标志碑就矗立在南引桥之南。

桥明柱有联,东侧为"门对宾曦,水汇三江成锁钥;场连选佛,路通八达便舟车"。"宾曦",昆山东门曰宾曦门。"三江",泛指桥下的古娄江等河道。"选佛",即选佛场,泛指佛寺,《水浒传》第四回有"鲁智深回到丛林选佛场中禅床上,扑倒头便睡";此联中的"选佛场"是一古寺名,在昆山宾曦门外玉龙桥南,清顺治中始建,颇具规模;康熙、乾隆、嘉庆年间屡有修建,解放初尚存,现没有了踪影。此联,交代了玉龙桥所处地理位置的重要,水陆要津,四通八达。

西侧下联后半段漫漶严重,借用朋友吴厚仁兄270毫米的镜头,充分运用掌握的对联知识,才将所有文字"一网打尽"。联为"旧主是玉山,看雁齿重排,一片岚光相映带;名区推娄邑,认虹腰三折,千年地脉自绵长"。"玉山",昆山之代称,清雍正二年(1724),昆山分为两个县,西部仍为昆山县,东部为新阳县,东门外玉龙桥所属地归为新阳县,民国元年(1912)两县合并,仍名昆山;故联中称昆山为"旧主"。由此也可见,此联撰于新阳县分出至并入昆山之间,估计为光绪十五年(1889)重建玉龙桥时所作。"雁齿",桥石阶。"娄邑",桥所在地古地名。"虹腰",虹的中段,清·纳兰性德《齐天乐·洗妆台怀古》词有"露脚斜飞,虹腰欲断,荷叶未收残雨"之句,一般比喻桥形状之美。"三折",三截,三孔桥之谓。此联中,玉龙桥周边的地理环境、自然风光和自身优美造型等表述无遗,且平仄和谐,意境深远,耐人寻味。

玉龙桥也不能"免俗",一度延续着"桥对庙,庙对桥"的格局。桥北曾有一座一宿庵,明万历四十三年(1615)里人曹大镛等建,庵名取佛家"浮屠人不三宿桑下,示无住也"之意,意为佛门子弟不能在某一个地方连宿多日,以表示自己没有住所。而今此庵亦不见踪迹。

王世贞《长兴哭子与归途有感(其六)》诗曰:"玉龙桥下水纵横,酒眼摩挲醉语轻。不道便成生死别,至今犹自恨潮声。""长兴",浙江湖州属县;"子与",文学家徐中行,字子与,与王世贞同为明代"后七子"之一,长兴人,徐中行客死他乡后,士多为之泣下。王世贞此诗,借玉龙桥下之水多比喻自己眼泪之多;当年玉龙桥的潮声,能引起作者对玉龙桥水的联想,也就是说能引起作者对伤心往事的回忆,所以,不愿听到潮声。全诗抒发了对好友逝世的无比沉痛之情,既借景抒情,又融情于景。

玉龙桥,也见证了昆山人民抗击倭寇的壮举,明嘉靖三十三年(1554),倭寇7 000余人沿浏河进犯,昆山知县祝乾寿组织军民坚守45天,在玉龙桥畔与倭寇浴血奋战,斩杀贼寇头目两人及喽啰无数,保卫了疆土,捍卫了民族的尊严。

然而,就是这样一座记载着昆山历史足迹,且风光无限的玉龙桥,却差一点被企图在它南面竖起的大楼压制,幸亏娄邑小区居民的竭力反对,才保住了"风水",让它继续见证着发生在昆山的一切。

2012年12月,玉龙桥"升格"为江苏省文物保护单位,尚未立碑。

星级指数：☆☆

伤心碧血忆忠魂——玉山富春桥

昆山,就像镶嵌在上海与苏州之间的一颗璀璨明珠。

老一辈说,昆山老城原有70来座桥,但如今尚存的已经屈指可数。

富春桥,俗名高板桥,昆山老城区硕果仅存的古桥之一,位于东塘街与北后街交汇处,南北跨于东塘河上。富春桥算得上是年代较远的一座桥,始建无考,只知初建时为木桥。

现在的富春桥,是一座并联式青石拱桥。桥面、桥栏为花岗石。桥长32米,宽4.4米,高4.5米,桥跨7.1米。

文物保护标志碑在桥北堍东侧,正面为"昆山市文物保护单位　富春桥昆山市人民政府一九九七年公布　昆山市人民政府一九九八年立",其反面内容较多,全文如下:"富春桥,俗称高板桥,位于玉山镇北后街与东塘街交会处,南北跨于东塘河上。明洪武三十年,由知县梁端建造,桥下有周忱、况钟题名,邑人邵钫献铭。明正统三年黄彦修捐资重建,桥为并联式青石拱型石桥,桥身为明代原物,清乾隆十四年重建,道光十年重修。1997年,市政府出资对桥进行了加固维修,1997年被公布为昆山市文物保护单位。"碑文所涉及的时间中,洪武三十年为1397年,正统三年为1438年,乾隆十四年为1749年,道光十年为1830年。

昆山的很多老人都认为富春桥为明朝黄子澄后人所建,如照此说,文物保护标志碑上的黄彦修,当为黄子澄后人。笔者的外婆家就在北后街,离富春桥数十步。先母从小就听到过有关黄子澄和他的后代造桥的故事。

黄子澄,明初建文帝朱允炆的主要辅政大臣,官拜翰林学士,竭力主张削藩。建文帝采取一系列削藩措施,严重威胁藩王利益。封地于北平的燕王朱棣起兵反抗,随后挥师南下,以声讨黄子澄和另一个辅政大臣齐泰为名,矛头直指建文帝的皇位,史称"靖难之役"。建文四年(1402),朱棣当上皇帝,将黄子澄捉到南京亲自拷问。黄子澄抗辞不屈,被肢解而死;并祸及满门,株连九族,亲属被杀被充军者四五百人。据说其一个儿子黄玉改名田彦修,加入昆山籍,能说昆山话,才幸免于死。如此分析,这个"田彦修"就应是正统三年(1438)捐资重修富春桥的黄彦修。正德十五年(1520),黄子澄得到平反。在这100多年间,黄子澄后代不敢大张旗鼓地纪念先祖,黄彦修重修富春桥后,将桥名改为高板桥,因为昆山方言中的"高板"与"搞藩"谐音,当时黄子澄后代用"高板"两字意指黄子澄的削弱藩王活动,以此纪念先人。

笔者努力寻找桥上被誉为"手捧天书"的钦差太守苏州知府况钟的题名,发现北侧拱圈内有字,但字迹已经漫漶,且距离颇远,无法辨认。

随着历史的变迁、岁月的更迭,富春桥已基本失去了桥本身的作用与功能,它静卧于东塘河上,是段段历史的见证。民国时期,黄包车很多,为了方便黄包车通行,当时政府把桥的台阶拆除,改成斜坡路。当年老人的絮叨又在耳边响起,高板桥以前不是台阶式的,桥的南北塊都是小石子铺成的斜坡,冬天一下雪,行人走在上面非常吃力……

如今,富春桥的南塊是一块三角形的绿地,绿地中间蜿蜒着一条窄窄的青砖小路,供晨练者使用。徘徊于这条小径,遥想当年,清清碧水,曾映照着鹿城昔日的辉煌,曾映照着志士的碧血。

星级指数：☆☆☆

衰草荒烟天国忆——花桥集善桥

花桥镇位于昆山东部，距昆山市区15公里。沪宁铁路、沪宁高速公路、312国道过境，吴淞江、鸡鸣塘、瓦浦河、徐公河纵横境内。

集善桥，俗称"赵家桥"。桥的大名取于意，"集善"者，"积善成德"也；而桥的俗名出于所在地的地名，桥位于花桥镇赵家村，南北跨鸡鸣塘。在铁路、公路修筑之前，此处为水陆交通要冲，俗称"活路""活河"；清乾隆五十二年(1787)里人集资建此桥，以贯通南北。1979年曾维修。现为江苏省文物保护单位。

桥的具体位置在"中国国际特许中心"东南，也就是绿地大道与集善路交界处东南200余米处；然而欲走近桥身，却得从东面的机耕路上进入，并绕几个弯。在衰草败枝的簇拥中，在偶尔几声鸟鸣的衬托下，架在泛黑的鸡鸣塘河水

上的集善桥透出重重沧桑,显得甚为突出。桥为花岗石结构三孔梁式桥,两个主桥墩为梯形结构,下阔上窄,矗立在河水中,显得颇为坚固结实,古意盎然。桥宽1.43米,长21米,高4米。桥面以9条宽40余厘米的石板分三段排列,中间桥梁两边外侧,刻有浅浅的边框,内有"集善桥"三个阳文大字,涂着红色。据说还有"乾隆五十二年建"的款识,但我们没有找到。

南孔桥面上刻有"太平天国"四个楷书大字,位置靠近中孔桥面处,略偏于西侧。上北下南,自左至右竖写,上面"太""天"两字稍大,下面"平""国"两字略小。据我们所知,太平天国时所写的"国"字应是"口"中一个"王",但此处的"国"却写成了繁体的"國",似乎违反规矩,或许此石匠新参加太平军不懂规矩,而刻字的时间又甚为仓促。据文献记载,咸丰十年至同治二年(1860—1863),李秀成率领太平军两次与常胜军(洋枪队)在上海青浦大战,集善桥为由昆山向青浦进军的必经之地;战斗中,击毙常胜军队长美国人华尔。陪同我们前往的花桥中学陈万紫老师告诉我们,他曾听学校的老教师说过,就在集善桥南面不远处的吴淞江边,过去堆积着大量的废弃的酒坛,都说是太平军驻扎时留下的。这些酒坛,是桥面"太平天国"四个字为太平天国时所刻的有力证据,当在1860—1863年之间所刻。

正因为有这四个刻字,集善桥被公布为江苏省文物保护单位。如今,文物保护标志碑竖在桥北西侧,正面朝北,上面曰:"江苏省文物保护单位 集善桥   昆山县人民政府立   一九八四年十二月",反面也有字:"太平军东进上海时留下'太平天国'刻字"。

站在桥上,想到的是英勇的太平军将士们跨过此桥向东南挺进的状况;想象着夜深人静,几个高级将领在桥上运筹谋划,商讨如何与洋枪队浴血奋战的情景。但是,更多想到的是天京城内或升平歌舞,或刀光剑影的情形。——历史的悲剧似乎就在眼前。

如今,昆山市政府正在集善桥一带搞农村大环境整治,"拆、整、洁、绿、新"工程正在轰轰烈烈地开展,集善桥周围的民房都已拆除,据说将充分利用自然风貌,重新建造一个适宜人们居住生活的江南自然村落。——我们拭目以待。

星级指数：☆☆

桥庵相聚古风存——花桥聚福桥、万寿桥

上个世纪80年代前,沪宁铁路线上有一个小火车站——天福庵。从昆山向东去上海,沿途经过西巷、陆家浜,然后就是天福庵。天福庵以东的安亭,就是上海市地界了。

天福庵的得名,据说与三国孙吴有关。相传三国时期,曹操一路挥戈南下,孙权节节败退,一直退守到瓦浦河。面对曹操来势汹汹的十万大军,孙权坐立不安,连夜召开紧急军事会议,商讨对策。孙权母亲吴国太跪地焚香祷告上苍,并许下心愿,若上天有灵,帮助东吴躲过这场劫难,日后一定建造寺庙,塑各位天神金身永远供奉。当夜三更时分,突然乌云密布,大风呼啸,雷电交加,紧接着大雨倾盆,平地积水三尺。曹军均为北方兵,不识水性,乱了阵脚。曹操只得传令三军快速退兵。事后,吴国太命令当地官员,就在原地建造寺庙18间,塑造各位天神金身,并亲自率众上香供奉。因为上天赐福打败了强大的曹操军队,百姓得以安居乐业,所以就把寺庙取名"天福庵"。久而久之,方圆十里八乡的民众纷纷前来顶礼膜拜,上香还愿,到元明间已渐具规模,形成集市。1906年,沪宁铁路通车,还特地设立天福庵火车站,直至上世纪末。

天福庵镇,就在沪宁高铁江苏与上海的交界处,可以这么说,沪宁高铁穿镇而过。50年代末,天福庵划归花桥,此地的一切就都以"花桥"命名了。

我们的主角,聚福桥就在天福庵镇上,如今称为"花桥聚福桥"。为一探聚福桥的"尊容",我们从昆山汽车站出发,沿新南东路—陆丰东路东行,过花桥镇后沿着宽阔而风景优美的沿沪大道一路北行,下穿沪宁铁路,立即右拐向东,数百米处就是天福庵镇北口。有昆山220路公交在此设终点站。

聚福桥就在镇口南100余米处,东西向,跨南北流通的元闸塘。这是一座花岗石结构的单孔石拱桥,始建于元至正八年(1348),岁在戊子十二月,由乡人周文明、朱应成募捐建成,至今已有663年的历史。现桥由青石和花岗石交错砌就,桥墩多为青石,桥孔全为青石,显然为元末风格遗留。石缝中枸杞蓬勃,显示出顽强的生命力。桥面和桥栏由花岗石砌就,显然是后来整修时所加。桥台阶为十多级整块花岗条石。侧石桥栏,间有八根望柱,两端置抱鼓石。西端长系石和望柱皆为青石,东端长系石与望柱皆为花岗石。现桥长17.20米,宽2.49米,高3.7米。

文物保护标志碑立于东堍北侧,面向南,为"聚福桥"三个大字。碑阴镌着建桥经过,并指明桥于1997年被公布为昆山市文物保护单位。

聚福桥的东堍,与另一条梁式石桥的北堍紧密相连,形成双桥奇观。这座桥就是万寿桥,桥南北走向,跨支昌塘。桥始建于清乾隆三十二年(1767),民国二十四年(1935)重修。桥为花岗石结构,长16.7米,宽1.7米,桥孔跨度5.1米。搁空花岗石桥栏,中央分为三个间隔,南堍和北堍东侧各分为两个部分,北堍西侧因与聚福桥相连,略长,分为三段。

桥梁东西外侧中央镌有"万寿桥"三个大字,两端刻花草纹。桥西望柱明显高于东面,较为陈旧,显然是原物。桥西望柱上有联,南端为"瓦浦东流","瓦浦"为一条南北向的河流,在天福庵西,这里是取"水向东流"之意;北端为"玉峰西峙",显然就昆山玉峰山而言。作为桥联,正好置反,估计近年重修时未曾编号而搞错。

桥南200来米就是沪宁高铁,呼啸的列车使桥身不断地震颤,令人担忧。

聚福桥西堍北侧即"天福庵"。原来的天福庵为一个规模甚大的尼庵,土改时征为粮仓,尼姑不知去向。改革开放后,方由村民在民居中修复了"天福庵"。共有两进,有点像北京的四合院。进门为"天王殿",与普通庙宇的山门一样;第二进当中供奉八尊神像,有如来、观音、迦叶、阿难等等;西配殿供奉18人,释道同殿;东配殿供奉着十殿阎罗画像。

星级指数：☆☆

废墟悄立顾茫茫——花桥徐公桥

  在江苏昆山市花桥镇区东部，有一条徐公河南北流向，与这条河平行的，是一条南北走向的徐公桥路。徐公桥位于花桥镇徐公桥村，跨徐公河。估计桥因河而得名，而村与路因桥而得名。

  徐公桥始建于清嘉庆十四年(1809)，嘉庆二十五年(1820)重修。

  从昆山汽车站沿新南东路—陆丰东路—花安路东行，拐向南北走向的徐公桥路，向南，就是徐公桥所在地。但由于道路改建，找到徐公桥还得要费一番周折；不过只要记住徐公桥就在徐公桥小学东侧100余米，一切迎刃而解。

  桥矗立于拆迁废墟中的几家农户之间，东西走向。长19.6米，宽2.90米，净跨7.10米，矢高3.96米。桥系单孔拱桥，花岗石为主；间有几块青石，主要集中在桥墩和东坡北侧的桥栏上。拱券为纵联分节并列式砌置。没有望柱，仅西堍北侧有显然为新补的抱鼓石。2004年，徐公桥被公布为昆山市第三批文物保护单位，但文物保护标志碑却不知去向。

有四条长系石，两侧长系石下为明柱，明柱表面有联。

南侧联为"直接吴淞通碧海，遥连娄水映文峰。""吴淞"，流经花桥镇南的吴淞江，汇入长江直入东海；"娄水"，镇北的"娄江"，向东也可通过长江入海；"文峰"，即昆山之山峰。此联平仄和谐，气势磅礴，展示了徐公桥的地理位置。

北侧联为"横排白□凌霄汉，雄踞青龙锁海潮"。所缺之字显然人为凿去，且为时已久，仅能辨出"⼍"状的痕迹，上面似乎还有一点或一横。1997年《花桥镇志》记该字为"洼"，因为"洼"的异体字"窪"有"⼍"；笔者认为不妥，应是"虎"的异体字"虝"，该字上部也有一个"⼍"。理由如下：

首先，在中国传统文化"四象"中，青龙方位是东，代表春季；白虎方位是西，代表秋季；朱雀方位是南，代表夏季；玄武方位是北，代表冬季。既然桥东端的下联有"青龙"，那么，桥西端的上联的对应部位就应该是"白虎"。

其次，古代将天上的星座分为三垣、二十八宿。二十八宿中，每七宿为一组，分列东、北、西、南四个方向，各以一种动物形象为标志；西方七宿为奎、娄、胃、昴、毕、觜、参，动物形象标志为白虎。故上联"横排白虎凌霄汉"意为七宿排列成白虎图像，照耀于西方的天空；下联"雄踞青龙锁海潮"将桥喻为青龙，限制着海潮向内陆推进。上联谈天，下联说地，一天一地，正好相对。

第三，"白洼"莫非为白色低洼地？那么，如何又能"横排"并"凌霄汉"呢？

第四，从对联的规则而言，动物对动物是基本常识，让"青龙"和一片"白色的洼地"相对，岂不"掉价"！更何况"虎"为仄声，与下联的平声字"青龙"之"龙"正好相对，而平声字"洼"又岂能和同样为平声字的"龙"相对？

最为重要的是，可从此字因何被人为破坏的角度分析。"白虎"虽为神兽，亦为凶煞形象，谚曰："白虎凶神当堂坐，流年必然有灾祸，不现内孝现外孝，否则流血难躲过。"旧社会农村妇女中被诬为"白虎星"者并非个案。可能该地出现灾祸，算命先生认为是"白虎星"作祟，故令人凿去"虎"字以求平安。

当然，"白"下究竟为何字，最有发言权的是悄然立于废墟中的徐公桥。当回顾往事的时候，它不知是悲还是喜，凿字发生的同时，或许伴随着一个凄惨的故事，饱含着血泪，充满着哀伤。

桥北200来米处是几座正在拔地而起的公寓式参天高楼，高楼之北就是沪宁高速公路。如此衬托之下，徐公桥显得更为寒酸。悲夫！

星级指数：☆☆

占得先机称第一——千灯种福桥

　　昆山千灯为江苏省历史文化名镇，距今已有二千五百年的历史，古镇物华天宝，人文荟萃，素有"金千灯"之美称。远在新石器时代，这里已有先民生存繁衍，创造了灿烂的史前文明。明永乐元年（1403）户部尚书夏原吉疏浚吴淞江，兼疏浚贯通千灯镇南北的千灯浦，所以千灯浦又称尚书浦。千灯古老，美丽，富饶，而充满生机，至今仍保留着"水陆并行"、"河街相邻"的古镇格局。

　　据地方史料记载，千灯浦上架有永福桥、凝薰桥、种福桥、吴家桥和陶家桥等五座明清石拱桥。古镇最南端的是种福桥。种福桥重建于清道光元年（1821），道光年间（1821—1850）的《昆新两县志》称其位于"千灯镇马家泾口，旧名'西庄桥'，国朝康熙中建，后里人任洪育、陈治箴重建。道光元年复重建。"

种福桥又称"南大桥",因为其镇守南大门,堪称古镇第一桥。桥东西走向,横跨于千灯浦上;高大巍峨,气势雄伟,如长龙卧波。桥主体系花岗石质地,间有少量青石。长39米,宽4.6米。条石阶梯单孔拱桥,拱券纵联分节并列砌置。旧桥栏已失,现在所见桥栏显然为新砌,青砖白缝,上覆抹角石条;每侧桥栏中间有六根望柱,两端都有抱鼓石。正面桥眉石隔为三个部分,当中雕有三个扇形,上镌"种福桥"三个大字,两边雕着"暗八仙"。2004年桥被公布为昆山市第三批文物保护单位,但遍寻未见文物保护标志碑。

桥明柱有联。

南联为:"虹彩亘长空,柳市南头,夜半钟声梅隐近;龙梁凭远眺,江流东去,日斜帆影澱湖遥。"纵观全联,平仄和谐,对仗工整;就上联而言,"柳"与"梅"合拍;就下联而言,"江"与"湖"照应。上联中,"梅隐"即梅隐禅院,现在已踪迹难寻。下联中,"龙梁",形容桥如长龙卧波;"澱湖"应为千灯镇南不远处的淀山湖,此处明显用了一个错别字,"淀"为浅湖泊,一般用于地名,没有对应的繁体字;而繁体字"澱"意思为"淀粉",所对应的简体字也是"淀"。从对联的内容和平仄的对应来看,此联很可能为古人手笔,然而日久漫漶,重修种福桥时另行书写,未辨明简体与繁体之间的对应规律,在千灯第一桥上留下笑柄。

北联为:"壤地接凝薰,叠锁重关风水固,万家生聚;人天同证善,博施济众川涂巩,百载津梁。"上联中,"凝薰"即北端200来米处的同跨于千灯浦上的"凝薰桥";"叠",指种福桥与凝薰桥分层镇守千灯大门,锁住了千灯古镇的风水,保障千家万户安居乐业。下联中,"川涂",即"川途",既可指陆路,也可指水路,此处当为后者;下联有祝远行者一路平安之意。

顾炎武,原名绛,字宁人,号亭林,1613年生于昆山千灯镇。清兵南下时,参加抗清斗争,断然拒绝应试科举。他的名言"天下兴亡、匹夫有责"激励着一代又一代仁人志士的报国之心。

顾炎武先生堪称千灯名人之冠,他的故居和墓茔就在种福桥西堍北侧100余米处。1956年,顾炎武墓及祠堂被列为"江苏省文物保护单位"。"文革"期间,该墓及祠堂曾遭到肆意破坏。1984年、1987年、2000年昆山市人民政府分别拨款进行重建和修葺。经过修缮后的顾炎武故宅,包括故居、墓、亭林祠堂以及顾园等区域,为千灯明清宅第之首。

整个宅第坐西面东,为五进明清建筑,自东而西依次为水墙门、门厅、清厅(轿厅)、明厅(正厅、楠木厅)、住宅楼,故居南侧与顾炎武墓地和顾园相连。该区域主要再现亭林先生家居生活、读书场景,各厅内陈列顾炎武先生塑像、手迹、著作、生平事迹和国内外学术界对顾炎武先生及其作品的研究成果。

星级指数：☆

明灯千盏映辉煌——千灯凝薰桥

关于"千灯"地名的由来，说法至少有两个。据清《淞南志》载，昆山县东南36里，三甲川乡有水曰千墩浦，盖淞江自吴门东下至此，江之南北凡有墩及千，于是名为千墩；清宣统二年(1910)，因为该地土墩上长满了一种草，"根可以做红色染料，也可以做药材，这种草称'茜草'"；所以，在那时把"千墩"易名为"茜墩"。"茜墩"这个地名一直用到新中国成立后。

茜墩是一个人文荟萃之地，称之为"千墩"或"茜墩"都难以体现古镇的文化内涵，于是，就想到了吴方言中与"墩"同音的"灯"。这个"灯"，象征着光明的使者，象征着辉煌，象征着富足。"千灯"这个地名就由此而来。1966年，经江苏省人民政府批准,镇改名为"千灯","千墩浦"也就改称"千灯浦"。

与其他江南古镇一样,千灯古镇的主体也是两街夹一河的格局,两条古街夹着一条千灯浦,呈南北走向。就在古镇中心偏南处,有一座石桥跨千灯浦,呈东西走向,这就是凝薰桥。凝薰桥连接着西端静谧的古镇与东侧闹腾的市场。

清道光《昆新两县志》载:"凝薰桥,旧名证愿桥,明万历中顾绍芬建。"桥东堍南侧金刚墙上嵌着一块汉白玉石碑,碑文曰:"初建于明崇祯十年,由顾炎武十四世叔祖顾绍芬临殁时,命其子叶墅和兰服,为便利乡里,建桥于南市街千墩浦上,遂名'证愿桥'。清二次修缮,于道光十五年(1835)里人重建为单孔双拱花岗石桥。易名为'凝薰桥',俗称'混堂桥'。一九九一年因水利工程拓宽千墩浦而被拆除。为保护古镇恢复古迹,便利交通,邑人王建华、陈云明先生各捐赠人民币五十万元,于二〇〇五年重建凝薰桥。以志。　千灯镇人民政府　二〇〇三年六月"。读这段碑文,疑惑颇深。且不论第一句语句通顺与否,单是"顾炎武十四世叔祖顾绍芬"就令人费解:这个顾绍芬如果是顾炎武向上溯十四代的某人,则事情怎能发生在顾炎武在世的崇祯年间!如果说是顾炎武先祖迁昆山后的第十四代,则"叔祖"称号又无法理解;另外,"单孔双拱"究竟该作何解?还有,碑文中将"志"写成"讠"旁一个"志",暂不论其繁体简体混写,即使就繁体字而言,这个"誌"字也应是"言"旁而不是"讠"旁。笔者分析,既然是"叔祖",应该高顾炎武两辈,从岁数而言,设 20 岁为一代,则顾绍芬应比顾炎武长 40 来岁,明万历中至崇祯十年正好 40 余年,故清道光《昆新两县志》所载为是。

现在的凝薰桥是一座花岗石三孔石阶梯拱桥,长 35.8 米,宽 6 米,高 6 米。桥栏青砖白缝,上覆抹角石条;南北两侧桥栏各立六根望柱,两端都有抱鼓石。

桥明柱有联,南侧主联为"搞建设,奋华夏,铺昆山之路;攀云梯,摘明月,架天堂之桥"。如同口号,且平仄混乱,几无意境可言。

南侧副联为"创建从前,溯百五十年济渡;功德现在,通亿千万人往来"。明白如话,虽平仄不谐,却微言深意,将桥的功能、功德诉诸公众。

北侧主联为"深山南接,楫过江浙贾阜丰;吴淞北通,舟联苏沪巨川济"。"深山",应指千灯之南浙江天目诸山;"贾阜",商阜;"吴淞",流经镇北的吴淞江;"巨川",大的河流;"济",渡。显然,此联展示了桥所处的位置以及作为交通要冲的千灯浦的功能;但平仄不谐,且上下联反置。

北侧副联为"眺启秀,玉练横架千墩浦;望种福,霓霞普洒淀山湖"。"启秀",镇北的启秀桥,即永福桥;"种福",镇南的种福桥;两桥相对,指出了凝薰桥在千灯古镇上的重要位置。"玉练",白色长绢,比喻桥形态美丽;"霓霞",彩虹与霞光,也喻指桥的美丽形态。另外,"横架"与"普洒"两个动词运用甚为恰当,既与主语吻合,又与宾语合拍。虽平仄不谐,但相较而言,四联中此联最为上乘,且联中"淀"字不讹为"澱"。

由于此桥原为单孔桥,南北两侧各为一联;千灯浦拓宽后,桥改建为三孔,南北各两联,将旧联作为副联,另撰主联。惜新联与旧联相差太远,可叹。

凝薰桥的西塝北侧,有一个名副其实的"千灯"馆,即"千灯灯馆"。作为著名的江南古镇,千灯凭借其两千五百多年的历史,用深厚的文化底蕴接纳无数游客。为了凸显"千灯"特色,建一座展示"灯"文化的博物馆势在必行。此时适逢北京有一位收藏古灯的爱好者殷小林,20年来,搜集了一千多盏古灯,一生潜心研究灯文化,为了让自己收藏的这些灯有个展示的地方,他早已有了建一个灯博物馆的念头。通过网络交流,一拍即合,于是,双方结缘就在千灯凝薰桥畔建成了中国规模最大的"千灯馆"。馆中,展出了1 500多盏灯,既有距今七千多年历史的天然石灯笼,又有至今尚在某些地方农村中使用的煤油灯;既有汉族的灯,又有少数民族的甚至国外的灯。

不知何由,徜徉在灯的海洋中,忽然想到《儒林外史》中严监生临终伸出的那两根手指。灯的产生"延长"了白天,"缩短"了黑夜,给众人的黄昏增添了几度温馨,却也照出了形形色色人物的千姿百态。

千灯灯馆的建立使"千灯"古镇更为名实相符,而凝薰桥畔的灯文化,使千灯古镇更显辉煌。

星级指数：☆☆

尽显风情北栅前——周庄全功桥

周庄古镇主要由一纵两横三条河流构成。一条为南北市河，其北端为急水港，即苏申外港线；其南端为南湖，纵向贯穿全镇，将古镇划分为东西两个部分。一条横向的称为"后港"，位于镇中，从双桥之南100米处太平桥下直通向西，到福洪桥为止。另一条横向的中市河平行于后港的南面，从富安桥南梯云桥下直通向西，到贞丰桥外。

从镇西的"新牌楼"沿全功街东行，五六分钟后，可见到在新建的钢筋水泥蚬江桥南，有一座高大的拱桥与之平行，这座桥就是全功桥。全功桥因最初由全姓所建，故得其名。由于在古镇区的最北端，东西跨南北市河，濒临急水港，为古镇的北大门锁钥,故俗称"北栅桥"。

桥始建于清顺治三年(1646),乾隆三十六年(1771)重建。桥长24米余,宽约3米。为周庄古镇内现存体量最为高大的石桥。桥系花岗石质地,单孔拱桥,拱券分节并列砌置。青砖桥栏,上覆花岗石抹角条石。四望柱,四长系石。2004年公布为昆山市第三批文物保护单位。如今,文物保护标志碑就在桥西堍北侧。

桥东堍北侧,是一家颇具古典风味的三层酒楼,虽油漆斑驳,但高悬的串串红灯笼,配上"观景用餐"四字,却也增添了三分韵致。到楼上寻一雅座,凭窗而坐,全功桥全景尽收眼底。桥上,熙熙攘攘,人流如织,很少能找到摄影聚焦的间隙;桥下,一条条蒙着蜡染蓝印花布的小小木船上,男女船工穿着一色蜡染服装,摇着橹,吴歌声声,来来往往,在清澈的河道中悠悠而行。桥东为北市街,桥西为蚬江街,两条街被廊棚所悬灯笼的鲜红与杨柳的嫩绿覆盖,一直通向镇南。廊棚下,游客们或品尝古镇特有的"阿婆茶";或抿一口黄酒,筷子直捣酱红色的"万山蹄",不管是以何种方式品茗饮酒,有水有桥相伴,就一定有色有香,有滋有味。饶有兴味的是,桥边不远处,有一个直奔主题的旅馆,赫然写着"枕河套房",玻璃门上还刻着"小桥流水人家",就冲着这份浪漫的情怀和明了的解释,也许就能让观光者心生留宿的意愿。

桥两侧明柱上有联,北联为"北濒急水泉源活,西控遥山地脉灵"。"濒",靠近,临近;一些介绍全功桥的文字,都误作"频",实为相互抄袭之误,如实地观察,或懂得一些对联知识,看看下联中相应位置上的字,就不会犯这种低级错误了。"急水",周庄之北有"急水港",即苏申外港线,导白蚬湖水入淀山湖,且水流湍急;正因为"濒临""急水",周庄之水才"泉源活"。周庄之西,可遥望苏州城西诸山;正因为以城西诸山为依托,周庄之地脉才显示出特有的灵气。该联交代了周庄重要的地理位置。联中,"北"与"西"方位名词相对,"濒"与"控"动词相对,"急水"与"遥山"偏正结构的名词短语相对,"泉源"与"地脉"名词相对,"活"与"灵"形容词相对,极为工整;且平仄和谐,意境深远,韵致动人,读来琅琅上口,实乃佳构。

全功桥南联为"江上渔歌和月听,日边帆影带云归"。周庄八景之一为"蚬江渔唱",此联形象地道出了此景,联中景物,有静有动,色彩分明;既表现了红日照耀下的白天,又表现了月色朦胧的夜晚;既诉诸听觉,又诉诸视觉。"和月"与"带云",用词精确,尽得奇妙,古镇韵致表述无遗,绝不亚于北联。

全功桥西堍北市街上,有一个古戏台,在砖雕门楼内,面朝北。犹记得鲁迅《社戏》中那模糊在远处月夜中的戏台,周庄的古戏台已不是简陋的土戏台,

而是以戏台为主体的古建筑群;演的也不是用来春赛、敬神的社戏,而是从这块土地上孕育而成的昆剧。现在的周庄古戏台,就是在全功桥畔北栅故地恢复重建的。戏台柱子上的楹联"泽曰南湖,誉满摇城二千年;腔称水磨,风靡昆山六百春"颇有趣味。"南湖",周庄镇南的一片水泊;"摇城",周庄的旧称,因2 000年前越王后裔单名"摇",被封于此而得名;"水磨",对昆曲声腔的赞誉,如江南人的水磨漆器、水磨糯米粉、水磨年糕一样细腻软糯,柔情万种。就这样,一副对联把周庄古镇与昆曲这两个"世界遗产"连在了一起。戏台对面,是一座楼,有楹联,上联曰"全功桥畔霓裳画舫",下联曰"凤凰阁中羽衣华灯"。"全功桥",交代戏台的地点;"凤凰阁",为了音响效果,戏台中心有420只盘旋成覆盆状的木雕凤凰;"霓裳羽衣",简单地说,就是以云霓为裳,以羽毛作衣,形容女子的装束美丽,显然就戏台演出而言。

在全功桥畔恢复重建古戏台,显然是为了展示周庄的文化内涵。因为现在的周庄太喧嚣了,日进万人的规模虽然使周庄日进百万金,但也早已让一些喜欢宁静的周庄人喘息不止,也让一些探古访幽的旅游者望而却步。

重塑形象从全功桥头开始,让每一个去周庄观光的游客从全功桥头就能寻找到昔日宁静的韵致。

星级指数：☆☆☆

双桥紧傍逸飞家——周庄世德桥、永安桥

从全功桥头南下，不管是顺着蚬江街或北市街在廊棚下穿越；还是随着欸乃橹声坐着小船在粼粼波光中前行，200来米后，一座造型奇特的桥就出现在眼前了。这就是世德桥。世德桥是一座东西走向横跨南北市河的石拱桥，花岗石构筑，长16米，宽3米，跨度5.9米，看上去并不怎么高大。桥眉有字，为"重建世德桥"，上款能辨出"道光"两字，下款为"里人同建"。从桥体来看，也是四条长系石，两根明柱，似与一般的石拱桥没有太大的区别。

但是，它的桥栏却为笔者所仅见。从北面看，两面桥坡都是一个比较标准的斜坡。明柱顶端外侧的斜坡上，放着一块一边凿斜的石头，与桥的斜坡零距

离靠紧,石头上平搁着一根石条,石条的另一头搁在高处的斜坡上,其状近似"直角三角形"。石条与斜坡的交接处,又安放着一块石头,这块石头上也搁着一根石条,和上面的斜坡也构成一个"直角三角形"。两边各两个"直角三角形"叠加,基本到达桥顶,但两者之间还剩一米左右的距离,在两石条上再搁一根石条,就构成了顶端桥栏。从南面看,东堍多出一个"直角三角形",连通着拐角处向东的另一条小河边的石栏。

世德桥建于明万历年间(1573—1620),由里人徐松泉、徐竹溪出资建造。明柱上有联,但仅有北侧上联尚能辨认,为"地接永安安澜相庆","永安",应是西堍的永安桥;"安澜",意为水波平静,比喻太平,与"永安"呼应。

世德桥东堍,是一座单孔花岗石梁式桥,南北走向,连通北市街,这就是永安桥。两桥成直角连接,被誉为"周庄双桥"。永安桥由里人徐正吾出资建造,也始建于明万历年间(1573—1620),长13.3米,宽2.4米,跨度3.5米。其桥栏也颇有特色,主体为搁空石条,被立石分为两部分,每部分当中,另立着一个直角对外成菱形状的石柱;也就是说,并不太长的当中桥栏被分为了四个部分。桥西侧北端没有桥栏,与世德桥东堍南侧的石栏相连;西侧南端也为搁空石条,但当中没有石柱支撑,一条石条直到桥堍;桥东侧,当中石栏两端都是抱鼓石。西侧桥梁外镌有"永安"两字,另有"1957年"几个小字。

永安桥下,就是著名的银子浜,与南北市河成"丁"字交叉,一直通向镇东。这是一条清洌的小浜,甚为幽静。据说朱元璋建都南京后,传旨江南周庄巨富沈万三出赀修南京城墙。城墙造好后,朱元璋得寸进尺,逼沈万三交出"聚宝盆"。沈万三连夜潜回周庄,把金银财宝藏入河底,这便是银子浜的来由。银子浜河面上泛起粼粼波光,酷似无数碎银在闪烁,笼罩着神秘色彩。人们传说银子浜尽头有深水一泓,下通泉源,旱年不枯。水下有一古墓,非常坚固,埋葬的就是从云南偷偷运回的沈万三的灵柩。如今,浜东头有古迹"沈万三水冢"。

世德桥与永安桥均建于明万历年间,距今已四百年历史。清乾隆三十年(1765)两桥皆重修,清道光二十三年(1843)又由里人捐资重建。1957年永安桥再度修缮。

因为两桥一横一竖,桥孔一圆一方,桥面一拱一平,犹如一把古代的钥匙,故当地人把它俩形象地叫做"钥匙桥"。也就是说,在周庄人的心目中,两桥始终以"双桥"的名义出现。如今,双桥被列为江苏省文物保护单位。

站在双桥上,看到一拨拨人摩肩接踵而来,而导游们无一例外地把陈逸飞介绍给游人。1984年春天,曾经在上海油画雕塑室工作,后赴美留学的青年画家陈逸飞前往周庄写生。他创作了多幅以周庄水镇景色为题材的油画,充分展示了江南水乡的神韵,其中就有一幅描绘双桥的油画《故乡的回忆》。后来,描绘双桥的油画《故乡的回忆》连同他的其他37幅作品,于纽约的十月金秋,在美国西方石油公司董事长阿曼德·哈默所属的哈默画廊展出,引起轰动。尤其是那些融合油画和传统的中国水墨画技法描绘姑苏的小桥流水、江南的田园风光的作品,将美国观众带到了神话般的境界。美国权威杂志《艺术新闻》发表了题为《向西方潮流大胆挑战》的评论,专门介绍陈逸飞的艺术成就。1984年11月,阿曼德·哈默访问中国时,将油画《故乡的回忆》买下,作为礼物送给了邓小平同志,被各界传为佳话。陈逸飞的画,使默默无闻的周庄尤其是双桥走向了世界,"钥匙桥"不是钥匙却胜似钥匙,它开启了周庄走向世界的友谊之门。1985年,这幅画经过陈逸飞加工,成为当时联合国首日封的图案,深受集邮爱好者和各界人士的青睐。

2005年5月18日,在陈逸飞逝世一周年时,周庄镇人民政府在世德桥北堍东侧立石纪念此事。为了纪念陈逸飞,周庄整修了双桥之畔的南社费公直旧居,开辟了一座类似于"陈逸飞纪念馆"性质的"逸飞之家",展出陈逸飞的画作并收藏资料,介绍陈先生和周庄的渊源以及他关心周庄、保护周庄的故事。

1996年10月,被人们誉为"画坛上的保尔·柯察金"的俄罗斯圣彼得堡油画家普吉村·列昂尼特和另外四位油画家一起来到周庄。这位老人面对形如钥匙的双桥,用失去双手的臂肘夹着画笔,全神贯注地一笔一笔描绘着中国江南水乡的风采神韵。他激动地说:"我所见到的一切都像是在梦中!如果要我形容的话,那么,这里就是一个小小的中国威尼斯!"

毫无疑问,周庄是灵动的,令人向往的,因为它保持了江南水乡的特色,而双桥更具有代表性,因为它最能体现古镇的精髓。碧水泱泱,绿树掩映,欸乃声声的小船在桥洞中往来穿梭。水乡古镇"小桥流水人家"的美景尽收眼底。难怪桥边各处,聚集着各地美术院校的师生,在全神贯注地写生;摄影家们则架起相机,耐心等待着触动灵感的一刹那。他们都在用自己独特的方式,定格双桥的魅力,诠释双桥的美丽。

星级指数：☆☆

桥楼联袂富求安——周庄富安桥

从双桥向南100余米，就是富安桥。双桥至富安桥之间的沿河建筑，代表了明清时期江南水乡"小桥流水人家"最完美的建筑格局，为世人称道。富安桥东西走向，横跨南北市河；其东堍北端为北市街，南端为南市街；其西堍北端为城隍埭(街名)，南端为南湖街；而桥西堍南侧，是一条东西向的中市河，可直达贞丰桥与迷楼。

因桥旁曾有总管庙，富安桥原名"总管桥"。按民间传说，沈万三的弟弟沈万四曾出资修葺，他不愿复蹈哥哥沈万三"富可敌国"后被发配充军，客死异乡的前辙，将桥名改为"富安"，祈求致富之后的安宁。能考证的是，元至正十五年(1355),里人杨钟为报答祖先恩德捐资建桥。后明成化十四年(1478)、嘉靖元年(1522)两度重修,为单孔拱桥。清咸丰五年(1855)重修,易成花岗石。东西有石阶,桥中间较为平坦。桥长17.4米,宽3.8米,跨度6.6米。

至今,富安桥上还残留有五块武康石,较长的一块在桥东,为行人坐歇的栏杆石,一块用作桥阶,较短的三块铺在西桥堍。这些武康石是桥最早建于宋元之间的明证。

如今所见的富安桥,为咸丰五年所建,单孔石拱桥,桥孔拱形高敞,几成半圆,桥体石缝中丛生的绿色灌木,显示出岁月的沧桑。150余年过去了,富安桥依旧岿然屹立,默默地迎送着来来往往的行人;尤其近几年,每天甚至有上万人从它甚为平缓的桥面上经过。

周庄古镇中,富安桥是桥楼联袂结合得最为完美的独特建筑,据说为江南水乡之冠。桥四侧被四座古色古香的桥楼包围,也就是说,两座楼房夹着一边桥坡。从桥堍可进入这四座楼房的底层,而从桥面两端也可直接进入这四座楼房的二楼。东堍北面的一座是三层楼,飞檐高啄,雕梁画栋,临波拔起,十分壮观,为百年老店"富安楼";桥东堍南侧的一座为二层楼,为"沈厅酒家",在周庄用沈万三名义所开的数不胜数的饭店中独树一帜;桥西堍北侧为一家药店"三益利中药铺";桥西堍南侧也是一家饭店,为"凤凰楼"。四座桥楼的各面都有木雕栏杆和精致窗户,雅致而美观。

走上富安桥,或小憩于桥楼,品茗赏景,或远眺"小桥流水人家"的水巷景色,处处有诗,处处入画。与富安桥一步之遥的便是游船船坞和著名的沈厅。

站稍远处,看河中桥、楼、人的倒影在水中晃晃悠悠,不由得想起香港著名摄影家陈复礼先生的作品《家家扶得醉人归》,此幅以富安桥为背景的照片确实是别出心裁,获国际摄影大奖,绝非偶然。

星级指数：☆

扶花绿叶各参差——周庄报恩桥

横跨在周庄南北市河的最南端的就是报恩桥,所以,报恩桥也称"南栅桥"。报恩桥在南北市河与南湖的交汇处,据说明代就有该桥,但为木桥,时修时圮。清康熙五十年(1711)里人朱瑞如改建石桥。因南北市河方向太过笔直,水流太急,就将河的南出口向东移过两丈许,报恩桥也随之移动。所以,虽为跨越市河,但桥实为南北向。"文化大革命"中,桥被拆毁,石料移作他用,前些年借古镇保护的东风重建,所以称之为"在古镇保护中复活的明代古桥"。

报恩桥与被称为"北栅桥"的全功桥一样,它们除了方便两岸行人外,还起到水上"城门"的作用。由于市河南接南湖,北连急水港,纵贯全镇,事关全镇安全,所以南北两端都设了水上栅栏。

现在的报恩桥全部为花岗石砌就,十根望柱,四条长系石,拱圈排列整齐,棱角分明,但似乎给人以缺了些什么的感觉。侧石桥栏,正中桥栏上,雕有双菱形交叉图案,栏下桥眉石上,镌有"报恩桥"三字。桥西桥北,就是周庄古镇,桥东桥南,就是浩渺的南湖。

桥东明柱联曰"长虹直吸东垞界,半月湾环南浦滨"。"东垞",地名,在周庄镇东;南浦,即南湖;下联中的"湾"似应为"弯",因为只有"弯环"才能与上联的"直吸"相对,估计凿字时搞错,一字之差,不由让人觉得遗憾。

南湖俗称南白荡,与吴江分界。《周庄镇志》记载,南湖,因为西晋文学家张翰"莼鲈之思"辞官返乡,在此游钓而闻名。张翰之后,唐代诗人刘禹锡、陆龟蒙也曾经在南湖寓居游钓。湖边原来还有一座名叫清远庵的佛堂,庵内设有刘公祠。湖滨茂林修竹,环境幽静,湖水清澈澄净,鱼虾丰盛。"周庄八景"中南湖秋月、庄田落雁、全福晓钟三景俱在此处。

清诗人徐汝瑾《南湖秋月》诗曰:"云敛晴空宝镜明,南湖秋水一泓清。三更月浸波心里,白玉盘中托水晶。"形象地写出了南湖"长烟一空,皓月千里,浮光跃金,静影沉璧"的意境。其《庄田落雁》诗曰:"天寒风紧雁行斜,觅得芦丛便作家。一宿醒来乡思切,仰看明月叫咿呀。"庄田是南湖西面的一个独圩,为候鸟栖息的好地方。每当秋季,吸引了无数南飞的大雁。白天,雁群在空中盘旋、萦绕;夜晚,雁群随着暮色的降临而栖落,蔚为壮观。每年如此。

向南跨过报恩桥,转向西,就是"墨缘斋",斋内陈列书画。门前一副对联,虽平仄不谐,但也甚为贴切:"片纸能缩天地意,一笔可写古今情。"然而,其上款为"天启六年仲春穀旦",下款为"徵明",笔者孤陋寡闻,才疏学浅,无法鉴定此联为文徵明所书还是集字所得,或是书法高手仿写。但文徵明逝于1559年,而天启六年为1626年,也就是说,挂此联者至少让文徵明多活了67年!

全福讲寺在墨缘斋西侧。寺为宋元祐元年(1086)里人周迪功郎舍宅为之,周庄之名称因周围百姓感恩周迪功郎舍宅义举而来——可见,桥名"报恩"也应与舍宅建寺的义举关系密切。全福讲寺现已修葺一新,规模宏大,飞檐翘角,金碧辉煌,昔日"水中佛国"重生新辉。"全福晓钟"为周庄八景之一,寺内有一巨钟,悬于大雄宝殿左侧。每当拂晓时分,寺内和尚撞钟,声音传送至数十里外,人们把它当作报晓的金鸡,闻声后纷纷起床。

一般认为南湖景区的主景为全福讲寺,但在我们这本书中,南湖景区的主角当然应该是报恩桥。如果报恩桥是红花,其他景观就是绿叶。这些绿叶,试图从不同角度衬托出红花之明艳,当然,也有不尽如人意处。

星级指数：☆☆

迷楼侧畔倍迷人——周庄贞丰桥

  周庄古称贞丰里，实际上当时是个数户人家的小村落。北宋元祐元年(1086)，迪功郎(北宋官职名)周应熙在此设庄，因信奉佛教，便和夫人一起将庄田200亩捐赠给当地的全福寺，作为庙产。百姓感其恩德，便常称这片田地为"周庄"，而原名"贞丰里"，却很少再有人提及了。

  贞丰桥位于中市河西端，再向西就是油车漾了。桥跨中市河，南北向，连接贞丰弄和西湾街，是一座单孔石拱桥。虽然说贞丰桥始建无考，但从它与北宋之前的周庄同名"贞丰"来看，始建年代不应后于元祐元年，因为北宋元祐之后很少有人称周庄为"贞丰里"了，造桥更不会以"贞丰"名之。可惜的是，现在已找不到诸如武康石遗留等有关物证。如今能知道的是明崇祯七年(1634)重修,清雍正四年(1726)重建。桥长 12 米余,宽近 3 米,跨径 4.4 米。该桥拱洞完整,石与石之间拼接甚为严密。桥眉的石隙里枸杞蓬勃,古意盎然,更显迷人风韵。桥栏由侧石构筑,衔接紧密,没有望柱,当中桥栏石上镌有"贞丰桥"三字。两条长系石连系两侧。长系石下明柱有字,东侧上首明柱下部已被砌进水泥台阶,仅能辨出开头"华秋"两字;下首明柱上字迹漫漶,依稀能辨出"合里符延鱼梦占"几字,不知何意。西侧上首明柱能依稀辨出"光绪二十五年"等字样,估计为修建日期;下首明柱已被彻底砌进台阶。

紧靠贞丰桥北堍西侧的是迷楼,迷楼建筑具有明朝风格,上下两层,前门北向沿街,后门朝南临河。迷楼原名德记酒店,店主李德夫祖籍镇江,于清光绪末年携眷迁徙周庄,因擅长烹调珍馐佳肴,遂掌勺开设酒店。夫妻俩年过四十,才喜得千金名唤阿金。年长后,阿金姑娘如出水芙蓉,在水乡周庄压倒群芳。在父母的宠爱下,抵制缠足,"大脚观音"的雅号不胫而走。求婚者纷至沓来,李德夫难舍爱女远离膝下,小楼藏娇,让她守着双亲共度生涯;阿金当垆劝酒,张罗顾客。据说直到 28 岁才出阁。

当时周庄为重要商埠集镇,贞丰桥是镇内水陆要津,德记酒店地处小桥流水、富于诗情画意的闹市之中。宾客凭窗而坐,把酒临风,美人劝酒,举杯小酌,吟诗作画,"其喜洋洋者也"。俯视窗外,东侧的贞丰桥,粼粼波光中,舟楫穿行于桥与影成的圆圈中;桥上行人流连,飞燕呢喃;桥下河埠相接,鹭鹚捕鱼……正是"酒不醉人人自醉,风景宜人亦迷人",德记酒店得"迷楼"雅称绝非偶然。

迷楼因与南社关系密切,而名声大震,前来参观者络绎不绝。南社与柳亚子得缘迷楼,起源于 1920 年 12 月。其时,柳亚子与南社社友陈去病、王大觉、费公直等人小聚周庄,相聚在迷楼。觥筹交错之际,触景生情,诗兴勃发,吟诗作赋,留下了大量的佳句。柳亚子以酒助兴,当即题壁七律:"小楼轰饮夜传杯,是我今生第一回。挟策贾生成底事,当垆卓女始奇才。杀机已觉龙蛇动,危幕宁烦燕雀猜。青眼高歌二三子,酒肠芒角漫扪来。"首联中,"轰饮",狂饮,表现了饮酒时的狂态。颔联中,"挟策",手拿书本,喻勤奋读书;"贾生",应指西汉以文章著名的贾谊;"底事",何事;"当垆卓女",卓文君当垆卖酒的故事,此处指酒店千金阿金姑娘;此联表明志向:书生死读书成不了事,还不如卓文君般有见识。颈联中,"龙蛇",此处应指非常人物,作者自喻;"危幕宁烦燕雀猜",转用了"燕巢危幕"的典故,原意为燕子把巢筑在帷幕上,比喻处境危险,此处应指燕雀是不可能知道龙蛇(鸿鹄)的志向的。尾联中,"青眼",看得顺

眼,"二三子",几个好友;此联为全诗之"合",意为与志同道合者豪饮高歌,抒发情怀。在座诸人纷纷唱和,《迷楼诗集》应运而生。

如今的迷楼,已成为纪念柳亚子及其南社社友的场所。走进迷楼,迎面可见柳亚子等人的诗词佳作,玻璃柜里陈列着诗人们的诗稿和遗物。正厅悬挂四副对联,最引人瞩目的是"结盟十七开南社,落笔千钧扫北庭",南社诸君子的志向,尽在言表。东屋,在一张八仙桌的周围,柳亚子、陈去病、王大觉、费公直等爱国诗人的蜡像或站或坐,设计者似乎为了展示这些爱国志士的气势和风采,再现"小楼轰饮夜传杯"的情景。然而,给人的却是画虎不成的感觉,没有了想象,就不再"迷人"了,幸亏未曾塑上阿金姑娘。

但总体来说,周庄的贞丰桥和迷楼现仍保存如初,一桥一楼,桥因楼而更著名,楼因桥而更迷人。两者相辅相成,相得益彰。

星级指数：☆☆

桥头彳亍叹无知——周庄福洪桥

从双桥之南 100 米处的太平桥头出发，沿着后港迤逦向西，是一段喧嚣的商业区，而"古镇照壁"之西的一段颇为宁静。一边是后港碧波涟漪，一边是幽径、绿树、古宅，漫步其间，烦躁的心渐趋平静。路的尽头，后港悄悄地注入镇西端南北向的长长的油车漾，水面成"丁"字形交叉。"漾"，在江南水乡方言中为小湖泊之意。油车漾的水面比后港宽广得多。在江南水乡地名中，除"漾"外，"浜"、"泾"、"荡"等也是常见的字，各有不同的意思，如"浜"指一头通的小河，"泾"原意为田间水道或小沟渠，"荡"则指积水长草的洼地等。就在这个三汊口，有一座斑驳的石梁桥南北纵跨后港，这就是福洪桥。"福洪"之"洪"，大也，祈求"福"之大，乃百姓的愿望。

　　福洪桥是一座造型别致的单孔石梁桥，花岗石砌就。桥始建无考，清康熙年间(1662—1722)里人重建，乾隆四十九年(1784)重修。桥长16米余，宽约2米，跨度近5米。桥柱为四根花岗石石柱，两两相对，同侧的石柱中间平砌石条，与金刚墙构成一个整体。两边桥坡铺着石台阶，行人可拾级而上。桥身主体为两条巨大的纵向花岗石桥梁，当中横铺着石板，就是桥面。石梁外侧，镂刻着对称的花纹，中间镌有"福洪桥"三字。桥栏为搁空石条，高30余公分，当中和南坡各分为两节，北坡只有一节。

　　相比双桥而言，福洪桥桥面上甚为清净，但桥下还是比较繁忙。水乡特有的游船在欸乃的橹声和船娘的歌声中往来穿梭。也有船上的游客兴之所至，扣舷高歌，或高亢或悠扬，但更多的是情不自禁中的霎时冲动，走调在所难免。

　　桥的北堍东侧，为一段廊棚，虽没有南北市河边廊棚的气派，却显示出古镇特有的沧桑。廊棚下，是一家名为"福洪"的酒楼，因桥而得名，看样子生意还不错。

　　当地老百姓习惯称福洪桥为"红桥"，一则因为"洪"与"红"同音，但更是因为发生在桥上的一次惨绝人寰的屠杀。

　　清朝末年，太平天国农民起义反抗清廷统治。周庄地处江苏、浙江、上海两省一市交界处，为水上交通要冲，也是太平天国后期重要的军事通道。当时苏州一带的太平军与浙江嘉兴等地太平军遥相呼应，形成犄角之势，互相支援时大部队调动都会经过周庄。由于诸多的原因，太平天国遭到失败。苏州城陷落后，数百太平军战士突围来到周庄，当地地主豪绅勾结清政府，在福洪桥上残酷地杀害了几百个太平军士兵，太平军士兵的鲜血染红了福洪桥的石阶，染红了碧澄的后港河。从此，这座见证历史惨案的福洪桥就被当地百姓叫成了"红桥"。也有认为"红桥"应是"洪桥"，为纪念洪秀全之意，似乎有点牵强附会。有人就此撰成一联："满清王朝那里去？换了人间全是福；天国英灵今何在？惟是桥头一片红。"虽平仄不谐，但颇能反映此案。

　　福洪桥北堍往西100余米，就是周庄博物馆。博物馆设在一幢古朴幽雅的宅楼里，门前碧波荡漾，绿树掩映。门内分前厅后堂，两边厢房夹拥，中间天井贯通。

　　馆内藏品颇丰。前厅的展品以水乡特有的劳动、生活、娱乐器具为主。扁担、水车、木砻、石磨、罱泥篓、木桨……散发出一阵阵乡土气息。后堂主要展示镇北太史淀湖底出土的良渚文化和印纹陶文化文物。五千多年的石器、陶器、古木井板等数百件文物，石斧、石刀、石犁等粗犷而不乏奇巧的器具，昭示着一个个古老的故事。

然而,展览馆中的文字说明却令人沮丧。或许是为了显示周庄的文化内涵,这些说明竟然不顾《中华人民共和国国家通用语言文字法》的规定,用起了繁体字,更何况是自以为是的"繁体字"。但编写者语言文字功底实在太差,可以说语病层出不穷。就如这份有关太史淀出土文物的说明书,百来字中至少有三四处错误。暂且不管究竟是"太史淀"还是太师淀。首先,"淀"为浅的湖泊,一般用于地名,此处却写成"淀粉"的"澱";其次,"发现"的"发"繁体字应是"發",但却

写成了"头发"的"髮";再有,茶壶的"壶"繁体字应是"壺",此处却多了一横,写成了"壼"(意为宫中道路)。另外,"从此周庄的历史被推早至距今5 000多年"一句,"推早"为生造词语,"历史"与后文不搭配;可以编进中学语文试卷,作为病句修改的案例。在前厅中,更有将家用"漏斗"写成"漏鬥"、"栈条"写成"暂条"之类的错误。

如此博物馆,已经严重地损害了周庄的荣誉。真不知在以文化内涵著称的周庄竟然有这种博物馆,当务之急是立即关门整顿,千万别让它继续为周庄抹黑。

福洪桥,见证的不仅仅是"洪福",也有历史的积淀与无知。

星级指数：☆☆☆

截断吴江一幅罗——松陵垂虹桥

吴江地处"吴头越尾"，北接苏州，南近杭州，东邻上海，西濒太湖。后梁开平三年(909)置县，1992年2月撤县设市。境内河港纵横，湖荡密布，不包括所辖太湖水面的水域面积达2.67万公顷，是著名的江南水乡。

吴江，是水的国度，也是桥的世界。据清康熙《吴江县志》所称，当时桥梁即"以数千计"。1985年文物普查尚存各类石桥260余座。这些建于不同时代的古石桥，既是我国古代人民智慧的结晶，又为风光秀丽的吴江增添了迷人的色彩。吴江诸桥中，名气最响，影响最大的非垂虹桥莫属。

"十里波光连宝带，一弯月影映垂虹。"这副联中的"宝带"，就是驰名中外的苏州宝带桥,"垂虹"便是被誉为"江南第一长桥"的吴江垂虹桥。在苏州古桥中,能与宝带桥相提并论的,惟吴江垂虹桥耳。如果说宝带桥是梁山108将中的天魁星及时雨宋江;那么,垂虹桥就是天罡星玉麒麟卢俊义。如今的垂虹桥,如果不是因为倒塌后只剩下东西两端十余孔;那么,评一个国家级文物保护单位不在话下。

北宋以前,吴江县城被东门外以古吴淞江为首的一片水域分成东西两个部分,百姓或居其东,或居其西,往返都靠船只摆渡,十分不方便;而一旦风急浪高,则只能面对茫茫水面发愁。对当时的古吴淞江渡口的荒芜,唐·许浑有《泊松江渡》,诗曰:"漠漠故宫地,月凉风露幽。鸡鸣荒戍晓,雁过古城秋。杨柳北归路,蒹葭南渡舟。去乡今已远,更上望京楼。"庆历八年(1048)六月,吴江县县尉王廷坚建一座石墩木桥,桥全长千余尺,用木万计,取名"利往桥",俗称"长桥"。宋·范成大《吴郡志》曰:"松江南与太湖接,吴江县在江濆。垂虹跨其上,天下绝景也。"为方便路人歇息,桥之两堍分别建有"汇泽"、"底定"两亭。桥中心也构亭,名曰"垂虹",后来,遂以"垂虹"名桥。

垂虹桥的木桥历史一直延续了270余年,其间曾因风涛冲击或兵燹之灾而数度重建,据说桥孔最多时达99孔。

南宋绍兴三十二年(1162),金兵南下,朝野震动,有人提议烧毁垂虹桥以阻挡金兵,遭到当时郡守边洪的拒绝,得知此事的百姓都聚集到桥边嚎啕大哭。垂虹桥得以幸存。

直至元泰定二年(1325),因木质腐朽,桥显危情,张显祖易木为石,改建为石拱桥,全用白石(应该是青石)垒砌,长500多米,设62孔。吴江本地不产白石,所有白石全从浙江湖州调运,耗费大量人力物力。当时的垂虹桥,三起三伏,环如半月,长若垂虹。桥孔明显高于他桥,便于行舟,利于泄洪,也促进了当地贸易的发展。"垂虹桥下秋水清,垂虹桥上月初明。""垂虹秋夜"成为吴江八景之一。

明清两代垂虹桥屡有修建,但其长度和造型基本未变,最多增至72孔。民国四年(1915),修建以后仅存44孔。解放后尚有37孔,东西诸孔已淤塞为陆地。1967年5月2日晚,垂虹桥西大孔及紧连的两小孔倒塌。当时忙于"斗人",根本不可能顾及桥梁修筑。次年春,东西诸孔相继塌毁。至此,历时近千年的垂虹胜迹只剩下东西两截遗迹,给吴江的文物史留下了永远无法弥补的遗憾。

垂虹桥在我国古代桥梁史上有极高的地位,1957年即被列为江苏省文物保护单位,1986年被列为吴江县文物保护单位,2006年6月,垂虹桥遗址

再度被列为江苏省文物保护单位。文物保护标志碑就竖立在东堍南侧,正面向东。

垂虹桥就是一部历史,饱经沧桑,走过千年的风雨历程,它承载、记忆、见证的,有从它身下流过的滔滔河水,有中华民族的喜怒哀乐,有文人雅士的诗词书画。它的每一块石头,都深深地镌刻着已逝去的云烟。

虽然说如今的垂虹遗址,东堍仅存10孔,西堍仅存7孔;但吴江市政府对垂虹桥两端进行了整理和修缮,并开辟了垂虹遗址公园。由于保护尚属到位,绿树掩映下的垂虹遗址就如断臂女神维纳斯,向每一个到此的寻古者诉说着自己也曾辉煌也曾苍凉的历史。

垂虹桥"东西千余尺,前临太湖、洞庭三山,横跨松江。行者晃漾天光水色中,海内绝境。惟游者自知之,不可以笔舌形容也。"(范成大《吴郡志》引《续图经》)如果要评选被文人吟诵最多的桥梁,非垂虹桥莫属。历代文人歌咏垂虹的诗作,可谓浩如烟海。据说吴国良先生收集了历史上百余位名人为之所作的诗,多达400余首。最为著名的有宋朝的苏轼、王安石、米芾、姜夔,元朝的倪瓒、萨都剌,明朝的唐寅、沈周、文徵明、王世贞,以及清朝的吴梅、民国的陈去病等等。

北宋著名书法家米芾(1051—1107)有《吴江垂虹亭作》,其第一首曰:"断云一片洞庭帆,玉破鲈鱼霜破柑。好作新诗继桑苎,垂虹秋色满东南。"诗以富有画意的笔触形象地描绘了这座水波连天、长虹飞渡的古代名桥的宏伟景象。"洞庭",太湖旧称,首句为我们展现了碧空万里,白云徐行,白

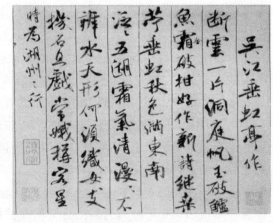

帆点点的太湖景象。秋霜季节,洁白肥美的吴江鲈鱼,金黄的洞庭柑桔令人馋涎欲滴。"桑苎",一种草本植物,可做绳子或织布,第三句意为一到垂虹亭,即诗意如缕,源源不竭。米芾书写此诗运笔豪放自由,字形变化万端,气势一泻千里。与这首诗所表达的豪放之情一脉相承。

宋·姜夔有《过垂虹》一诗:"自作新词韵最娇,小红低唱我吹箫,曲终过尽松陵路,回首烟波十四桥。"姜夔在范成大的石湖(苏州西南)别墅作客,范成大以歌女名小红者相赠,此诗是从石湖乘船返回吴兴的归途中所作。才子佳人一路箫歌相和,一曲方罢,船已离开吴江;回首一望,经过的多少桥梁都消失在一片烟波迷茫之中。

元·萨都剌《垂虹桥》诗曰:"插天蝃蝀势嵯峨,截断吴江一幅罗。江北江南连地脉,人来人往渡天河。龙腰撑出渔舟去,鳌背高驰驷马过。桥上青山桥下水,世人曾见几风波。""蝃蝀",虹的别名,借指桥;"嵯峨",一般形容山势高峻,此处称垂虹桥气势宏伟;"罗",轻软有稀孔的丝织品,比喻吴淞江水之柔。首联写出了垂虹桥的气势,横跨吴淞江,将吴淞江截为两段。然而,这个"截"是柔性的"截",颔联和颈联将这个"柔性"表现得淋漓尽致——从此天堑变通途。尾联笔锋一转,描写了此处的风景,与首联呼应。人称此诗"气势磅礴,一如惊雷出岫"。

有关垂虹桥的诗词曲赋举不胜举,也正是这些诗词曲赋,激发了有关方面重新修建垂虹桥的设想,但建与不建,实为两难。就把这个难题留给我们的后代吧!现在的任务是保护好这个遗址,再也不能让它受到伤害了。

星级指数：☆☆

凌波飞架留遗憾——松陵三里桥

吴江松陵段的京杭大运河，河面甚阔，河中心有一个南北狭长的近十公顷的小岛。也就是说，这里的运河变成了东西两条水道，主航道在岛东。岛西的水道，波澜不惊，两岸花木扶疏，垂柳依依，成了人们休闲的好去处。

三里桥就架在岛西的水道上，是联系运河西侧吴江古城区和小岛的惟一通道。桥西，就是车水马龙的227省道；省道西，就是日新月异的吴江城。

三里桥东西走向，据清乾隆、光绪年间刻印的《吴江县志》、《吴江县续志》记载，桥始建于元泰定元年(1324)，明天顺元年(1457)、清嘉庆二年(1797)两度重建。清光绪十一年(1885)，江苏省水利总局与吴江、震泽两县官民再度重建,现在所见的三里桥就是当年重建之物。

桥为花岗石结构,四条长系石,花岗石侧石栏杆,不设望柱。总长54.5米,顶宽4.65米,两塌宽5.08米,矢高8.15米,跨径14.5米,其高度在吴江古石桥中位居首席。桥拱以纵联分节并列法砌就,东桥台拱脚三面各留宽约1米的纤道,拉纤者可直接从桥下通过。1978年,纤道石被往来船只撞落,如今只能用混凝土修补,留下永久的遗憾。

桥两侧明柱上有字,上首能辨出"光绪十有一年岁次乙酉仲夏之月"等字迹,下首为"苏省水利总局督同江震官民重建",显然是最后一次重建的记录。1986年7月,桥被列为吴江县文物保护单位。如今,文物保护标志碑竖立在桥西塌。

三里桥东塌的小岛,就是"吴江市三里桥生态园",是古运河绿轴上的一块公共绿地,其入口,就是三里桥。跨过三里桥,那份感觉确如从喧嚣的城市走向生态的田园。走进园内,迎面是一片大圆草坪,一棵棵绿树挺立,枝叶繁茂;草坪北侧是一个碧水池,水池四周假山错落,花树扶疏;东侧是运河主航道,河中舟船往来,河岸柳色青青。运河主航道的东面,就是吴江开发区。

生态园内最为瞩目的要属顾野王纪念馆(顾公庙)。顾野王(519—581),南朝梁陈间官员、文字训诂学家、史学家。出身吴地名门望族。据明清间方志记载,顾公庙所在地为吴江北门外。宋、明、清各代屡有修建。"文革"开始后,顾公庙被夷为平地。让人庆幸的是,在吴江市委、市政府的重视下,顾野王纪念馆于2006年正式恢复重建。经前后一年多时间,于2007年下半年竣工。重建的顾公庙位于三里桥生态园内,四周花木掩映,水光激滟。门面甚为气派,但遗憾的是,山门紧闭,我们从侧面的小门进去,正殿内空空如也,难见顾野王这位历史人物和民间传说人物的双重形象。或许,又是几个相关部门扯皮所致,为三里桥生态园的建设留下遗憾的一笔。

据2011年4月16日《姑苏晚报》载,今年4月5日上午10点左右,一个人竟然将四驱越野车开过了三里桥,来到生态园内酣然大睡。后来,又开车返回,再次轧过三里桥。据了解,此人是一名越野发烧友,对挑战坡度有着浓厚的兴趣,曾有过把车开上了灵岩山山顶的"壮举"。当有关方面根据车牌号找到该人时,他竟然称并不知道这座桥是文物!或许,桥身的呻吟能使他得到成功的满足;但如此焚琴煮鹤,引得众人纷纷指摘。——留下的遗憾,就不是三言两语能够道尽的了。

星级指数：☆☆☆☆☆

以民为本食为天——同里思本桥

历史上，同里镇曾被称作"富土"，但"富土"之称毕竟过于招摇。于是，有人出了这个点子——把"富"去掉一点，再将该字一分为二。上半截为"同"；而下半截的"田"与"土"相叠，就成了"里"。"同里"这个低调平和的名字由此而来，而其本，毕竟是"富土"。然而，这个本应低调内敛的小镇如今却人流如织，摩肩接踵，喧嚣热闹；氤氲于天空中的，已经是另一股气味了。

如果想要寻求同里本来的那份淡定，如果想要寻找全镇保存最完善、最古老的拱桥，那就得到镇西南探访思本桥。

思本桥，也称"思汾桥"，位于镇西南郊溇浜村的桥港之上。据旧志记载，为南宋宝祐年间(1253—1258)吴江诗人叶茵所造，至今已有700多年的历史。

该桥 1986 年被列为吴江县文物保护单位,1993 年 4 月被列为江苏省级文物保护单位,是吴江市境内现存最古老的桥之一。2013 年 5 月,该桥升格为国家文物保护单位。

  一个风和日丽的上午,笔者特意去寻找这座同里桥梁之"本"。可始料未及的是,由于道路的扩建,村庄的拆并,地名的改换,我们在镇西南兜了好久好久,始终无法找到思本桥。最后,我们在同里当地人——吴江青少年科技文化活动中心沈凤根副主任的陪同下,经多方询问,才在云梨路南侧富华路上的协腾精密模具有限公司之西找到了它。当思本桥终于在众目睽睽之下宁静地与我们相遇时,笔者突然觉得思本桥像极了一个清瘦的书生,虽未曾说出一句言辞,但已是儒雅清秀无处不在。风过处,吹来阵阵声响,宛如一首过去的歌谣,跌宕起伏,而不失质朴本色。

  原来,在思本桥下缓缓流淌的是一条名叫桥港的小河,如今,这条当年作为主要水道的水流已不甚清澈,功能也已经丧失,就如思本桥的交通功能一般。然而,当到达思本桥边上时,我们惊呆了,竟然在此见到了桥身主体皆用武康石构筑的古桥。

  思本桥东西走向,单孔拱形,不设桥栏。桥全长 20 余米,宽近 2 米,桥面略呈弧形。桥的拱圈采用分节并列法。桥顶梁石较为特殊,两端较薄,雕有卷云状花纹;中间较厚,与两端相差有 10 来厘米,石梁外侧凿成弧形。梁石下的桥眉,饰有乳钉状的凸起,就如太仓的那几座元代古桥。

  看着我们关注的模样,一位当地的老先生走了过来。他告诉我们,这座历经七百余年风雨的古桥,桥身上一向遍披青藤枝蔓。去年,桥曾莫名其妙地倒坍,重修后,青藤枝蔓就没有了。他告诉我们,他喜欢当年绿色的桥。

  "思本"的桥名,不由得使我们联想到了桥的建造者诗人叶茵。叶茵,生卒年不详,只知晚年隐居吴江同里,以描写山水田园风光著称。让我们来欣赏一下他的那首《白牡丹》:"洛阳分种入侯家,魏紫姚黄漫自夸。素质不为颜色污,看来清得似梅花。"显然,作者不喜沾上侯门富贵气的"魏紫姚黄",而喜欢"不为颜色污"的本色的白牡丹。其"思本"之意溢于言表。

  一般认为,桥名"思本",乃取"国以民为本,民以食为天"之意。走在桥上,有一种特殊的感觉,或许这就是"沧桑"。向东望,是协腾精密模具有限公司的厂房;向南,是吴江广业电子有限公司的厂房;向西北,就是吴江开发区的楼群,七八百米外,开发区公安局的大楼显得特别高大。唯有西南,尚存一片麦青菜黄的田园风光。"民以食为天",就是"民以食为本",但"食以田为本",抽掉了"田","富土"还能成为"富土"吗?

星级指数：☆☆

务须专注跃龙门——同里富观桥

同里富观桥，旧名庆荣桥，始建于元至正十三年（1353），明清两代数度重建。

跨过同里"三桥"之一的太平桥，向北进入仓场弄，随着人流的逐步减少，心境不由变得平和淡定起来，恍如从喧嚣的现代来到了静寂的古代，似乎殆尽了为尘世所累的疲倦。也许，久在繁忙的工作边徘徊，人就在类似陀螺般的旋转中习惯了倦怠；其实，相约久违的宁静不仅能改变视野景致，更能调节人的心情。闲庭信步间，猛然发现富观桥跨越于后港河上，顿觉眼前一亮，仿佛邂逅契阔的好友，乐滋滋起来。

出现在我们眼前的富观桥为清嘉庆十八年(1813)重建,构筑它的石材,既有元代初建时的武康石,又有明代整修时的青石,还有清代重建时的花岗石。块块桥石,留下的不止是历史的印痕,更有悠悠岁月的如风而去。如今,它静静地卧在绿树掩映中,不张扬,不矫揉,就如一位慈祥的老人,默默看着自己的儿孙在身边嬉戏玩耍。

富观桥为拱形单孔,南北走向,全长30余米,中宽近3米。它侧立着的石桥栏较为特殊,上下与两端凸出,当中凹陷;如果将它放平,就如四周高起当中凹下的正反两用石槽,如果将它纵切,就如同一个"工"字。桥顶石栏以武康石为主;其他为花岗石,显然是后补的。总体不高,方便过往行人坐着小憩。桥北直角相交着两个桥堍,分别向西和向北延伸,而这两个桥堍相夹的,就是同里中学东南角的围墙;也就是说,同里中学的东南面与富观桥零距离接触。与我们同去的一位早年同里中学毕业的女士,向我们叙说着当年如何从镇上向北过桥,立即左拐,过西桥堍,沿着那条一边是石驳岸的小路走进学校大门的情景。当时学校大门朝南开;如今,学校的大门向东开了,跨越北桥堍,紧贴着学校东围墙直行就是。笔者虽读了多年的书,但尚无过桥就能走到学校的经历,不禁向往起那些在同里中学读书的学子,羡慕他们每日能从桥上走过,走进琅琅书声之中。想必每一次跨过台阶的心情,都会成为他们日后回忆的如歌行板。

桥南堍西侧,是南向而立的市级文物保护标志碑,为吴江市人民政府所立。

中国民间有"鲤鱼跳龙门"的传说。龙门位于黄河壶口瀑布南数十公里处,在晋陕峡谷的最南端。东面的龙门山和西面的梁山紧密结合,只留下一个仅有100米宽的狭窄门口,挤迫着河水,形成湍急的水流。龙门之南,就是开阔平坦的关中平原。每当洪水季节,峡口中的水位不断升高,于是在龙门形成明显的水位差。据说居住在龙门下游的鲤鱼,有奋力向上跳越进龙门的"壮举"。专心致志跳跃过去的就成了龙;而大多数心有旁骛跳不过去的,从空中摔下来,额头上就点上了一个黑疤。直到今天,这个黑疤还点在黄河鲤鱼的额头之上。唐朝大诗人李白有《赠崔侍御》诗:"黄河三尺鲤,本在孟津居。点额不成龙,归来伴凡鱼。"如果有一条小船,就能钻到富观桥的拱圈内观赏那幅惟妙惟肖的"桃花浪里鱼化龙"的石雕。可惜的是,笔者去的时候,没小船相助。传说这条鲤鱼在三月桃花水发的时候,乘风破浪奋力跳跃,想跳过龙门脱去凡胎而进入仙界。可就在它奋力跃出水面的时候,桥上走来一位超级大美女,鲤鱼凡心一动,结果已跳过龙门的头部变成了龙头,而龙门外的半身仍旧保留了鱼身。它龙首鱼尾的形象，就被雕刻在了富观桥的拱圈内。浮雕画面朴实无华，刀法简明利落。吴江的长者，常借这条鲤鱼来教育耐不住寂寞，不肯专心读书的孩子。封建社会里，人们常把参加科场考试落第的人说成是"点额而归"，而将金榜题名者称之为"跳龙门"。在拱圈内雕刻这幅图案，其寓意显而易见，它形象地反映了当时人们希望通过科举考试来求得功名、光宗耀祖的愿望。所以，到了清代中期，又有另一传说：读书人走过富观桥，就能鲤鱼跳龙门，带来好运。当然，就今天而言，"跳龙门"更可特指事业上取得重大成就。

富观桥周围很是清静，四周香樟树茂密的枝叶遮掩着桥身，使后港河水更显青绿，清风徐来，吹起阵阵涟漪。这时候，几个中学生来到了桥上，拿出书本，一时间书声琅琅。他们告诉笔者，他们是同里中学的学生，今天休息，喜欢这里幽静的环境，坐在桥上读书的感觉特别好。听着这一番言语，笔者暗暗祈祷，"龙门"要为专心致志，耐得住寂寞的学子而开。

桥北东面的金刚墙上，嵌有一块青石，似乎是重修记之类，镌刻着一些人名，能清晰辨出的有"五月吉旦立"、"石匠朱宗胜"等。在中国古代，工匠是没有机会留名的，这位"石匠朱宗胜"，可谓是跳过龙门者了。

星级指数：☆☆

古镇春秋似卧龙——黎里青龙桥

在吴江诸镇中，黎里古镇颇值得一提，因为它受到来自各方面的干扰较少，保持着古镇的原汁原味。镇区位于吴江市东南部，东南与浙江嘉兴相邻，已有八九百年的历史。与江南的其他古镇一样，一条市河将古镇的主体分为南北两个部分，10余座古石桥将两岸连为一个整体。

在横跨市河的古桥中，青龙桥可谓"龙头老大"。首先，在中国古文化中，"青龙"为东方的主持图腾，将古镇东头的第一座桥命名为"青龙"，足见它地位的重要；其次，它位于市河的最东头，每天，迎接清晨的第一缕阳光；再者，桥为单孔拱形,在清晨阳光的折射下,与水中的倒影形成一个完整的圆环影,浮光跃金,而桥肩犹如卧着的四条青龙,昂首待冲,——桥名"青龙",也与此有关吧。此外,在黎里古镇横跨市河诸桥中,它形体高大,建构尤为雄伟。

青龙桥旧名际恩桥,俗呼相家桥,由于"相"与"鲞"谐音,当地人食鲞鱼觉得其咸鲜可口,故称为"咸咸哉哉相家桥"。明成化十八年(1482)建,清乾隆十八年(1753)、道光二十九年(1849)分别重建。但从拱圈、长系石皆为武康石这点来看,很可能桥始建于宋末元初。

循着黎里的淳朴民风一路向前,当青龙桥映入眼帘的时候,觉得眼前一亮,仿佛相遇绿叶丛中一点红,又如久在山涧走,突见宽阔的河面,视界陡然间开阔。所见之景也跟着变得如诗如画起来,甚至觉得连停泊在一隅的船只都在静静地唱着昨日的歌谣,一切是那么和谐地连接在一起,串联成黎里古镇一道古朴得入木三分的画卷。带着这份微微的沉醉,用目光与穿越了时光隧道几百年的青龙桥相会,好比是在和久违的恋人牵手相依。青龙桥是独领风骚的,硕大的拱型横卧于河流之上,犹如温暖的怀抱,容纳了千般柔情、万种风情。而砌就此桥的石质较为驳杂,既有赭红武康石,也有青石和花岗石。两端金刚墙仿佛是一双饱经风霜、历经沧桑的肩膀。也许,那是古桥在风雨中昂起头的诠释;也许,那是温暖怀抱孕育出的不竭动力。在世事的变迁中,青龙桥和它相依相伴的流水、树木、民居一起,为宁静的古镇增添了一份道不尽的韵致。

与其他著名的桥梁一样,青龙桥也有着情节奇幻扣人心弦的传说。话说清朝中期,镇南的油坊师傅每天都要把牛放到南漾里吃草,可是牛到了水里,牛腿不时被弄得鲜血淋漓;还有一个养鸭人在南漾放鸭,可是鸭子经常会莫名其妙地少掉,一时间人心惶惶。后来,终于发现"作案者"为南漾里的一条大蛇,蛇长约一丈,碗口来粗。一个善于捉蛇的叫花子愿意为民除害,他在青龙桥上找到了一棵特大的克蛇草。由于青龙桥边上有一座小庙,香火繁盛,那棵克蛇草每天受到香火的熏陶,已经生长10多年了,真可谓是"青龙草",只有青龙才可以克制住大蛇!叫花子取了蛇草,捣碎之后服下,然后潜入水中,将"要犯""捉拿归案"。

桥两侧明柱有联。

东向为"长虹高挂千门月,巨锁遥连万顷云"。"长虹",用比喻手法描绘桥,展现了一幅立体的夜色图:一轮明月高挂天空,月光洒在彩虹般的青龙桥上,洒在桥四周人家的窗口、门上,此份宁静唯古镇才有。"巨锁",高大的青龙桥犹如锁钥,镇守着黎里的东大门;"万顷云",古人有"秋满湖边万顷云"之句,形容烟波浩茫,云海滔滔——桥东有汾湖,故有此说。此联描绘了青龙桥的地理位置和迷人景色,平仄和谐,对仗工整,可谓佳构。

如果说东联"主外",那么,西联就是"主内","物华天宝日,人杰地灵时",显然出自初唐四杰之一王勃所作的《滕王阁序》,原句为"物华天宝,人杰地灵",是对江西自然状况和人文内涵的极度概括。用在此处,可谓是对千年古镇黎里的确切体现。黎里境内河道纵横,湖荡密布,土地肥沃,自古以来就是鱼米之乡,美食佳肴数不胜数;2002年第5期《苏州杂志》有专文介绍"黎里皮蛋",使人馋涎欲滴,更何况其他名闻遐迩的土特产。黎里更是藏龙卧虎之地,英才辈出,科举时代出过三十四名进士,80余名举人,其中清代周元理官居工部尚书,徐达源与其妻吴琼仙皆以诗文著称,与袁枚唱和。近现代,柳亚子先生"铁肩担道义,辣手著文章",张应春烈士为革命不惜捐躯,至今为后人敬仰。更有不少有为之士、社会名流。如在东京大审判中为中华民族伸张正义的国际大法官倪征��,驻外使节金伯雄,能妙手回春的金诵盘,著名报人、教育家毛啸岑,作家、出版家蒯斯曛等等,为人所称道、怀念。正因为如此"物华天宝,人杰地灵",已故著名电影表演艺术家孙道临1982年主演的《一盘没有下完的棋》的许多镜头就在青龙桥畔拍摄。

漫步于青龙桥头,笔者浮想联翩,古镇黎里何尝不是一条卧龙!而龙头,就是青龙桥。——好在龙早就不是封建帝王的"专利"了。上个世纪80年代,它失去了一次腾飞的机会,眼看着与它同处一个起跑线上的同里蒸蒸日上,它蓄势待发。但笔者也有一份担忧,腾飞后的黎里,还会有如今的这份宁馨吗?

星级指数：☆☆

留得清音在汝家——黎里汝家桥、道南桥

从青龙桥向西，就进入了古镇区，首先引人入胜的是"市河"。从镇东到镇西，南北两岸，或廊棚如带，错落有致地向前伸展着；或香樟吐翠，散发着一股清新的芳香。两岸深宅大院，明清建筑不时露出峥嵘。离青龙桥 100 余米，就是南北跨越市河的汝家桥。据说，黎里镇有"周、陈、李、蒯、汝、陆、徐、蔡"八大姓，每个姓都有庭院深深的住宅，每个姓都有以姓命名的弄堂，周有周赐福弄，陈有陈家弄，陆有陆家弄，蒯家和徐家弄堂分别有三条，汝家有四条，最多的是蔡家，除一条"中蔡家弄"以外，还有东、西、南、北蔡家弄各一条。也有以姓命名的桥梁，汝家桥即是，汝家桥南，就是"汝家桥弄"。传统文化的遗韵，早已浸润了古镇的每一个角落。

汝家桥，即迎祥桥，俗称为"一步桥"，由桥梁上镌有"重建一步桥"等字样可知。明正统六年(1441)建，清嘉庆四年(1799)易石重建，同治八年(1869)又重建，花岗石梁式三孔桥。

不知什么原因，汝家桥给人的印象是黑不溜秋。

两端桥堍，都设置东西向双落水坡平台；整个桥体，由两端的桥柱支撑，桥柱由四根花岗石排柱构成，排柱间排列紧密，未见变形；其桥面，就是四条石梁，为保持桥面的平整，造桥人在桥面下做足文章，较为厚的梁石，在与长系石交接处凿去一层，虽然从桥底看上去凹凸不平，但桥面上还是整齐划一。

桥排柱外侧有联，东联曰："日色照临迎百福，风光会合集千祥。"语句朴实，通俗易懂，虽欠典雅，但平仄和谐，且联中暗藏桥名"迎祥"，也颇不简单。西联曰："东西递接川河水，南北常通行旅人。"此联用了方位词，形象地将汝家桥跨越河流，通行旅人这一基本功能诉诸14字内。

在水乡黎里的古韵中，还有如此颇有情趣的节拍，将一座座桥的名称和日常生活联系起来："要讨老婆，走通信桥；早生贵子，走子仁桥；要抱孙子，走鲍家桥；要吃奶奶，走汝家桥。"就汝家桥而言，"汝"与"乳"谐音，"乳"即"奶"，故曰"要吃奶奶走汝家桥"。看似为专家学者所不屑的"假语村言"，却处处蕴含着百姓中的机智与幽默。

想不到的是，汝家桥南东侧十余米处，开着一家久违了的箍桶店，排列在柜台上的几个娇小的木质桶盆，只能在掌中把玩，令人爱不释手。在塑料盆桶充斥于家家户户的年代，此处还保留着这样一道古韵，实在令人感叹。

在汝家桥西数十米处，有一条纵向的河流与市河成丁字交叉，直通向镇南。就在这条河的最北端，架着一座花岗石单孔石拱桥，连系着市河南面东西两岸的交通。这就是道南桥。

道南桥，康熙五十一年(1712)建，光绪二十三年(1897)重建。桥中千斤石雕有二龙戏珠图案，两龙须髯飘飘，甚是逼真。桥上有侧石栏杆，两侧中间立两根望柱，两端都有抱鼓石。当中桥栏上雕有卷纹如意浮雕，甚为清晰。栏下桥眉上，镌有"重建道南桥"五个大字，两端刻暗八仙图案。两侧明柱上有字，上首为"康熙五十一年里人陈永年捐建"，下首为"光绪二十有三年阖镇市民重建"。虽不是桥联,却将该桥始建、重建的重要信息留给了后人,免去了后人反复考证难寻答案的麻烦。

星级指数：☆☆

修梯借得入云端——黎里梯云桥

汝家桥向西百余米，是梯云桥，梯云桥俗称"唐桥"，也就是黎里民谚"甜甜蜜蜜，过唐桥"中的"唐桥"。桥初建年代无考，清乾隆三十八年(1773)、光绪二十年(1894)分别重建，民国二年(1913)再建，梁式石桥。

西侧桥梁外镌有"重建梯云桥"五字，两端为花草纹。东侧也有这五个字，上首有"乾隆癸巳年重建"，下首有"光绪甲午年重建"。甚为奇特的是，桥两端金刚墙上各有一个泄水方孔。如此，一方面节省了建桥石材，一方面减轻了桥自重对地基的压力，另外还减轻了大水对桥墩的冲击。"一举而三役济"，实乃明智。

黎里镇横跨市河的桥梁，中心桥孔的开阔都在4米外，独有这座梯云桥，桥孔为倒"梯形",下部最狭,只有 3.7 米。何以至此? 有一个民间传说。

事情发生在民国初年,源于老船爷和新船爷的斗法。

黎里镇的老船爷,拥有良田千亩,打造了两条快船,备有婚丧喜事的各种配套设施,出租给有关人家,垄断经营,财源滚滚。黎里乡下有个财主,对老船爷家的经营馋涎欲滴,也想插足,与老船爷一决雌雄。于是打造了两条更大更气派的快船,也准备了各种配套设施,大有压倒老船爷家的气势,人称新船爷。

那天,唐桥刚刚重建完工。新船爷一条快船被人租用"出殡"。那条新造的快船长三丈六尺(12 米),宽一丈二尺(约 3.9 米),全船油漆得晶光闪亮,颇为气派。灵柩就安放在船正中,下垫红毡毯,上放万年青;两旁挤满了披麻戴孝的儿孙。船如箭般向唐桥飞驶而来,突然"嘎嘎嘎"几声巨响,唐桥抖了三抖,原来飞驰而前的快船被两个桥墩牢牢地卡住了。新船爷见状,下令将船退回去。可是丧家坚决不肯,因为自古以来,只有"送丧"规矩,没有"退丧"之理,"退丧"是不吉利的!唐桥"咬"死了新船爷的快船,立即惊动了全镇百姓,一时间人声鼎沸,舆论哗然。几个有头脸的人物商定,不能退丧,黎里不能破这个规矩。于是,新船爷只能将快船的两侧船舷砍掉。

这场好戏的导演不是别人,正是工于心计的老船爷。当时黎里镇中心的唐桥正好重建,老船爷计上心来,马上派人偷偷地去新船爷家量了快船的尺寸。接下来,登门造访了桥把头。就这样,唐桥,也就是重建的梯云桥的两个桥墩之间成了倒"梯形",下部仅有 3.7 米,新船爷的船不夹住才怪! 至今,南侧桥墩近水面处一排石条向东移位甚为明显,或许就是当时留下的印记吧。

黎里民谚中还有"步步登高,走梯云桥"。当别人津津有味地讲述这个故事的时候,笔者却无论如何得不到快感。梯云桥畔,老船爷似乎"登高如云"了,但这种争斗对百姓,对黎里的发展究竟有何益处呢? 岂不就如当年石崇与王恺之间的争豪! 看来,"唐桥"所留下的,不仅是"甜甜蜜蜜"!

在梯云桥畔"登高",走上正途者确有其人,他就是柳亚子先生。

柳亚子(1887—1958),吴江人,12 岁起随家人迁居黎里。1909 年 11 月 13 日,和陈去病、高旭、朱少屏、姚石子等创立革命文学团体南社,后期主持社务多年。柳亚子是一个以诗歌为武器的政治诗人。他的诗,洋溢着强烈的爱国主义、民主主义激情,具有鲜明的战斗性。1945 年秋毛泽东主席飞抵重庆和国民党谈判,他诗赠毛泽东主席,毛将自己的旧作《沁园春·雪》题赠,一时引起轰动。

　　柳亚子纪念馆就在梯云桥东数十米处的市河北侧,中心街30号。门前立有文物标志碑,上书"全国重点文物保护单位　柳亚子旧居　中华人民共和国国务院　二〇〇六年五月二十五日公布　吴江市人民政府二〇〇六年六月立"。门厅正前方挂着屈武题写的"柳亚子纪念馆"六字匾额。第二进中央是柳亚子先生汉白玉雕像,两侧柱子上悬挂着周恩来总理赠送给柳亚子的"铁肩担道义,辣手著文章"墨迹。东西两侧的墙壁上,用巨大的版面布置了毛泽东主席和柳亚子先生的《沁园春》唱和。第五进为藏书楼,尤其值得一提的是,楼上西墙一侧,有一个"复壁",1927年5月8日夜半,国民党军警突袭柳宅,"叫嚣乎东西,隳突乎南北",柳亚子藏身复壁,才逃过一劫。

　　走出柳亚子纪念馆,再度来到梯云桥畔,凭栏小坐。古色古香的江南民宅,忧国忧民的爱国诗人,多层次的文化价值与历史内涵,使内心久久不能平静。于是,手抚桥栏,想象着先贤每次走过这座古桥时的情形。是的,不管是乱世中的凭栏凝眉,还是战乱中的远眺忧愁,都赋予了桥浓重的历史气息,也正是有了这些杰出人物的奋斗,我们的社会才能进步,我们的民族才能"登高如云"。梯云桥,不仅是柳亚子"登高"的见证,更是先贤推动社会进步的见证。

星级指数：☆☆

红花绿叶更相扶——黎里进登桥

　　从梯云桥向西一两百米，就是进登桥，进登桥俗称夏家桥，初建无考，明嘉靖七年(1528)游方僧募化重建，清乾隆三十八年(1773)重建，光绪二十一年(1895)再度重建，为梁式单孔石桥。

　　这座桥的结构有着与梯云桥同样的独特之处——在两桥墩内侧各设一个方形泄水孔。对应的两个小方孔，衬托着也是方形的主桥孔，就如绿叶配红花，为桥体增添了韵致。更耐人寻味的是，南北两岸的桥墩均筑起了平台，各平台上东西两方都筑有台阶向下，行人可以双向上下桥。这些无名工匠的智慧，方便了无数往来的路人。

黎里古镇市河上的桥,不知是巧合还是有意安排,从东到西的桥名排列颇值得玩味。从"青龙"到"一步",从"一步"到"梯云",从"梯云"到"进登",可谓是"青龙一步腾飞急,借得梯云欲进登"。

　　进登桥梁石东西外侧的雕刻颇为精细。梁石的上部、左部和右部都有凸出的石棱,当中还竖着凸出的两竖,构成了一个扁扁的没有上半部的"而"字。外侧两"竖"压着长系石。当中部分甚阔,浮雕着五个圆角方框,每个方框内浮雕一字,从右到左为"重""建""进""登""桥";右边的一竖上雕着上款"光绪乙未年二月";左边的一竖为下款,雕有"里人重建"。边上两部分较小,雕着卷草花纹,虽大体相同,细微处却有差异;既有凝重对称之美,又富灵动变化之趣。

　　与梯云桥一样,进登桥抱鼓石较长,实际上替代了整个桥坡的斜面桥栏。遗憾的是,由于往来船只的碰撞,进登桥的两个桥墩石块松动移位现象颇为严重;如今,被横竖交叉的扁铁保护了起来;如此,桥才未曾"进登"为"危桥"。

　　进登桥似乎很寂寞,虽然说桥两头街上行人匆匆,但桥上人迹寥寥,绝没有周庄双桥处的喧嚣;然而,却有着颇多的缆船石陪伴着它。古镇的市河,石驳岸上每隔三五步就安排着一块缆船石。缆船石有"缆船洞"、"系船石"、"系船洞"、"船系石"、"象鼻洞"、"船鼻子"等多种名称,黎里镇上的民众习惯上叫作"象鼻眼"。据说,共有250来个,花纹雕饰多达20余种。

　　缆船石上的那些雕刻,最有趣味的要算"暗八仙"了。明代,正式确定了如下八仙:吕洞宾、张果老、铁拐李、汉钟离、韩湘子、蓝采和、何仙姑和曹国舅。吕洞宾持剑,张果老摇渔鼓,铁拐李挂葫芦,汉钟离轻摇芭蕉扇,韩湘子吹横笛,蓝采和提花篮,何仙姑执荷花,曹国舅敲打阴阳板。八仙的这八种器物,也是他们渡海的工具,"八仙过海,各显其能"是也。"辞格"不仅仅是语言学家的"专利",民间营造也懂得"借代"修辞,就是用八仙所具的"独门宝贝"——八种物件代表八仙,称之为"暗八仙"。黎里的缆船石,有雕刻成"暗八仙"图案者,不知其中诀窍者,或许会看得云里雾里。

　　缆船石上的雕刻,最令人惊讶的要算"五色旗"了。五色为红、黄、蓝、白、黑五种色彩,我国古代以这五色为正色,其余都是间色;五色并列象征汉、蒙、藏、回、满五族共和。南京临时政府成立,参议院正式议决五色旗为中华民国国旗,并由大总统颁令全国。以"五色旗"之形雕为缆船石,可谓工匠的即兴之作。可见,此缆船石雕于民国肇始。遗憾的是,笔者未曾找到此石。

　　站在进登桥上,看三五结队的行人,看奇巧的缆船石,心中颇有感慨。黎里人有"欲跳龙门,走进登桥"的民谚,一个人跳跃,会感到寂寞;如能邀上三五好友,共同"进登",如红花绿叶般相辅相成,就有无限乐趣了。

星级指数：☆☆

祈福驱邪咔咯声——黎里秋禊桥、望恩桥

禊，是古人在春秋两季所举行的临水祓除不祥的一种祭祀活动。如《兰亭集序》曰："永和九年，岁在癸丑，暮春之初，会于会稽山阴之兰亭，修禊事也。群贤毕至，少长咸集。此地有崇山峻岭，茂林修竹；又有清流激湍，映带左右，引以为流觞曲水，列坐其次。虽无丝竹管弦之盛，一觞一咏，亦足以畅叙幽情。"那是上巳春禊。农历七月十四日为"秋禊"，即每年七月十四日在水边举行的修禊活动。

祓除不祥，无非是为了祈求上天的恩典；文人雅士特别热衷于修禊活动，无非就是借这个机会，到有水的风景秀丽处相聚，饮酒赋诗，尽一日之欢。

吴江秋禊桥,在黎里古镇的西北面,清初里人建,雍正十三年(1735)重建。花岗石梁式三孔;桥梁上镌有"重建秋禊桥"五字,两端饰以卷草花纹。桥两侧各有低矮的侧石护栏,30公分左右,小巧玲珑,甚是可爱。桥面看似平平,却别出心裁,奇妙无比。两端的石梁内侧凿有凹槽,搁着20余块长方花岗石板,不知是有意为之还是无意出现,过往行人一旦踏上桥面,就会发出"咭咯""咭咯"的响声,所以,黎里人把这座桥称为"咭咯桥"。陪同我们前往的吴江青少年活动中心办公室主任徐晖,兴致勃勃地讲起幼时随妈妈到城隍庙烧香,故意在咭咯桥上蹦蹦跳跳的往事。

秋禊桥畔,也是文人骚客平日雅集饮酒发泄的去处,1915年中秋,由于南社的内部矛盾,柳亚子与里中友人顾悼秋发起酒社,踏灯秋禊桥畔,对月秋禊湖头,长歌当哭,借酒浇愁。(详见2005年01期《史学月刊》小田《知识人的社会呈现及其意义——关于江南民间社会中南社的考察》)

伴随着阵阵"咭咯",我们来到了桥东整修一新的禊湖道院,道院所在地实际上是秋禊湖中的一个小岛。道院原名昭灵侯庙,祭祀唐太宗第十四子李明。李明曾任苏州刺史,颇有惠政,死后立祠。唐末,淮兵围苏,吴越钱氏祷于该祠,有灵应,于是,加封为昭灵侯,建庙。宋元间,当地人俗呼昭灵侯为城隍神,故黎里人习惯上称道院为"城隍庙"。禊湖道院屡有兴废。解放后,一度成了当地粮食部门的仓库。1998年7月1日,当地政府进行全面修复。

城隍是地方的保护神,黎里人到城隍庙祈福求恩,必须通过秋禊桥,这声声"咭咯",就是通向"福"与"恩"的沿途奏乐。

2008年12月,秋禊湖道院与秋禊桥一同被列为吴江市文物保护单位,汉白玉的文物标志碑嵌在道院进门处。

"禊湖秋月"为黎里八景之一,主要景物就是城隍庙与秋禊桥。文人雅士吟诵颇多。清·李大有赋《秋禊桥晚眺》一诗:"天高凝睇气苍凉,秋禊桥边秋兴长。疏树烟笼迷落叶,晚山云锁失斜阳。江村漠漠沙凫没,芦荻萧萧钓艇藏。远近风帆吹不定,更添画境入奚囊。"诗题,交代了写诗的时间为"晚",而诗人的具体动作为"眺",即站在桥上望远处。首联交代了"晚眺"的季节,"凝睇",凝视,注视。诗人注视下的秋日晚景究竟如何呢? 颔联与颈联作了具体描写,"树""落叶""山""斜阳""江村""沙凫""芦荻""钓艇",或被"迷",或被"锁",或被"没",或被"藏",四野无声无色,字里行间透着寂静;但这寂静之中,也有一丝无奈的凄清。为此,作者在尾联为全诗注入了"活力",读者一下子就被"风帆"带入了如画的境界。祛除心中的孤寂,或许,这也是一种"秋禊"吧! 总揽全诗,平仄和谐,对仗工整,意境深远,使人如临其境,如登斯桥,如赏该景。

秋禊桥和禊湖道院的南面,隔着振黎大桥,就是望恩桥。望恩桥是一座单孔石拱桥,初建无考,但桥身的一些武康石透露了它的身世,宋末元初,它就应该站立在禊湖道院的南面了。我们所知的,就是嘉靖五年(1526)和嘉庆五年(1800)都有重建。桥名"望恩",不知与"禊湖秋月"是否有关,但站在望恩桥上向北而望,只见禊湖道院的黄墙黛阁浮卧在碧水之上,如同湖面浮起的仙山琼台,而秋禊桥就是通往这瑶池仙境的天桥。蓝天,白云,翠波,绿树,无不透射着迷人的色彩,散发着浓浓的吴地风情……

星级指数：☆☆

机声白浪感深恩——盛泽白龙桥

盛泽东临上海，西濒太湖，北依苏州，南接嘉兴，人文荟萃，水陆交通发达。三国东吴赤乌三年(240)，孙权命盛斌在此屯兵结寨，后人称之为"盛寨"。因西濒大湖，"寨"自然改为"泽"，沿用至今。宋元乃至明清，盛泽因蚕桑丝织业而日渐兴隆，与苏州、湖州和杭州并称为"四大绸都"。盛泽东西两头有两个湖泊，镇东的甚小叫东白漾；镇西的颇大叫西白漾，又叫盛湖。为纪念明末盛泽名士卜舜年，盛泽人一般将"盛湖"称为"舜湖"。舜湖纵横逾四里，烟涛浩渺，碧波荡漾。

舜湖有一条白龙港通向镇区，白龙桥就是盛泽镇西横跨白龙港，联结南心和北心两圩的一座三孔石桥。传说这里曾有白龙出没，故名"白龙桥"。关于这座桥的始造,1994年《吴江县志》认为始建于康熙(1662—1722)初年,而1991年《盛泽镇志》认为始建于乾隆九年(1744)。前者认为最后一次重建为光绪三十三年(1907)动工,宣统三年(1911)告竣;而后者认为宣统元年(1909)里人捐建。

其所处方位,在盛泽实验小学舜湖校区东北200余米处。为了一睹这座"宛在水中央"的白龙桥的风采,我们在盛泽实验小学陈元明老师的带领下,绕了一大圈,先跨过一座显然新建的南北向的钢筋水泥高桥迎龙桥,才来到了它的身旁。桥长40.6米,中孔矢高5.6米。凌波而起,横跨南北,高大雄伟,恢宏多姿。在四周水网的盛泽西部,特别显眼。

白龙桥默默地守望着四周的一切:桥的东面,是一片茫茫的水面通向古镇。西南面,不远处就是盛泽实验小学舜湖校区。南面迎龙桥的近处是一片民房,但借住者多为以收购碎玻璃为业的外来户;远处略偏西是一片拔地而起的高楼。向北望,是较为整齐的民房。

桥南埭有文物保护标志碑,正面朝西,上曰:"吴江县文物保护单位 白龙桥 吴江县人民政府一九八六年七月一日公布 吴江市人民政府立"。反面镌刻着建桥与修桥的历史,基本从《吴江县志》说,但将光绪三十三年(1907)开始的修建挪后到光绪三十四年(1908)开始。在这段说明中,还有一段颇为重要的话语:"1992年和1993年两度撞损抢修,1995年再遭重创,维修费20万元,同时改航道为桥南原迎龙桥位置。"原来,为保护白龙桥,已将桥下的航道改到迎龙桥(即白龙桥南那座新建的水泥桥)下。两桥之间,原来有一座宝珠庵,因南北两桥名中皆有"龙"字,这两龙中间的庵自然就是它们争抢的"宝珠"了。庵的原址就在如今的文物标志碑旁;如今标志碑四周地上积有厚厚的一层香烛灰烬,而碑面也被烟火熏得黑不溜秋。庵没有了,但信徒们心中的庵依然存在。

白龙桥最被人关注的,是经常被人引进有关丝绸业文章的桥联:"晴翻千尺浪;风送万机声。"实际上,白龙桥共有四副桥联,此乃东侧主联的一小部分。东侧主联全貌为"风送万机声,莫道众擎犹易举;晴翻三尺浪,好从饮水更思源"。此联平仄和谐,内涵丰富,意境深远,读来琅琅上口。全联以镇上发达的丝绸产业为背景,重在教人感恩。盛泽人钮文乾《重建白龙桥碑记》中说,镇西白龙桥倒塌后,未能修复,而镇南的登云桥及镇东之澄溪桥先后倾圮,镇北的兴隆桥亦颓废日久,修复镇上的桥梁已成当务之急。这时,镇上有个碑文中尊称为"沈节母(节妇)"的妇女,"出所储千金率先捐助,本镇绸业诸君闻风慕义,合集巨资,鸠工聚材,刻期大举"。对如此义举,当然应有感恩之心。

桥东副联只能辨出上联"题柱人来,谁为司马",大意为到何处去寻找如司马迁或司马相如般的人物来题写桥柱!可惜没有船只,无法识别下联。

桥西之联也因受条件限制仅能辨识几个字,一般认为的是:"式廓旧规模,有客来游歌利涉;蔚成新气象,行轮无阻便通商。"上联中,"式廓,犹言规模也",明·唐顺之《常州新建关侯祠记》:"久之,金君迁去,邵君惟中代守,有嘉成绩,增之式廓,爰勒碑以记其功。"但如此明显与本句中的"规模"意思重叠,乃对联大忌;另外,"利涉",渡水之船只,但"有客来游歌利涉"显然无法与下联的"行轮无阻便通商"构成对仗。而朱伟、王者兴整理编写的《盛泽社区教育中心校本课程》录上联为"式扩旧规模,有客来歌关利涉",如此,一切问题迎刃而解。

西侧副联上联只能辨出头上的"鼓棹"两字,下联为"临流俯瞰,人在镜中",意境颇为深远。

西侧桥眉有"旧址为良"四字;上首有"光绪三十三年"等字,下首无法辨认;下面篆体"白龙桥"三个大字。东侧桥眉为"新谟是善"四字,谟,计划,策略;下面也是篆体"白龙桥"三个大字。应是宣统年间重修时所为。

站在白龙桥上,感慨良多。当各处都在规划并"人造生态园"的风潮中,盛泽为何不借助祖宗的荫蔽,借这一片自然的水面和这一座古桥,闻风而动呢?

星级指数：☆☆

遥通沧海窦三环——盛泽升明桥

如果说白龙桥扼守着盛泽古镇的西大门,那么,扼守盛泽古镇东大门的就是升明桥。清·徐崧、张大纯《百城烟水》曰:"市杪东有升明桥,桥南堍即白衣庵,桥东北岸为地藏殿……"

升明桥始建于明崇祯十四年(1641),1991年《盛泽镇志》载:"由里人仲时镁、归彦先、汤三聘、史勤、王士龙建。清雍正九年(1731),里人郑禹甸、陈舜玉、叶殿文、宋郁昭等募资重建,邑人范灿作记。"1991年,盛泽镇人民政府在吴江市丝绸工业公司资助下重修,1992年8月告竣,花费25万元。

东港河、斜桥河、东泾桥河、东秀桥河和市河五条河水汇聚在盛泽古镇的东头,形成东白漾。相比西白漾,东白漾的面积小了很多,但水深异常。升明桥横跨东白漾的东头,曾名"五聚桥"。盛泽的丝绸向东运输都从桥下经过,因而升明桥也是盛泽丝绸业发展的历史见证,更是盛泽的"形象代表"。

顺着市河,沿舜湖东路一直东行,跨过东白漾大桥,就是升明桥的北堍。

桥南北走向,三孔拱型结构。金刚墙用青石,从远处看分外瞩目。拱券用武康石,纵联分节并列法砌筑。明柱和桥面为花岗石。侧石桥栏,主体为青石,略间几块花岗石,正中为花岗石,如苏州盘门外吴门桥和北桥石家桥一般,凿成座椅状,可供过往行人休息赏景。

桥长48米,顶宽4.1米,两堍略宽。中孔较大,矢高5.39米,跨径10.70米,便于通航。两次孔较小,既降低坡度,又使桥形变化多姿。升明桥所跨河面开阔,桥身高大,远远望去,在两岸花草树木的衬托下,三个桥孔与倒影组成一大两小三个玉环,微微颤动,似乎有一种江南水乡特有的柔情在水中扩散。

明柱镌刻着阳文桥联,但因为是篆体,且距离较远,辨认比较困难。

东向为"祥开震巽彩虹高,千秋壮丽;喜溢乾坤新月满,万户盈宁"。八卦是我国古代的一套有象征意义的符号,八卦图上,"震"代表东方,"巽(xùn)"代表东南方,升明桥在盛泽古镇的东方略偏南处,"祥开震巽",意桥为盛泽的东南方带来了吉祥;"乾"代表天,"坤"代表地,"喜溢乾坤",意天地充满了喜悦。

西向为"雁齿衔堤,近□白漾流五聚;龙腰互渡,遥通沧海窦三环"。"雁齿",桥阶;"□"处,刘伟明、朱威的《苏州古桥文化》和朱伟、王者兴整理编写的《盛泽社区教育中心校本课程》都认为是一个"頔"字,此字念"dí",意为"美好",多用于人名,"近頔"用在此处,似乎与下联对应部位的"遥通"无法成对,但"頔"与下联的"通"如作使动解,"使……美好"、"使……畅通"问题就解决了。"白漾流五聚",即上文所说的东白漾为五水聚集之处。上联意为"桥阶连接着堤坝,使得五水聚集的东白漾显得更为美好"。"龙腰",如龙般的桥身;"窦",孔,洞;"三环",三个桥孔。下联意为"如龙般的桥身下,百舸争流,使得三个桥孔通向东海"。此联是对升明桥地理环境的概括,气势宏伟,惟妙惟肖。

桥北堍略东,隔一条舜湖东路,是过去的盛泽中学,现在的盛泽中心小学。感受升明桥氛围的莘莘学子,从这里起始,走出盛泽,走出吴江,走向世界。

升明桥头,也是盛泽风俗乡情的演绎之处。"中元夜,四乡佣织多人及俗称曳花者约数千计,汇聚东庙并升明桥,赌唱山歌"。如能亲临当年的这种现场,定将举酒狂饮,"和而歌之"!

星级指数：☆☆☆☆☆

硕果鲈乡第一桥——七都东庙桥

在吴江，还有几座建造年代与同里思本桥相当的古桥，其中之一就是七都东庙桥。东庙桥始建无考，宋绍定年间(1228—1233)修建，就此而言，已早于思本桥二三十年。

七都之名源于宋代的都图设置，在后梁开平三年(909)吴江置县后，共设二十九都，横扇为四都，庙港为五都，继而有六都、七都、八都等，其中六都、七都现属七都镇区域。为了寻找这座古桥，我们在七都镇四周兜了许久，最终才在东庙桥村孙荣才书记的带领下找到了它。其具体位置在镇南约10公里处的横塘村(今东庙桥村)，230省道的西侧，横沽塘之北和小港的交界处。东庙桥跨小港，东西走向。在本书所涉及的桥梁中，东庙桥为离浙江最近的桥梁之一，其东、西、南三面一两公里外都为浙江省的地界。

这是一座已经在岁月时空中穿越了近800年的古桥。桥身主体由武康石构成，至今完好无损。桥栏与望柱由花岗石砌就，为民国期间增添；但看上去还甚为协调。

桥全长21.5米，桥身上窄下阔，中宽2.1米，堍宽2.75米。桥为梁式三孔，中间跨度4.6米，石梁上镌有"绍定"两字，"绍定"为南宋皇帝宋理宗赵昀当政时的年号之一，望着这两个字，一种历史的气息扑面而来，敬意油然而生。由于桥下的小港已成"断头港"，桥的通航功能已经丧失，所以，桥东西两孔已基本壅塞，一种时过境迁的感慨不由浮上心头。侧目望去，但见桥南水面上，搁置着一艘不知多少年未曾动过的水泥船，船舱中的积水，已生满了绿藻，一如东庙桥，积满了历史的尘烟，最终安静地沉浸在鲜有人知的寂寥里。

东庙桥的桥柱由六条武康石排柱构成，三条排柱列为一组，两向对应。排柱与排柱之间，排柱与横系石之间并接严密。

东庙桥最值得一提的是它的石梁，石梁从两端向中间逐渐增厚，两端为31厘米，当中为51厘米，外侧又凿有弧度，使整个桥面略呈拱形，造型优美至极。次孔两侧石梁边分别镌刻着四朵流云图案，形态各异，刀法简洁，线条流畅，飘然生动。中孔内横系石上，当年设置护梁木的洞孔犹存。

为方便摩托车通行，桥坡的台阶之间，已被村民铺上了水泥，形成一个个斜面，但却破坏了画面。石阶间杂草丛生，但也给古桥增添了一些生气。桥面当中，铺着近30块横向的小石板，大小不一，虽被村民的脚底打磨得光滑可鉴，但却高低不平，有几块甚至已经碎裂；脚踩在上面，发出不同的声响，就如老人面对岁月流逝无奈的呻吟。

东庙桥1986年被列为吴江县文物保护单位，现属江苏省文物保护单位。桥东堍北侧，为文物保护标志碑，面向东。面对着这块标志碑，笔者心底冒出的是"幸亏"两字。其一，幸亏东庙桥地处偏僻，否则，很可能因公路建设、厂房建设或楼盘建设而被拆除；其二，幸亏桥底的小港已经成为"断头港"，否则，往来的那些大吨位的水泥船很可能将其桥柱撞折；其三，幸亏这块文物保护碑的竖立，否则，桥很可能被房地产开发商移入某些楼盘之中，成为笼中的鸟儿。

正因为有了这些"幸亏"，东庙桥是幸运的。我们祈祷东庙桥多保重，继续保持吴江第一的纪录，永存于人间。

桥东的一座普通平房内，设置了一个"小亲佰宫"，供奉的神像为女性，不知何方神圣。或许，之所以称为"东庙桥"，是因为桥东有"庙"吧。

2013年5月3日，东庙桥升格为"全国重点文物保护单位"。

星级指数：☆☆☆

东西跨越盼恩洪——七都洪恩桥

洪恩桥位于吴江七都镇染店浜村。吴江以盛产丝绸享誉四方，丝绸必经漂染，或许，或许，这就是染店浜村村名的由来吧。

我们在桃源中学项雪辉老师的带领下，驱车进入七都古镇。古镇有一条东西向的人民路，其东部与南北向的洪恩路纵横交错。洪恩路东侧，有一条小河——染店浜与之平行。从交叉路口沿洪恩路北行200来米，路尽处右拐，可见新建的跨染店浜的东西向的立业桥，立业桥北二三十米，就是悄立于染店浜上的洪恩桥。

据《七都镇志》记载，桥建于明成化六年（1470）。全桥除桥面石阶为花岗石外，主体由青石构筑，标志着其明代的"血统"。惊奇的是，我们竟然在桥东块发现了"暗藏"在石阶中的武康石,这至少给了我们一个信息,宋末元初这里就有桥,或许就是洪恩桥的前身。桥属水乡常见的陡拱桥,利于船只通行。两侧桥眉都镌有阴文"洪恩桥"三个字。券石之间用榫卯相接,上下错缝,券石横向则用"铁扁担"或腰铁连接,使券石之间紧密联系,成为整体。

拱券内有两处石刻,但无法辨识,据说是记载建桥时共捐银72两的那些人名。

桥的长系石颇值得一提,在其端面都雕着一种怪异的"吸水兽"图案,额上刻曲线须毛,上部阴刻眼圈,两侧有双耳,宽鼻、突眼、阔嘴。阔嘴以弧线勾划,弧线下以小三角表示牙齿,腮边则刻有两爪。

俗传龙生九子,不成龙,各有所好。明末张岱《夜航船》曰:"一曰赑屃,似龟,好负重,故立于碑趺。二曰螭吻,好远望,故立于屋脊。三曰蒲牢,似龙而小,好叫吼,故立于钟纽。四曰狴犴,似虎,有威力,故立于狱门。五曰饕餮,好饮食,故立于鼎盖。六曰虫八虫夏,好水,故立于桥柱。七曰睚眦,好杀,故立于刀环。八曰金猊,形似狮,好烟火,故立于香炉。九曰椒图,似螺蚌,性好闲,故立于门楣。"

洪恩桥长系石上刻的就是老六虫八虫夏,让其俯首向下,正视河心,似乎在默默地看着恬静的水流。"洪",大也,"洪恩",就是大的恩德,看来,这"洪恩"还需老六来守护。细看雕刻,遒劲有力且精致唯美,为古朴的洪恩桥增添了神奇的色彩。

桥东堍南侧为文物保护标志碑,正面向北,上面镌着"吴江市文物保护单位 洪恩桥 吴江市人民政府一九八六年七月一日公布 吴江市人民政府立",背面向南,上面镌着"洪恩桥,位于七都镇染店浜村,建于明成化六年(一四七零),一九九零十一月至一九九一年一月由江苏省文化厅拨款重修,花资二点五万元。单孔拱形,东西走向。总长十三点三一米,中宽两点二四米,堍宽二点五米,矢高三点零五,跨度五点六米。拱券采用分(碑上如此,疑掉落'节'字)并列砌置法。系石端面镌刻吸水兽——传说龙子之一的'虫八虫夏',具有特定的厌胜意义和艺术装饰作用。一九八六年列为吴江县文物保护单位……"

桥西堍南侧另有一块水泥的文物保护标志碑,为1986年吴江县人民政府所立。

2011年12月19日,洪恩桥"升格"为江苏省文物保护单位,但尚未立碑。今后立碑,上面刻的就是"吴江区"了。从"吴江县""升格"为"吴江市",从"吴江市"又调整为"吴江区",这就是时代的变迁吧。

吴江七都镇政府网站上说,洪恩桥的桥基没有采用常见的木桩基和多层水盘石,而是将底盘石和桥墩脚直接筑在地基上,地基上纵横相间铺设一层长条青石,桥台就砌筑在这青石之上。这种做法颇为少见,与当地特有的土质有关。因为包括七都在内的吴江沿太湖一带的土壤为小粉土,这种土壤呈颗粒状,非常细腻板结。洪恩桥正是利用了这种土壤,将之作为天然桥基,既省工省料,又保证质量,充分反映了当时造桥者的聪明才智。——当然,这必须要车干河水才能见到。

如今的洪恩桥,完全是因了"被保护"而存在,桥下的染店浜,铺满水草,甚至被附近的居民当做倾倒垃圾之处,如不加关注,干涸就在不久。如若真有那么一天,长系石上的老六该会多么伤心!

桥南,靠近立业桥处,有一个小小的土地庙,演绎着桥与庙合奏的乐章。土地庙香火犹盛,人们祈求平安,祈求"洪恩"。

星级指数：☆☆☆

越尾吴头隐读声——七都广福桥

在七都古镇人民路西端尽头的北侧有一个古老的村庄，此村坐落在美丽的太湖之滨，享尽吴头越尾的旖旎风光，更是"六都八景（此处原属六都，后并入七都，见本书《七都东庙桥》篇）"之一的"隐读耍帆"的出处，此村便是隐读村。

据说，在南宋时期，高宗皇帝泛舟太湖，前往洞庭东山赏梅。返回途中，为了显示"与民同乐"的做派，微服私访，同这个村里的老人下起了棋。哪知，竟然走了一步十足的臭棋。就如《皇帝的新装》一般，旁观的高手们都不敢吭声，唯独站立一旁的一名童子及时指出了这招低级错误："老伯伯，您的棋下错了。"随即背起了棋谱。皇帝大为惊讶，见这地方虽为江南一隅，但三尺童子竟能精通棋谱,于是,便封这名童子为"隐读圣子",这村便命名为"隐读村"。民间还有其他说法,但故事大同小异,主角却成了六下江南的康熙皇帝甚至乾隆皇帝。对于故事的真伪我们没有必要考证,故事中的皇帝究竟是谁,更和我们没有什么关系;我们知道的是,江南本是人文荟萃之地,隐逸于民间的饱学之士数不尽数。难怪,著名学者南怀瑾,也将他的最后11年留在了吴江七都。

隐读村西与浙江湖州接壤,"界河"就是胡溇港。当地有所谓"七十二港,三十六溇"的说法,以胡溇港为界,在江苏的小河叫"港",而在浙江的一律称为"溇"。胡溇港的叫法比较奇特,它既是"溇",也是"港",原因在于它是三十六溇中的最后一溇,也是七十二港中的第一港。——故"溇""港"并称。

链接吴头越尾的,就是广福桥。广福桥始建于元至正十四年(1354),明正统十四年(1449)重修,嘉靖十六年(1537)重建,现存之桥建于明天启元年(1621),由当时江苏省吴江县和浙江省乌程县合建。

沿一条新铺而尚未浇上水泥的石子路西行,当广福桥突然出现在眼前时,我们立刻和"隐读"联系了起来:弯弯的桥洞,无栏的桥面,横跨在并不宽阔的河面上,几丛嫩绿的野草不紧不慢地生长着,偶有几束俏皮地探出头来,似乎在张望这繁华的世界,另有几支芦苇,在风中恣意地昂扬着,似乎在和野草互融互合,又像是在和历史对话,留下岁月无痕,甚至不用思索,广福桥就像一个傲然不群的飘逸的书生,守护着这一方安宁!

眼前的桥为拱形单孔,由武康石(紫石)、青石和少许花岗石构筑,全长17.4米,宽2.64米,矢高3.17米,跨度6.9米。虽是拱桥,但桥顶微平,与两端石阶斜坡构成了一个近似的梯形。桥梁石外侧镌有"广福"两字。

广福桥拱券的砌置方式颇为特殊,采用了分节并列和纵联分节并列两种方式。所谓分节并列,即是拱券上下券石错缝连接,这种砌置方式见于明代以前的桥梁;所谓纵联分节并列,即是拱券上下券石之间加有横向的"龙筋石",清代开始拱形石桥都采用此种砌置方式,较之于以前的分节并列,既增强了桥的横向整体性,又增加了桥的美观性,是造桥技术的一大进步。广福桥的拱券则以分节并列和纵联分节并列两种方式砌置,具有明显的由明向清过渡的时代特征,这就是明末天启年间两县合建时的留下的痕迹,为吴江古桥中之仅见。

在桥拱内两侧,还有一些镌刻,但一则因为距离较远,二则因为字迹漶漫,难以辨认。只能隐隐约约识别部分文字。

于是,只能够从有关记载上寻取答案。志书上曰,石刻记述当时两省95人捐银99两4钱建造。

拱券内雕有的莲花依稀可辨,尖角嫩叶,含苞待放。莲花是"八吉祥"之一,所谓"八吉祥"是指佛教传说中的八种宝物,即法螺、法轮、宝伞、宝瓶、白盖、双鱼、盘长(中国结)与莲花。莲花,不但富有"引渡"的佛教意义,还较好地体现着"出淤泥而不染,濯清涟而不妖"的君子品格。或许,这"君子"就是"隐读圣子"。

广福桥的桥面比较特殊。基本三等分,斜坡的两边是纵向的武康石,上有当年安置栏杆的榫孔,当中是横排的台阶,以花岗石为主;桥面是纵向的三条武康石,当中的一条已经断为数截,幸亏所有的重量由下面的拱券承载着。

文物保护标志碑在桥的东堍南侧,正面向东,上镌有"吴江市文物保护单位　广福桥　吴江市人民政府一九八六年七月一日公布　吴江市人民政府立"。碑的反面镌有"广福桥,位于七都镇勤丰邨,其西堍为浙江省湖州界……"在那个特殊的年代中,或许是因为"读"带有"封、资、修"的色彩,"隐读村"被更名为"勤丰村",《七都镇志》也称广福桥"在勤丰村"。虽然说"勤"能致"丰",然而,留给我们深刻印象的,还是"隐读"。2011年12月,广福桥被江苏省政府列为第七批江苏省文物保护单位,尚未立碑。

显然,眼前的广福桥最近整修过,仔细看看,只觉得修旧不如旧,太"新"了。站在桥上,很难相信当年这里走过许许多多来往于江浙两省的人士。

带着那种莫名的感觉,我们驱车再次经过人民路,"七都中学"崭新的校名牌赫然出现在眼前。此处的学子,再也不必"隐""读"了,这或许就是"新"与"旧"的区别吧。

星级指数：☆☆

占尽风情七八分——七都双塔桥

　　双塔桥，在吴江东南靠浙江处，230省道之东南，沪渝高速之西北；坐落于七都镇李家港村和八都镇北长村之间的交界处，东西走向。桥北，为倪家漾；桥南，为稽五漾，因为吴方言中"五""鱼"同音，故当地人称之为"稽鱼漾"。实际上，此两湖为浔江之源。两漾联系状如葫芦，桥横跨在"葫芦"的腰上。桥初建于明代洪武年间(1368—1398)；明万历七年(1579)，董洵阳重修；清雍正七年(1729)，里人盛宣令、邱美中筹资金重建；清光绪二十七年(1901)重修。

　　之所以称为"双塔桥"，是因为桥两侧原各有一座石塔，如桥头堡般拱卫着这座古桥。两塔方形八棱，高一丈余，各面浮雕十多个佛像。可惜的是，西塔毁于抗日战争时期，东塔文革前崩塌。

在岁月的流逝中,双塔桥是否风景依旧呢?一个风和日丽的午后,笔者在几个学生的陪伴下,去一探究竟。让人心旷神怡的是,远远地,笔者一行就看到双塔桥高高地横跨在水波之上,那点缀其间的望柱、花岗石系列的石块,在蓝天白云的衬托下,显得如此和谐,充满诗情画意。迫不及待地沿着台阶逐一而上,迎面吹来了凉爽的风,一学生一时兴起,对着宽广的湖面哼起了《让我们荡起双桨》,顿时,同行者都跟着大声唱了起来,歌词从记忆中源源不断地涌出。歌声在微微波浪的翻滚中起伏,不由让人觉得头顶的天是那么的湛蓝,眼前的桥是那么的唯美,身边的景是那么的盎然。也许,这就类似于浑然天成的美所给人带来的愉悦吧,它会让人忘却所有的烦恼,它会给人捎来一份绝对的好心情,它甚至能洗涤久存心间的倦怠。用双眼丈量双塔桥,桥全长30余米,三孔,中孔净跨宽9.3米。全部由花岗石砌就,十条长系石加固其身。每侧四望柱,当中两对望柱顶端各雕有一头惟妙惟肖的狮子(古称"狻猊"),组成两对,雄狮足踏一球,雌狮怀抱一幼狮。望柱之间为侧石桥栏,两头置抱鼓石。正中桥栏下镌有"双塔桥"三字。两端各设27级台阶,每级台阶都由整石砌成,长约2.5米,宽约0.4米,高约0.1米。

双塔桥南北两侧各有两联,颇值得一提。

南侧主联为"是吴中第一津梁,揽太湖三万六千顷;问劫后重修岁月,维光绪二十有七年"。"是",代词,此;"津梁",渡口桥梁的泛称;"维",句首语气词。此联中交代了桥的地理环境和重修岁月,气势宏伟,平仄和谐,但对仗不甚工整,且虚词入句,缺少意境。

南侧副联为"惟上上田,农桑兴大利;活泼泼地,兰若宛中央"。此联运用互文手法,"惟上上田"与"活泼泼地"互为补充,应是赞美此处有富饶肥美的农田;农业、蚕桑业给人们带来了极大的利益,既应对"惟上上田",也应对"活泼泼地";"兰若",佛寺的代称,可实指桥西的双塔寺,但从"互文"修辞的结构特征来看,此处应泛指当地礼佛成风,到处有寺院。此联含义虽丰赡,但对仗却不甚工整。

北侧主联为"水从天目来源,导江入湖皆夏禹王力;塔跨桥头分峙,齐云耀日于明洪武时"。桥下倪家漾、稽五漾之水皆来自太湖,而太湖源在天目山下,故称"水从天目来源";当年大禹采用"导"的方法解决了水患,故称"皆夏禹王力";"分峙",对立,原来桥两端有石塔;桥始建于明洪武年间(1368—1398),以"齐云耀日"赞之,虽有夸张,但不过分。此联气势恢宏,内涵丰富,既交代了建桥的时间,描写了桥的环境,还写出了桥的壮观。读桥联,确能引起思古之悠。

北侧副联为"遥对莫厘峰,别饶胜景;滨临稽五漾,时听渔歌"。"莫厘峰",

洞庭东山最高峰,为桥西太湖中的一个半岛,风景极佳;"饶",增添;"滨临",应为"濒临",估计重修时凿字出错。紧靠,桥下确为稽五漾之水,当然称得上紧靠。站在桥上,抬头南望,浩浩荡荡的稽五漾水顺浔江向南流去,让人心旷神怡;举目西眺,远处黛青色的洞庭东山隐隐约约,秀色可餐;桥下,碧波荡漾,渔歌阵阵。此联中,既考虑了声,又考虑了色;既描写了动态,又刻画了静态。构成了一幅让人陶醉的图画,美哉!可以这么说,此联为四联之最。

有一首写双塔桥的诗,不知何人所作,诗曰:"雁齿东西头尾接,舟船挨挤月中过。一双石塔耸云汉,两对狻猊睨浪波。遥映洞庭饶胜境,滨临稽五听渔歌。水洲兰若青烟绕,高阁迎风赏碧荷。"此诗平仄和谐,意境深远,将四幅桥联的内容与双塔桥的风光有机地整合在了一起。

双塔桥西,为双塔寺,即浮碧庵。始建于明朝,距今已有六百年多年历史,无论时事变迁,寺中香火都十分旺盛,香客络绎不绝。由于它四面环水,如水中之洲,水中之岛,从东入寺必经双塔桥,从西南入寺必经寺前的另一座梁式石板桥,故被称作"仙岛佛国"。

古寺与古桥连成一体,布局和谐,风光美丽。据史料记载,七都早有"太湖十景"之说,均是文人雅士吟咏之景。在数百年的悠久岁月中,这些景观大多名存实亡,唯独"双桥峙塔"经过几百年的风吹浪打雨蚀,至今依然风采不减,已成为七都八都独具特色的一处风情物景。如果说吴江七都八都的风景有十分,那么,双塔桥与双塔寺已经占了七八分。无怪乎电影《杜十娘》将"怒沉百宝箱"的外景选择在此处。

——当然,如果桥两头的双塔能够重建,恢复双桥、双塔、一寺的旧观,那就占得九分风光了。

星级指数：☆☆☆

香花香火皆成景——八都香花桥

在中国，桥以"香花"为名者数不胜数。远的不说，上海南翔有张八、张九弟兄舍身斩杀巨蛇的香花桥；苏州有死刑犯执行必过的香花桥，故有"到了香花桥，懊恼来不及"的俗语；仅本书所涉及的就有甪直香花桥和常熟拂水岩香花桥。

此文所指的香花桥位于吴江八都南港村，现八都已并入震泽，而南港村已并入龙降桥村，所以说，现在香花桥位于震泽镇八都社区龙降桥村。桥东西跨南港，清乾隆《震泽县志》记载该桥系南宋所建。

在油菜花黄遍视野的季节，笔者一行在吴江晨光印业有限公司庄卫琴的带领下，从七都沿318国道东北行，到震泽古镇之西，见到路南有个"苏龙漂染

(苏州)有限公司",路北有一块"凤凰山庄"的指示牌。沿指示牌指明的方向北行,不远处的绿树掩映之下,一座非常古朴的桥镶嵌在四周的民居中,桥身并不高,但是在乡野之间,在一丛丛青青的蚕豆边,有这么一座桥安安静静地横卧在那里,不由让人联想起世外桃源的景致来。这就是香花桥。

早在1986年7月1日,桥被公布为吴江市文物保护单位,但随着这座桥的价值不断得到重视,如今已经上升为省级文物保护单位。就在香花桥的一侧有一块特别显眼的文物保护标志碑,每字糁以红色,正面向西,在落日的余晖下熠熠闪光。

香花桥为东西走向,全长16.1米,中宽2.09米,两头宽度略大。中孔跨度4.66米,排柱高3.66米。它的形制与七都的东庙桥相仿,也为梁式三孔,但桥面上未添桥栏,保持原貌。全桥主要构件如排柱、石梁等多为武康石,石梁之间的石板和两桥台夹杂着一些青石、花岗石,显然,明清两代都有过较为重要的修建。1993年,又对该桥作了一次较大规模的维修。仔细观察,能发现此桥的每一条石梁都是由两端逐渐向中间增厚,外侧凿成弧形,有字,但无法辨认。桥虽为梁式,但整个桥面犹似拱形,于稳厚中显示逸秀,南宋风格较为明显。桥面与东庙桥一样,也是横铺着石条,但石条为花岗石,保护程度好于东庙桥,也没有东庙桥那种水泥铺设。

香花桥在当地被称为"香火桥"。其正名和俗称,都与佛事有关。五代·齐己《怀天台华顶僧》诗曰:"曾从国清寺,上看明月潮。好鸟亲香火,狂泉喷沉寥。"清·龚自珍《鹊桥仙》词"吟诗也要,从军也要,何处宗风香火?"据说,在南宋时,香花桥东有一寺院,名曰麒麟寺,当时香火颇旺。寺院的当家和尚为方便香客进香,用香客所捐的香火钱建造了此桥,故桥得"香火"之名。现在,寺院早已湮没于历史的潮流之中,但寺院建造的"香火桥"历时七八百年,依然安稳地躺卧在缓缓流淌的南港之水上。如果仔细辨认,还能看出东桥柱内侧的莲座状图案和"南无阿弥陀佛"等字样,这是当年为使从西面而来的烧香客身未上桥而口中先开始念佛。笔者虽为无神论者,但到了这座桥上,一种虔诚的感觉油然而生。

春风暖暖地吹拂着香花桥,笔者在桥边信步,正好看到一群鸭子欢畅地游来,顿时,水中倒映的树、水面一圈圈涟漪、水上拱形的桥面,在蓝天白云下,构筑了一道生动和谐的画卷。笔者连忙拿出相机,可纵然技术尚可,也未能拍下这流动的全景,大自然的美丽、香花桥的古朴,岂是我等能完全诠释的;也许,只有亲身经历了,才能真正将那一揽胜景铭刻心头。

附录　部分桥梁分布示意图

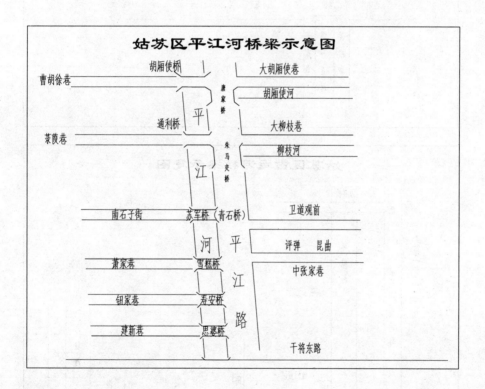

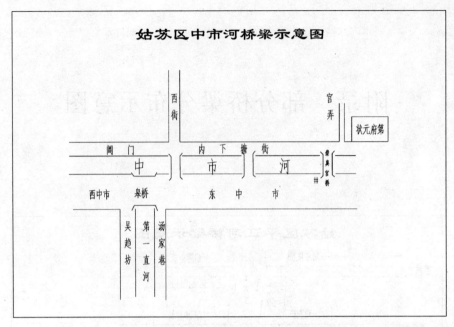

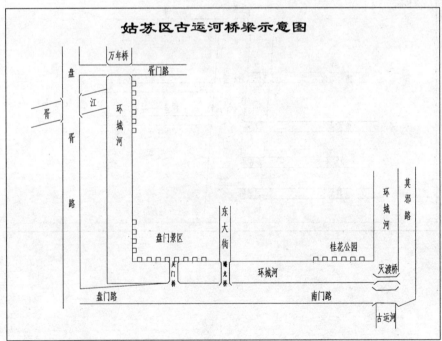

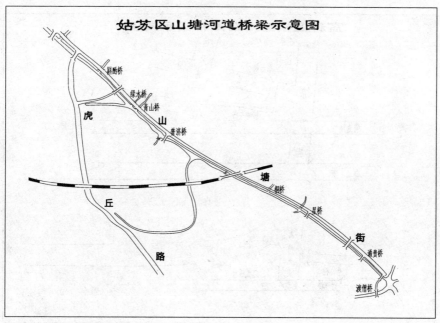

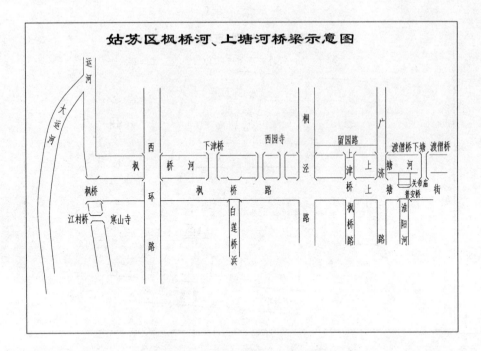

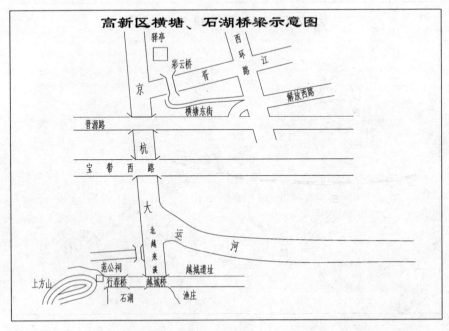

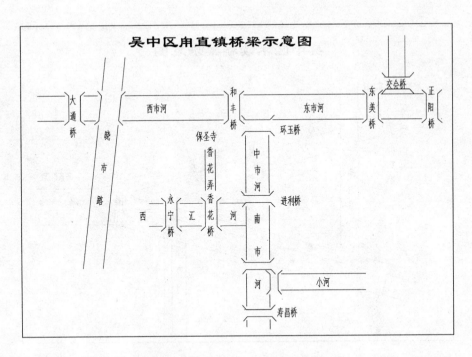
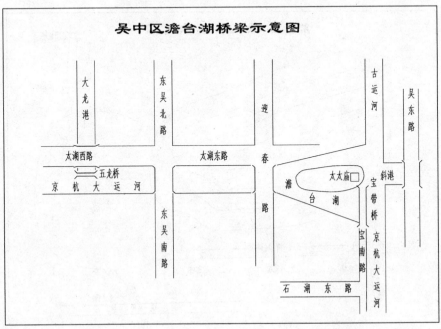

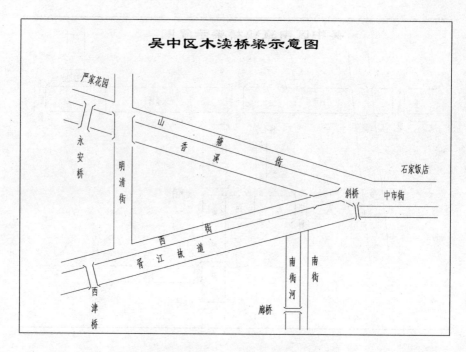

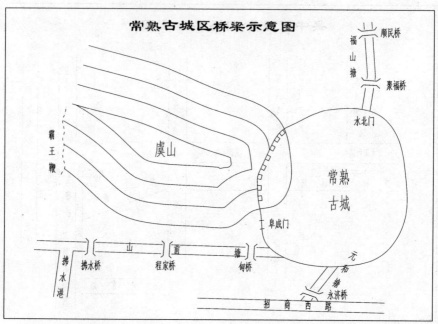

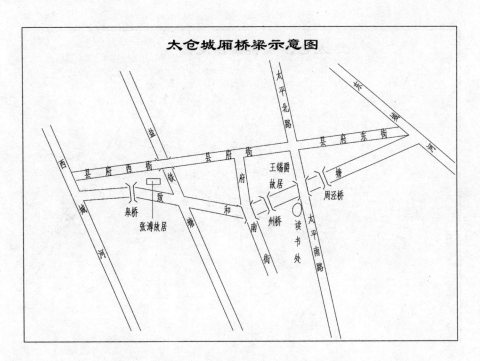

太仓城厢桥梁示意图

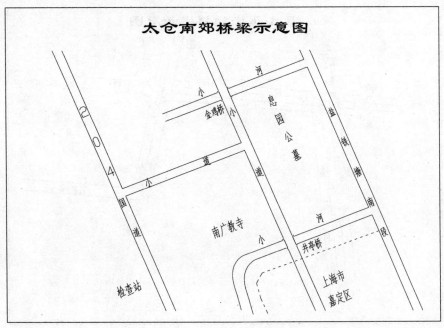

太仓南郊桥梁示意图

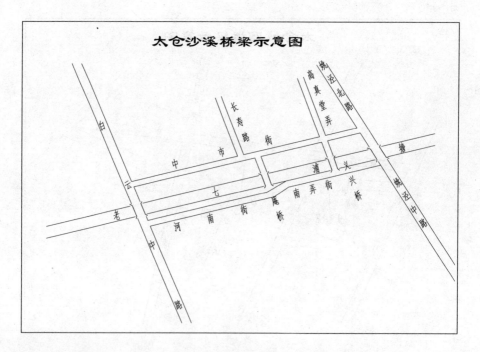

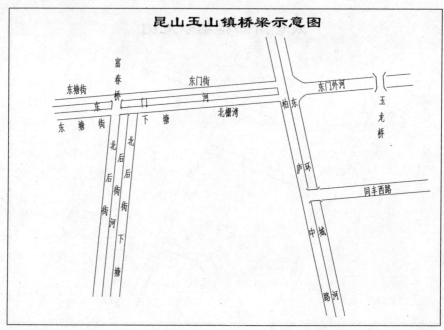

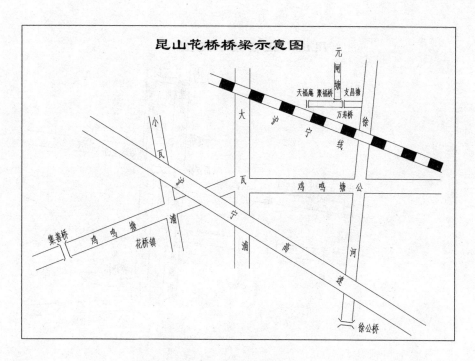

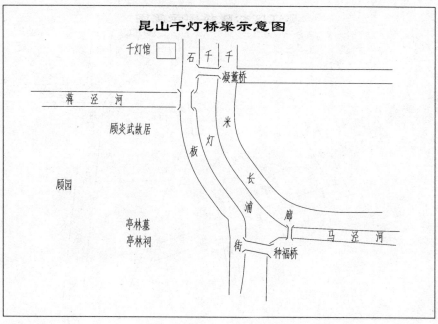

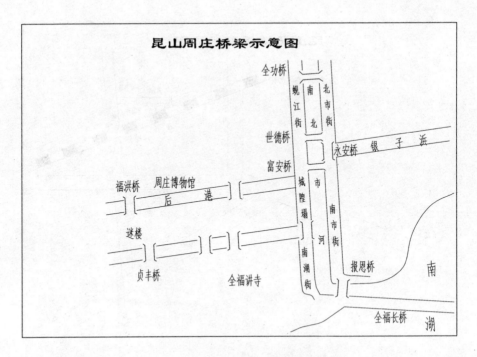

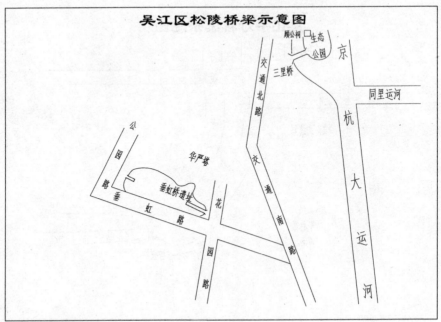

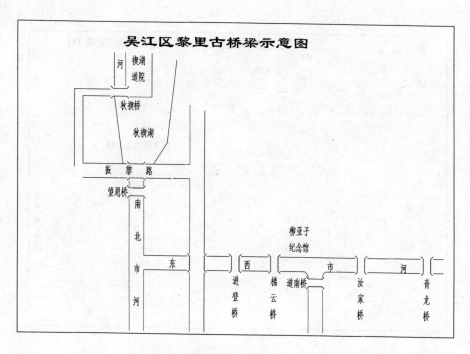

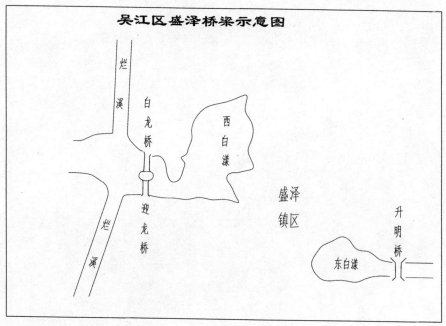

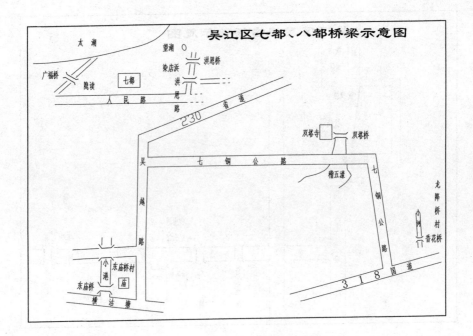

外　　集(6篇)

星级指数：☆

姑苏阅尽两千年——东中市皋桥

皋桥，又名伯通桥，位于姑苏东中市与西中市之间，跨苏州古城内第一直河，是进出阊门的必经之路。姑苏城中，皋桥向来和阊门"捆绑"在一起，谓"一等一的繁华去处"，天天车水马龙，行人摩肩接踵。白居易《忆旧游》中就有"阊门晓严旗鼓出，皋桥夕闹船舫回"的名句。笔者幼时，常听大人们把这样的话挂嘴边：听话，带你去皋桥玩。虽然只是简简单单的一句诺言，但可以使顽童激动几天，做几天"乖孩子"，甚至抱个"100分"回家。

宋·范成大《吴郡志》曰："皋桥，在吴县西北，阊门内。汉议郎皋伯通居此桥侧，因名之。"东汉西汉交接时的皋桥究竟怎样，早已无法考证，只知原为木桥，《平江图》上有记载。明清时，皋桥附近的风光也很迷人，有清·陈维崧《月当厅·虎丘中秋柬蘧庵先生，用梅溪词韵。先生时寓皋桥》为证："……茶铛正稳,皋桥畔,好风光,摘船试约闲寻……"

在历史的长河中,从来不缺著名的人、著名的事和著名的物。然而,它们之所以著名,往往是因了别的著名的人、著名的事和著名的物。皋桥就是因为居住在这儿的吴中名士皋伯通而得名,而皋伯通因为梁鸿而得名,梁鸿因为他的妻子孟光而得名,孟光却因为"举案齐眉"的故事而得名。

梁鸿,西汉末至东汉初人,跨过王莽篡汉时代。字伯鸾,陕西人,东汉初入太学。作为才子的梁鸿当然不乏诸多追求的美女,因为汉时女追男并非不合礼仪,这从汉乐府民歌《上邪》就可看出。然而,梁鸿却偏偏娶了一位"有德无容"的丑女孟光。《后汉书·梁鸿传》中这样描述孟光:"状肥丑而黑,力举石臼,择对不嫁,至年三十。"简言之,就是一个又肥又丑又黑的"剩女"。梁鸿需要的是一个心甘情愿陪自己隐居山林的伴侣,找到了孟光,夫妻归隐霸陵山中。汉章帝时,梁鸿偶过京城,作《五噫歌》讥刺时世,由此惹恼了皇帝,下令通缉。梁鸿只能改名换姓,带着妻子逃到苏州干些粗活避祸,他的东家就是皋伯通。在这样的境遇下,妻子孟光依然做到每餐把饭菜盛好,放在木盘子里,恭敬地举到齐眉高,梁鸿也恭敬地接过来。一向推崇儒家思想的皋伯通偶然看见如此情形,颇为感动,从此便待他们夫妻俩为上宾。梁鸿后来在皋伯通的照拂之下,潜心学问,著书立说,成就了一番事业。这个感人的故事便是成语"举案齐眉"和"相敬如宾"的出典。

唐·李绅有诗曰:"伯鸾憔悴甘飘寓,非向嚣尘隐姓名。鸿鹄羽毛终有志,素丝琴瑟自谐音。故桥秋月无家照,旧井寒泉见底清。犹有余风未磨灭,至今乡里重和鸣。"诗中的"故桥"应该就是我们的皋桥,诗意赞颂的是梁鸿"贫贱不能移"的志向以及梁、孟夫妇相敬如宾的情意。

晚唐·皮日休(字袭美)《皋桥》诗曰:"皋桥依旧绿杨中,闾里犹生隐士风。唯我到来居上馆,不知何道胜梁鸿。"很明显,诗中称梁鸿为"隐于市"的"大隐",并竭力赞颂他。然而,皮袭美和李绅一样,也忘了一个重要的人物。经常与皮日休唱和的陆龟蒙在《和袭美咏皋桥》诗中说:"横截春流架断虹,凭栏犹思五噫风。今来未必非梁孟,却是无人继伯通。"他给了关键人物皋伯通以绝对公正的评价:皋伯通不以贫贱而看低人,一片赤忱,更加难得。所以,用皋桥来纪念皋伯通,实在很有警世的用意。

皋桥曾经几度毁损几度重建,能考证的有:明崇祯十一年(1638),解元杨廷枢倡募重建皋桥。据陈宏谋《重建伯通桥纪略》,清乾隆二十五年(1760),皋桥被无知的居民用火烧坏,在层层督促下,吴县县令精心设计,百姓踊跃捐款,士绅张鹏总督其事,克勤克俭,于次年4月3日完工。嘉庆十五年(1810)再度重修。民国二十四年(1935)拓宽东中市、西中市时再度改建。

现在的皋桥,为钢筋水泥单孔桥,坡甚为平缓。宽约 12 米,与东中市、西中市的主干道在宽度上接轨。站在皋桥上,但见人来人往,车流如梭。向北望,是第一直河缓缓的水流与中市河交汇,偶有打扫河面卫生的小船摇过。向南望,还是第一直河缓缓的水流,仿佛在诉说着姑苏永恒的流水人家的典雅风格。向东,就是东中市,现在被称为"五金机电一条街"。向西,就是西中市,西中市两侧的小巷深处文物古迹众多;如今,西中市是苏州市政府整修的形象工程——民国一条街,直达阊门城楼。笔者发现,确有一些民国时期的老房子矗立路旁,带着几分沧桑。然而,改建后的整条西中市孤零零的只有一棵行道树(今年 7 月 13 日已被风刮倒),盛夏行人们只能顶着骄阳逛街购物。

虽说皋桥经过几度改建,再也无法找到当年石桥的遗韵。然而,与皋桥密切相关的文人轶事,却永远留存在苏州人尤其是文化人士的记忆中。

宋著名词人吴文英,号梦窗,知音律,有老屋在皋桥之畔,他有一首《点绛唇·有怀苏州》:"明月茫茫,夜来应照南桥路。梦游熟处,一枕啼秋雨。可惜人生,不向吴城住。新期误,雁将秋去,天远青山暮。"词中的"南桥"就是皋桥,词中,对姑苏的所熟悉的景物,尤其是皋桥的留恋之情溢于言表。确实是"运意深远,用笔幽邃,炼字炼句,迥不犹人。貌观之雕缋满眼,而实有灵气行乎其间"。明代唐寅,字伯虎,又字子畏,号六如居士,就出身于苏州城内皋桥西吴趋坊的一个酒肆商人家庭;中年以后,就定居在皋桥北面的桃花坞,桃花坞也因唐伯虎而闻名。

文化人惦记的是皋桥的文坛轶闻;至于达官贵人,思考的或许是怎样拆迁重建以获取政绩。而今,熙熙攘攘的皋桥头,皋伯通、梁鸿、孟光、李绅、皮日休、陆龟蒙、吴文英、唐寅等名人,"风流总被,雨打风吹去"。然而,皋桥却仍然迎接着每天的黎明,送走每天的黑暗;笑脸看着任何一个经过桥身的达官贵人、文化人,尤其是平头百姓。

皋桥,与姑苏并存。

星级指数：☆

望信望星孝子心——官太尉河望星桥

望星桥，原名"望信桥"。坐落在第四直河上，桥东的街道旧称天赐庄，桥西至凤凰街口的街道旧名严衙前。天赐庄，据说是南宋皇帝以该处田庄（今苏州大学一带）赐大将韩世忠而得名。严衙前，原有明嘉靖年间(1522—1566)大学士严讷府邸，故名。现在，桥东桥西都统一称为"十梓街"，也就是说，望星桥将两条街"统一"起来了。

给望星桥涂上浓墨重彩一笔的人物是李鸿章。他将苏州贡院从昆山迁到现定慧寺巷（望信桥北300余米），苏州一府九县的童生参加录取秀才的"府试"就在此举行，由江苏学政主持。各县学子来苏应考，多在望信桥登岸，然后步入决定人生的考场。故望信桥又披上了"科举望喜信"的色彩。

吴方言"信(xìn)"与"星(xīng)"都念作"信(xin)",1927年后,"望信桥"干脆改为谐音的"望星桥"。美好一番,让满天的星斗给桥边的居民带来好运吧。

望星桥确实是一座古桥,古时候的望星桥究竟怎样笔者无法知晓,只能查到宋绍定二年(1229)此桥曾经重修。从记载可以看到,现在的望星桥在民国24年,也就是1935年,由当时的"吴县建设局"建成,至今已有70多年的历史。现在桥长4.5米,车行道宽6.05米,两侧还有高出10来公分的人行道,跨度3.86米,桥头望柱嵌青石碑,隶书阴刻桥名。

由望星桥东头转向北,在望星桥北堍(巷名)3号门口,矗立着一座古朴的石牌坊,名"黄孝子节妇坊",为一间两柱三楼。朝西,花岗石构筑,间宽2.5米,残高4米。顶楼已毁,定盘枋以下柱枋完整。上枋浅刻卷草花纹,中枋浮雕双龙戏珠图,下枋浮雕双狮争球图。两柱联曰:"孝全赤子性,节并太姑贞。"民国初年,顶楼飞檐因年久失修松动,岌岌可危。四周居民担心刮大风掉下伤人,就请石匠卸下飞檐。牌坊立于乾隆年间(1736—1795),为著名的孝子黄农暨妻金氏而立。黄农,以孝得名而载入《清史稿·列传》。据载,黄农的母亲大病六年,他就一直在旁侍奉,嘘寒问暖无微不至。后来母亲病故,他更是哭得昏了过去,一直坐卧在母亲棺木边不离半步。同样,黄农对在外地教书的父亲也十分孝敬,通常隔几天就去探望问候。后来父亲忽然得了重病,黄农在除夕夜做祷告,期望自己减寿而为父亲增寿。正如他所愿,父亲病好了,而他30多岁就撒手人寰。他的妻子金氏,也是一个贤孝的女子,黄农染病去世后她守寡至死不嫁。如此孝子节妇,完全符合封建礼教的要求,皇帝当然要加以表彰的了。就金氏而言,随同夫君事孝,当然值得表彰;而长期守节,就令人惘然了。

日升日没,潮涨潮落,早年活动在望星桥一带的程小青、顾廷龙、顾颉刚、黄摩西等名流早已作古。然而我们,在望星桥边看河水潺潺,听橹声欸乃,追思往事,追思古人的同时,是不是更应该作一些理性的思考!

星级指数：☆

一桥相隔两重天——上塘河渡僧桥

　　苏州上塘河，又称枫桥河，西起枫桥外之京杭大运河，东至苏州西护城河阊门吊桥北侧，实际上是京杭大运河通向苏州古城的支流。河长4.3公里，20世纪90年代江南运河苏州段改道以前，一直是苏州古城西部的主要交通运输要道。横跨上塘河的东起第一桥，就是著名的渡僧桥。关于此桥的来历与得名，版本颇多。

　　最为神奇的描述是，三国时期，东吴处于东南水乡，官民无论生活还是经商的主要交通工具为船只。一天，一个老和尚路过此处，呼喊船家摆渡，船家却不予理睬。老和尚立即折来一根柳枝，脚踩柳枝飞身渡过激流。围观者目瞪口呆，认为和尚是神人，纷纷拜倒于地。于是，借"神"募捐，造成此桥，命名为"渡僧桥"。显然,此故事受"达摩祖师一苇渡江"的影响,不足信。然而,此说竟被编进清乾隆年间(1736—1795)的《苏州府志》,当做信史记载。

另一个版本颇令人唏嘘。从前有一个和尚,同一位年轻的寡妇相好,但受佛家戒律和封建礼教的束缚,两人不可能名正言顺地结合,于是,和尚一心系着与之隔着一条河的意中人,并且不分寒暑,趁着夜色的掩护偷偷摸摸涉水过来幽会。日子一长,寡妇的儿子发觉了这个秘密,但敢怒不敢言,只是日夜寒窗苦读。多年后金榜题名,当官领俸,他孝顺母亲,怕冬天和尚涉水时连累母亲受冻,因此衣锦还乡时出资造了一座石桥,方便了那和尚。不过他终究憎恨和尚让自己的父亲在阴间戴了绿帽。几年后母亲病故,那儿子便借故把和尚杀掉,然后报官自首。官府问他原委,他说:"搭桥是为母尽孝,杀僧是替父报仇!"官府听了赦免了他的死罪。后来,人们就改称这座桥为"渡僧桥"了。故事的真伪难以考辨,但此子杀僧的动机却值得推敲。

还有一个版本颇有喜剧色彩。明时苏州阊门外河面宽阔,水流湍急,来往行人全靠渡船,但船家垄断经营,月黑风高时趁机抬高渡资。一天,虎丘山庙里的老和尚想赶到苏州城里化缘,招呼船家渡他过河。船家见老和尚身边无钱,坚决不答应赊欠,船来回了好几趟,老和尚好话说了不少,可船夫拒不应承。老和尚对天发誓:我化了缘先不修庙,一定要在这里造一座桥。老和尚跑到渡口附近的茶馆一打听,方知船家以苏州官府为靠山,敲诈勒索,无恶不作。早年有个好心人也想在那里造一座桥,竟被他们一把火把家烧个精光。茶客中有人提醒老和尚,可以到南京请海瑞海大人作主。老和尚只身来到南京,费尽周折见到了海瑞,将苏州官府利用渡船向老百姓敲诈勒索的罪行诉说一遍,又说自己决心化缘造桥,请求海大人赐个桥名。海瑞听后颇为感动,在老和尚化缘簿的第一页上写了三个大字——渡僧桥,旁边有一行小字:南京右都御史海瑞为虎阜禅寺法师造桥题名。下面还盖了个朱红的印。和尚手捧这本化缘簿,回苏州后到处化缘,官府船家谁敢阻挡!不久,这座"渡僧桥"就横跨在上塘河上了。和尚造桥是为了赌气,真正得利的却是两岸百姓。如此举动,岂不善哉!

三个版本的故事不尽相同,但都告诉我们,渡僧桥一带素为交通要津,古来无桥,两岸百姓往来极不方便;另外,作为繁华之地的苏州古时寺庙香火颇盛,和尚往来众多。那么渡僧桥到底始建于何时并缘何得名呢?2005年《金阊区志》如是说:

清代钱大昕《十驾斋养新录》卷二十称:他曾在朋友那里听说有块渡僧桥的石碑,为此留心寻访二十年也没有见到,后来他的女婿偶然买到一张南宋咸淳十年(1274)十月僧元凯等"募缘重修记"的拓片,其开首即明确写道:"渡僧桥建于至道年间(995—997)，缘起、得名俱载旧记。"苏州档案馆的夏冰先生在苏州博物馆发现这一"旧记"的拓片，那是北宋天禧四年(1020)的渡僧桥修造记，上面便有"缘起得名"的记载："苏州虎丘山塘渡僧桥者，故中书令陈公省华自至道年除吏部员外郎临莅是邦，为长老顺师出世聚徒，接四方之来者，济数乡之居民，特给公用之所置也。"

从这段记载可知，北宋至道年间，陈省华调任苏州地方官，为方便远道来虎丘听清顺禅师讲经的僧侣、信徒，同时也为方便当地居民渡河，特地拨公款建造了这座渡僧桥。后宋咸淳十年(1274)重建。

明崇祯九年(1636)，僧人如净募资重建，为单孔拱形石桥，上下有72级。清乾隆十三年(1748)，渡僧桥旁民居不慎失火，威胁到渡僧桥，威胁到桥的安全。桥头的安徽布商程珏等人看到这种情形，立即集资捐给知县，希望官府早日修复。经过近四个月的修建，终于使桥转危为安。清嘉庆二十二年(1817)再度重修。

据说，渡僧桥西侧曾有一副桥联："天垂玉蝀通濠堑，地近金阊重股肱。""玉蝀"，桥名，在北京西安门东，北海与中南海之间，又名御河桥；"金阊"，苏州城西的两座城门。清·陈梦雷有"虹垂玉蝀三千尺，烟锁金城十万家"句，以"桥"对"门"，颇工。"濠堑"，壕沟，喻隔绝；"股肱"，大腿和胳膊，喻关系密切。"濠堑"对"股肱"，两者相反，也颇工。总之，这副对联形象地描述了渡僧桥对苏州西部交通的重要作用。遗憾的是，笔者找不到这副对联，估计毁于重修之际。

渡僧桥经多次维修重建，如今是一座钢筋混凝土敞肩拱桥。人来车往，热闹非凡。

如果说"渡人"是渡僧桥的第一主题，那么，"活人"是渡僧桥的另一主题。桥南是阊门上塘街，创于乾隆年间的沐泰山堂药铺就在此，沐泰山一向被苏州人认为是药品最齐全的药铺，救活人无数。渡僧桥以"活人"著称，更为关键的是姑苏神医叶天士的故居和诊所就在渡僧桥下塘。叶天士(1667—1746)，清代杰出的医学家，为温病学派的主要代表人物之一。叶天士既聪慧过人，又虚心好学，据说十年之内，拜了十七个老师。并且他能融会贯通，在处方上，叶天士师古而不泥古，他最善于化裁古方，创制新方。因此医术突飞猛进，名声大振，救活濒死之人无数。渡僧桥之所以闻名，也与叶天士等关系密切。

如乘兴出阊门，由山塘街步行去虎丘，就必须跨过渡僧桥，向北通过"山塘胜迹"的石牌坊，就是山塘街的东入口。所以，也有人将渡僧桥称作"山塘第一桥"。跨过渡僧桥的那份感觉，就如通过时光隧道，从高楼林立的现代来到了市井繁华的古代。

星级指数：☆

分水桥斜泾渭明——木渎斜桥

渭河是黄河最大的支流，泾河又是渭河最大的支流，渭河水浊，泾河水清，泾河和渭河在古城西安北郊交汇时，形成了一道非常明显的界限，呈现出清水浊水同流一河互不相融的奇特景观，闻名天下。后来，人们就用泾渭分明来比喻界限清楚或是非分明，也用来比喻人品的清浊，比喻对待同一事物表现出来的两种截然不同的态度。

木渎古镇位于苏州西郊灵岩山麓，依山而筑，傍水而居。木渎与苏州古城同龄，迄今已有2 500多年历史。"渎"，水沟、小渠，亦泛指河川。相传春秋末年，战败的越王勾践寻求复国，行韬晦之计，就向吴王夫差进献了美女西施。夫差为取悦西施，在灵岩山顶建馆娃宫，并增筑姑苏台，"三年聚材，五年乃成",大量的木材从越国(现在的浙江一带)运来,竟堵塞了山下的河流港渎,"积木塞渎",木渎由此得名。《吴县志》引《元丰九域志》曰:"北宋设木渎镇,属吴县,镇以渎名。"至明代,木渎为吴县六镇之一。清朝中叶,木渎已是吴中著名商埠。徐扬《盛世滋生图》中,木渎的版图占了一半。

木渎古镇最有特色的当属它的水系,有两条河流最有名。一条为胥江,东连姑苏,西接太湖,水面开阔,横贯镇南,是沟通太湖与苏州城的黄金水道,但江水略显浑浊;还有一条是胥江的支流香溪,清澈见底,从灵岩山下流经木渎镇中潺潺而来。两水在斜桥下呈"Y"状,也就是说,香溪在镇西斜桥下并入胥江,两水并作一流。奇怪的是,由于香溪水较为清澈,胥江水略显浑黄,因此两条河流在斜桥下交汇时,形成一条泾渭分明的分水线,非常奇特,人称"斜桥分水",为"木渎十景"之一。

传说胥江的水过去也是清澈的,伍子胥自刎后,他的尸体被装进鸱夷,投入胥江。原来清澈的江水突然变得浑黄了,浑黄的江水凝聚着伍子胥不散的冤气,与吴宫流出的香溪水相比,一清一浊,相交之处便形成了一条清晰的分水线。老百姓都说,这是他死不瞑目的象征。

从镇东口沿中市街西行100余米,就是著名的斜桥,之所以称为"斜桥",是因为桥斜跨于香溪的最西南端,基本呈东西走向,与香溪、山塘街成约45度的夹角。桥的南侧,就是"浑水"的胥江。

桥始建于宋皇祐四年(1053),现在能见到的是一座平板桥,连接着中市街和西街。桥墩花岗石砌就,桥梁为钢筋水泥结构;但桥栏还保持着古韵,6根花岗石望柱将之隔成5个部分,各部分镂空,桥栏两端置抱鼓石。

斜桥的东埭,也有一座始建于明代的桥南北横跨于胥江之上,它就是邾巷桥,与斜桥形成"双桥"景观。邾巷桥东面的明柱上刻了这样一幅桥联:"吴越千年分清浊,香胥两水汇一流。"文字虽浅显,但却形象地写出了"斜桥分水"最终两水合一的情景。不知何人赋有《斜桥分水》一诗,诗云:"山溪交汇激难留,拍岸跳波骇遇舟。何事汹汹争两派,终看合并作东流。"或许是受"天下合久必分,分久必合"思想的影响吧。

然而,观赏"分水"奇观却成了既不可望也不可即的痴想,因为斜桥桥洞的北侧,堆积着大量的沙袋,沙袋之南的桥洞内,横七竖八地停泊着几条小水泥船。由于这些沙袋的阻隔,香溪水根本流不进胥江,也就是说,"清流"被阻断了通道,"分水"的奇观当然也就不可能出现了,"木渎十景"最多只剩下"九景";据说是为了保持香溪的水位而如此设置。如今香溪的水位明显高出胥江1米多。或许,就水位高低而言,这也是一种"分水"吧。

星级指数：☆

遗梦南街留寂寞——木渎廊桥

由罗伯特·詹姆斯·沃勒的小说改编的美国电影《廊桥遗梦》，向我们描述了一段柏拉图式的经典爱情。电影中弗朗西斯卡和罗伯特·金凯之间发生了一系列的情感纠葛，这份纠葛曾经激起了众多观者的情感波澜，更是倾倒了无数男女。值得一提的是，影片中那并不宏伟，甚至有些破旧的廊桥，因演绎了男女主人公的爱情故事，一下子成为人们心目中通向爱的桥梁。因为承载着世界上永恒的主题——爱情，桥名怎能不被人热议、珍藏！

其实，苏州近郊的木渎古镇也有一座廊桥，叫"和桥"。桥建于明末清初，远比影片中的廊桥小巧、精致，精致得让人流连忘返。

关于廊桥，有一个足以让人动容的民间故事。廊桥处本是一座普通的石板桥,一位大户人家的小姐成婚后,因思念摇着小船从南市河出去闯荡挣钱的丈夫,天天抱着孩子在石桥上守望,寒暑不分;但"过尽千帆皆不是"。一位小木匠早就恋上了这位富家小姐,但囿于礼教,只能把这份爱藏在心底。为了使自己的心上人不遭日晒雨淋之苦,就倾其所有,拆除石桥,造起了这座廊桥。而他自己,就天天守在远处,看着自己心中的维纳斯。

从东端进木渎古镇,过斜桥,沿着与胥江并行的西街西行100来米,就能见到一条南街,与西街成"丁"字交叉,一直通向幽深的镇南。伴随它南行的,是紧傍在它西面的那条南市河。沿南街南行三五分钟,会看见右侧一条黑黑的小巷子,小巷子的上面,是一座"过街楼",能清晰地听见楼主人踩在楼板上的脚步声。穿过"过街楼",是一个小小的天井,天井的西面,又是一个"过街楼",再往西,就是廊桥的东堍。实际上,两个"过街楼"加上一个天井,只不过20来米,但在幽暗的光线下却显得很长。

廊桥横跨于南市河上,桥长5米多,宽约3米,木制桥梁。上面纵铺着木制的桥板,这就是桥面。踩上桥板,会听到一阵轻微的"嘎吱",让人在跨出每一小步时,都不愿意用力过猛,总担心会惊扰了那幽幽的廊桥的静谧。低头小心走过的时候,能看到桥板细小的缝隙下面南市河的流水。两侧桥栏高约1.5米,不影响成年人的视线;桥栏油漆斑驳,三根本为绿色的方木廊柱将桥栏分为四个部分,每部分上下两层,各设五根本为红色的木制栅栏;人在廊桥内,可欣赏桥下潺潺的流水、偶尔通过的小船,以及东西两岸错落有致的清末民初的民居、整齐坚实的石驳岸、河埠头。上为"屋顶",传统的半圆形的椽子上铺着传统的望板砖,望板砖上,应该是瓦。

从南面看廊桥,是另一番景致,在古老高大的香樟树的烘托下,桥就如姑苏园林中一个小小的"轩",玲珑精致。桥的"屋顶"上,整齐地铺着黛瓦;"屋顶"向西延伸,跨过南街下塘,一直连到路西人家的山墙上。

有人将这座廊桥比作一本泛黄的毛边书,甚为贴切。现在,这本毛边书的实用功能已经被"收藏价值"所替代,只有好古者忘不了这儿的那份幽静,在此回忆旧日的梦。当然,恋爱中的男女,也能在这里找到那份刻骨铭心的感觉。

桥南数十米处,是一座造型奇特的古桥——吉利桥。吉利桥,也跨在南市河上,它没有留下有关始造、修建的信息,只听说始建于元代。

如今的廊桥是寂寞的,但她的梦一定是多彩的。在她的梦中,或许有当年的辉煌;或许也有架身于香溪,与永安桥、斜桥共同检视人生的际遇。

如果把我们的廊桥比作弗朗西斯卡,那么,罗伯特·金凯就是在不远处用相机对着她的吉利桥。

星级指数：☆

还拟放舟明月夜——光福虎山桥

　　早年读明清时代的诗词，尤其是咏梅题材的，见得颇多的一个词语是"虎山桥"。开始以为"虎山"就是"虎丘"，也曾有过到虎丘寻访虎山桥的经历，当然是"未果"。后来才知道，虎山桥在光福古镇的北面。

　　虎山桥，又名虎山擅胜桥。据说由明代徐枋所书的"虎山擅胜桥"碑现砌在虎山桥南埂。虎山桥是吴中著名的古津桥，自古以来是水陆交通枢纽。初为五孔石拱桥，但建于何年，却没有记载。

　　民间有铁拐李枣核打桥桩的传说。光福镇北面虎山与龟山之间是湍急的河流，早先没有桥，两岸百姓往来全靠小船摆渡，多少回因水流湍急而船毁人亡。于是，两山之间架桥迫不及待。但在这样的河流中造桥，打桩是最困难的。那年的正月初九，虎龟两山的男女老少都赶到圣恩寺，请求喝岩和尚帮忙。老和尚被大伙的虔诚所感动，说："正月十五，有位头戴铁帽子的人将路过那儿,请他帮忙准能成事。"正月十五一早,老百姓就来到虎山脚下等待。中午,果然看到一位头顶铁镘子、衣衫褴褛的"叫化子"走了过来。于是,大伙迎上前跪在此人面前,异口同声地说:"大师傅,我们百姓吃尽了苦头,请您行行好,帮忙造座桥吧。""叫化子"默默无语地爬到虎山顶上,朝四周环视了一番,说:"给我买斤红枣来。"只见那"叫化子"快速地把枣子往嘴里塞,吃一粒吐一个核,随手又将核扔到两山间的水中。大约半个时辰,湖面上渐渐地长出两排齐整整的桥桩。当大伙惊呼之余,回头寻找那位头顶铁镘子的"叫化子"时,早已无影无踪了。后来才知道,这位头顶铁镘的"叫化子"原来就是仙人铁拐李。

能考证的是,该桥于宋代嘉泰年间(1201—1204)重建;元泰定中(1324—1328)改为三孔桥,依年号定名为"泰定桥";明代成化十一年(1475)重修;明万历年间(1573—1620),里人徐应祥等重建,仍改为五孔拱桥;清代顺治初,释某募建,又改为三孔桥,但在桥北堍还假设两孔,以保五孔原数,再改称为"虎山桥"。清乾隆年间(1736—1795),里人徐坚、李肇修、徐洪山、汪芳贻、徐敏中捐募重建;民国二十六年(1937),虎山桥塌毁,翌年,将原桥改为三孔木桥。

虎山桥架在东崦湖与西崦湖之间的河流上,还连系着虎山与龟山,又如飞跨两山的长虹,因此,其交通要冲的地位可见一斑。

虎山桥西侧为西崦湖,又名下崦湖,面积1 310亩,2.8米水位时,蓄水量183.491 7万立方米。往西出铜坑港便是烟波浩渺的太湖。旧时,西崦湖边建有耕渔轩、先春堂、晚香林、燃松园、三官堂、擅胜阁等建筑。西崦湖中还有一小岛——浮庙墩,面积8 000多平方米,岛上民房参差,绿树成荫。相传明代礼部尚书董份曾在此筑堤。

虎山桥东侧为东崦湖,又名上崦湖。东崦湖周围10余里,西承西崦湖水,东连苏州古城的水道。旧时,湖边建有东崦草堂、耕学斋、来青堂、苇轩等建筑。湖中有凤凰墩、鸭墩及良田一顷,四周堤岸多古柳,墩上鸟语花香,麦浪滚滚。

虎山桥北堍是虎山,相传吴王养虎于此,故名。虎山山巅原有东岳庙,历来较他处香火为盛。东岳殿前筑有擅胜阁。从书上得知,虎山面临西崦湖,似一只猛虎卧伏在湖旁,鸟瞰动向,气势雄伟。

虎山桥南堍为龟山,又名光福山,有光福塔及寺,山不甚高,市廛环绕,光福山以光福寺得名,光福镇又以光福山而得名。龟、虎两山隔水相望,如同一对亲密无间的孪生兄弟。

明清之际,龟山之西的香雪海就是探梅圣地,早春探梅之风极一时之盛,而虎山桥就是见证。明"公安派"领袖人物袁宏道有一篇小品文《光福》,文中,描述了虎山桥在光福探梅中的重要地位。

光福一名邓尉,与玄墓、铜坑诸山相连属。山中梅最盛,花时香雪三十里。其下为虎山桥,两峡一溪,画峦四匝。有湖在其中,名西崦,湖阔十余里。乱流而渡,至青芝山足,林壑尤美。山前长堤一带,几与湖垺,堤上桃柳相间,每三月时,红绿灿烂,如万丈锦。落花染成湖水作胭脂浪,画船箫鼓,往来湖中。堤中妖童丽人,歌板相属,不减虎林西湖。

清·顾禄《清嘉录》也记载了当时探梅的盛况:"暖风入林,玄墓梅花吐蕊,迤逦至香雪海。红英绿萼,相间万重。郡人舣舟虎山桥畔,袱被遨游,夜以继日。"

新春初五,笔者和几个朋友附庸风雅,来到光福古镇探梅,向光福寺主持僧慧通大师问起虎山桥的情况。慧通大师无奈地告诉笔者,虎山桥当年名气很响,文人雅士到光福探梅,都将船停在虎山桥畔,该桥不知被多少人写进了诗词当中,但现在没了——你们想要知道虎山桥的情况,登塔吧。

为了理解这个"没了",我们气喘吁吁地登上七级宝塔,向北眺望。凭着在脑海中的既成印象,寻找成葫芦状的东、西崦湖。只见西崦湖波光粼粼,沙鸥翔集;然而,东崦湖却难觅芳踪。原来,上个世纪70年代,在"农业学大寨"的浪潮中,打着"向湖底要粮"的口号,东崦湖被围垦造田,绝大部分湖面被围成农田。东崦湖名存实亡,早已不成为"湖"了。仅留一条水道通向苏州城,这就是现在的浒光河。

从塔上往下看,西边一条大道沿着浒光河由苏州城内而来,到西崦湖口转而向南,跨过东口的浒光运河,这就是"新虎山桥",一座钢筋混凝土梁式单孔桥。大道到了桥南堍龟山脚下,又立即转向西去,直通赏梅胜地香雪海。

我们努力向桥北寻找虎山,但找不到这只"虎",只找到一处树木茂密的地方。

下塔出寺,我们来到新虎山桥旁,现在的虎山桥,数十米长,横跨在浒光运河上,甚是雄伟。从书上的记载来看,1989年10月,虎山桥再次重修,予以加宽加长。然而眼前的虎山桥,感觉上没有20余年的桥龄,估计这几年又重建了一次。

为了寻找徐枋所书的那块"虎山擅胜桥碑",笔者翻越金属桥栏,来到南堍之下,但遍寻之下,未见那块嵌于桥堍的碑石,却看到了一个令人震惊的场景:桥南堍是一个玉石加工厂,白色的玉石粉末已汇成一条"溪流",流向西崦湖;估计用不了多久,近端的湖水将会翻起白沫。

抬头向上,只见桥上不停地有鸣着喇叭的汽车驶过,其中不乏赶早前往香雪海探梅的"专车"。抬头向东北,只见所谓的"虎山"仅剩一个被绿树环绕的高墩,被几座楼房簇拥着,根本不能显示它的高大。无怪乎从上往下难以发现。

我们终于明白了大师"没了"的意思。首先,古虎山桥"没了",新虎山桥没有了当年的韵致;其次,虎山基本"没了";其三,东崦湖"没了";其四,探梅人再也不必"舣舟虎山桥畔",因为驱车前往香雪海,眨眼间就到。光福许玉岗先生有诗一首云:"桥通南北路,川流东西崦。旧景随波去,新景逐浪添。"恰如其分地表达了虎山桥旧貌换新颜的境况。但笔者认为,探梅者来也匆匆,去也匆匆,不是少了一份泊舟虎山桥下的以"探"为主的清幽吗?那么,就让我们到明清古人的诗词中去寻找那一份清幽吧:

明·文徵明《虎山桥》:"虎山桥下水交流,正是桥南宿雨收。光福烟开孤刹迥,洞庭波动两峰浮。已应浩荡开胸臆,谁识空濛是胜游。渺渺长风天万里,眼中殊觉少扁舟。"

明·王稚登《湖上梅花歌》:"虎山桥外水如烟,雨暗湖昏不系船。此地人家无玉历,梅花开日是新年。"

清·缪宗俨《虎山桥玩月》:"山白月当空,平波乍摩莹;入云淡欲无,荡水光难定;长松倚层崖,风吹韵笙磬;桥下渔舟归,棹歌入清听;夜深群动息,一啸众山应。"

清·德元《玄墓看梅》"……还拟放舟明月夜,虎山桥北太湖东。"

清·杨蟠《百字令·题顾录厓邓尉探梅图》:"虎山桥畔,记曾邀鸥侣,探梅三度。胜地经来劳梦想,惜未为花题句。我懒重游,君偏乘兴,独自骑驴去。暗香浮动,缟衣人在前路……"

…………